인간관계 관점에서의

결혼과 가족

MARRIAGE & FAMILY

FROM THE INTERPERSONAL RELATIONSHIP PERSPECTIVE

저자서문

PREFACE

"좋은 삶(good life)은 결과가 아니라 경험의 과정이다."라는 칼 로저스의 말이 코로나19 펜데믹에서의 우리 삶을 그대로 표현해 준다. 감염의 두려움과 생명의 위협을 코앞에서 느끼면서도, 사회적 거리두기와 차단 속에서도, 마스크가 필수품이 된 상황 속에서도 우리는 일상의 삶을 계속 이어 나가면서 삶의 과정을 지속해 왔다. 그 과정을 거치면서 우리는 많은 것을 경험했고, 그 경험은 우리가 삶에서 무엇이 중요한지, 누가 중요한지를 명확히 정리하게 해주었다.

오랜 동안 결혼과 가족을 강의했다. 강의를 할 때마다 가족은 우리에게 생명을 주었고, 생명을 부여받았기에 우리는 살면서 다양한 경험을 할 수 있다는 것을, 그래서 가족이 소중하다는 말을 되풀이한다. 태어나지 않았으면 자신을 돌보고 키워 주는 부모도, 함께하는 가족도, 사랑하는 사람도, 좋은 친구도, 맛있는 음식도, 멋진 옷도, 푹 자고 나서의 가뿐함도, 집이라는 공간에서의 편안함도, 세상을 보게 해주는 배움도, 활력을 되찾을 수 있는 여행도, 새로운 나를 찾을 수 있는 더 넓은 세상도, 가상공간의 인터넷 세상도 경험하지 못했을 것이다. 학생들에게 각자 자신이 태어나서 경험한 모든 것들을 떠올려 보라고 하고, 그 경험을 하게 한 것이 가족이라는 말을 또 다시 강조한다.

물론 코로나19의 경험이 좋다는 뜻은 아니다. 우리는 살면서 이런 저런 어려움과 위기에 직면한다. 그 어려움 속에서도 믿고 의지할 가족이 있다는 것, 전염병의 위기 상황에서도 안심시켜 주는 가족의 소중함을 더 깊이 깨닫고, 삶의 방향을 재정립할 수 있는 경험을 했다는 것 자체가 중요하다. 특히 코로나19는 인간에게 가장 안전한 공간이 역시 가족의 공간이라는 것, 우리에게 가장 소중한 사람이 가족이라는 것을 절실히 깨닫게 해주었다.

가족의 공간은 온전히 자기 자신일 수 있는 장소, 아무 말하지 않아도 이해해 주고, 자기편이 되어 주는 사람이 있는 장소, 마음이 통하는 사람이 있는 장소, 믿고 의지할 수 있는 사람이 있는 장소, 함께함의 편안함과 든든함이 있는 장소, 신체적 · 정신적으로 충족과 만족감을 느낄 수 있는 안전한 장소이다. 그 공간은 서로 간의 이해와 신뢰 없이는 만들어지지 않는다. 이해와 신뢰의 밑바닥에는 깊은 사랑과 애정이 있다. 그래서 사랑과 애정이 존재하지 않는 가족은 토대가 없어 오래 못 버틴다.

상담을 하면 할수록 사람들에게 배우는 것은 '우리 인간은 사랑받음과 동시에 사랑할 수 있는 대상이 필요하다.'는 것이다. 또한 '건강하지 못한 사랑을 받거나 건강하지 못한 사람을 사랑하는 것이 인간을 가장 병들게 한다.'는 것이다.

병든 가족의 사랑과 애정은 가족이라는 이름으로 개인의 자율성과 행복을 강매해서 결국은 진짜 자신의 모습을 잃은 사람들끼리 형식적으로 모여 살게 만든다. 그러다가 계기가 되면 가족의 공간에서 도망가거나, 가족의 공간에서 작아진 자신을 견디지 못해 가상현실에 칩거하거나, 자신이 아닌 다른 가족에게 기대하면서 불평과 비난을 일삼거나, 꼭 다른 사람의 인생을 살 듯 무관심과 무기력으로 삶을 일관하거

P R E F A C E

P R E F A C E

나, 무엇인가를 열심히 추구하지만 만족이나 행복감을 느끼지 못하거나, 돈이 얽히면 더 추악해져 허물어지는 건물처럼 가족이 점점 붕괴되어 간다. 그래서 가족의 붕괴는 사람들에게 삶의 안전한 공간을 뺏아가는 것이다.

결혼과 가족은 삶의 안전한 공간으로서의 가족을 세우기 위한 준비교육이다. 가족은 결혼으로부터 시작되지만, 결혼한 두 사람은 자신이 자라 온 가족을 가지고 결혼생활에 들어오기 때문에 결혼과 가족은 닭이 먼저냐 달걀이 먼저냐일 뿐 서로 순환적인 연결고리를 갖는다.

결혼과 가족 역시 사회처럼 다양한 법규를 필요로 한다. 시민들은 법을 어긴 후의 결과를 알고 있기 때문에 결코 범죄를 저지르지 않는다. 그것처럼 결혼의 법규는 자기 자신이 비옥한 재료가 되어 주어야 하고, 두 사람이 함께 사는 것이기에 부모는 물론 다른 사람을 이해할 수 있어야 하며, 사랑의 진정한 의미를 알아야 하며, 사람들과 잘 지낼 수 있어야 하고, 사람들과 효과적으로 의사소통하는 방법을 알아야 하며, 사람들과 갈등이 생겼을 때 갈등을 건설적으로 해결할 수 있어야 하고, 주어진 일을 책임있게 해낼 수 있어야 하며, 상대방을 위하여 내 삶을 내줄 수 있는 헌신이 필요하며, 부족하고 실수했을 때 관대한 마음으로 용서할 수 있어야 서로를 지지하고, 격려하고, 결혼과 가족의 체계를 바로 잡아줄 수 있다.

"와우, 결혼과 가족생활에 이렇게 많은 것이 필요하다고요?", "그런 생각이 들지? 그렇지만 사람들은 사랑받고 사랑할 대상이 없고, 삶을 니눌 사람이 없으면 삶 자체가 의미가 없어 무너지거든. 그에 비하면 그리 어려운 일이 아니지. 다만, 그 방법을 잘 몰라서 어렵게 느껴질 뿐이야. 지금 교과서에 있는 14장까지만 잘 숙지하면 방법을 찾을 수 있어."라는 대답으로 결혼과 가족을 대변한다.

금번 결혼과 가족 책을 새로 정리하면서 최근 'MZ세대'의 추이를 반영했다. MZ세대는 M(밀레니엄)세대와 Z(1997~2010년 초반)세대가 합쳐진 세대로, 디지털 세상을 살면서 글로벌 문화와 다양성을 자연스럽게 체득하며 자란 세대이다. 이에 본 개정에서는 디지털 기술이 결혼과 가족생활에 미치는 영향을 첨가했다. 그러나 MZ세대도 인간관계에서의 소속감과 가족공간의 테두리에서 벗어날 수 없기에 전반적인 내용은 인간관계 관점에서 벗어나지 않았다.

젊은 시절에 만나서 그 많은 시간 동안 늘 든든한 응원자로서 곁에 있었던 파워북 김재광 상무가 세 번째 출판하는 책에서도 함께하게 되어 진심으로 감사의 마음을 전해 드린다. 그리고 늘 새로운 자극과 열정을 불러일으켰던 결혼과 가족을 수강했던 학생들, 가족과 같은 사랑과 애정을 준 대학원생들, 결혼과 가족에 열정을 지니고 강의하신 강사님들께도 진심으로 머리 숙여 감사의 마음을 보내 드린다.

저자 드림

차례

CHAPTER

1

청년기 발달

"인간의 발달은 어느 한순간에 이루어지는 것이 아니라 지속적인 과정을 거치면서 이루어진다. 칼 로저스(Carl Rogers)가 좋은 삶은 결과가 아니라 과정이라고 한 것도 인간은 발달과정을 거치면서 그 발달 시기에 가장 적합한 삶을 사는 것이 좋은 삶(good life)이기 때문이다. '그때가 좋았지!'라는 말이 회자되는 것도 청년기에는 청년기의 삶을 사는 것이 가장 잘 사는 방법이라서 그렇다. 발달은 일상생활에서 이루어지고, 결정적 시기가 있다. 청년기는 성인기의 결정적 시기이다. 그러므로 청년기에 무엇을 하며 일상을 보내는지가 성인기에 어떻게 살지를 예측하게 해준다."

청년기는 청소년기에서 성인기로 전이하는 발달단계로, 성인의 역할수행을 모색해 보는 성인모색기(emerging adulthood)이다. 이 시기는 자신의 성장과 발달에 큰 변화를 일으킬 수 있을 뿐 아니라 자신이 원하는 삶을 가장 쉽게 시작할 수 있는 시기이다. 그러므로 청년기의 성공은 지금까지와는 전혀 다른 선택을 하는 데 있다. 화려하고 거창한 선택이 아니라 하루에 한 걸음 더 걷는 선택, 즉 건강한 발달을 위해 한 걸음 한 걸음 스스로 내딛는 선택, 그것이 미래 성인기 삶을 완전히 바꾸어 놓을 수 있어 결정적 시기라고 한다.

"어떻게 살 것인가?"는 정답이 없어 살아가면서 배워야 하지만, 삶의 단 한 가지 정답은 "자신의 삶은 자신이 살아내야 한다"는 것이다. 자신의 삶을 살아간다는 것은 그 시기에 해야만 하는 일, 즉 발달과업을 이루면서 살아가는 것이다. 행복하고, 지혜롭고, 성공한 삶을 원한다면 하루하루의 일상을 충실히 살아야 한다고 강조하는 이유도 자신의 발달 시기에 달성해야 할 과업이 주로 일상생활에서 이루어지기 때문이다. 인간의 성장과 발달은 순차적인 과정을 거친다. 청년기의 순차적인 발달과제인 자아정체감 형성도 태어나서 청년기에 이르기까지의 발달단계를 거치면서 직면한 사회심리적 위기를 잘 극복했을 때 구축된다. 그러므로 청년기에 자아정체감을 형성하기 위해서는 이전의 발달과제인 신뢰성, 자율성, 주도성, 근면성 등이 바탕이 되어야 하고, 자아정체성 형성에 도움이 될 수 있는 발달과업을 일상의 생활에서 이행할 수 있어야 한다.

청년기 발달

청년기는 성인기의 시작을 알리는 시기로 성인세계가 무엇을 의미하는지에 대하여 진지하게 생각해 보아야 한다. 이 시기의 청년들은 스스로 나는 누구인가, 나는 어떤 사람이 되기를 원하는가, 내가 평생 동안 하고 싶은 일은 무엇인가 등의 질문을 하게 된다. 그러나 이러한 질문은 쉽게 답을 얻을 수 있는 것이 아니기 때문에 청년기에 불안감과 혼란스러운 감정을 느끼는 것은 자연스러운 일이다.

더구나 오늘날의 청년들은 더 많은 것을 선택하고, 더 많은 것을 원하게 만드는 인터넷, 구글, SNS(페이스북), 유튜브, 수십 개의 TV 채널, OTT 플랫폼 등의 소비문화와 접하면서 '많으면 많을수록 좋다'의 명제로 인해 더 불안하고 혼란스러워 한다. 더 많이 경험하라, 더 많이 여행하라, 더 많이 새로운 것을 접하라, 더 많은 사람을 사귀어라, 더 많이 연애하라, 더 많이 섹스하라에서 주목받거나 존재감을 드러내기 위해 자신의 삶을 만들어가기보다는 다른 사람에게 보여 주기 위한 삶으로 표류하고 있다.

현재 우리가 접하는 매스미디어에서는 청년들의 삶이 훨씬 더 근사해 보여야 한다고 강요한다. 그러나 보여 주기 위한 가상세계의 삶을 쫓아가는 동안 우리는 진정한 모습을 잃고 자신에게서 점점 멀어진다. 사실 선택의 역설은 선택의 기회가 지나치게 많을 때 어떤 선택을 하든 덜 만족하게 된다는 것이다. 즉, 하나를 선택함으로써 포기해야 하는 다른 모든 선택의 기회가 마음에 남아 있어 그 선택에 집중하면서 느끼는 만족감이 낮아진다는 것이다.

청년기는 자신의 주체성을 확립해서 정체감을 구축하는 시기이다. 주체성을 가지고 자발적으로 자신의 관심사와 재능을 발견하고, 리얼타임에서 그 관심사와 재능을 발휘할 수 있는 기회와 경험을 가져야 한다. 또한 리얼타임에서, 즉 현실생활에서 가치있는 일, 직업, 인간관계, 생활방식에 몰두하고 집중하면서 가치없는 것들을 과감히 버릴 수 있어야 한다.

청년들이 원하는 삶은 남부럽지 않은 삶이라고 알려져 있다. 남부럽지 않은 삶을 살려면 고통이나 어려움을 선택해 그것을 감내할 수 있어야 한다. 좋은 성적을 얻으려면 공부하는 고통을 이겨내야 하고, 좋은 몸매를 가지려면 운동이나 다이어트의 고통을 이겨내야 하며, 좋은 파트너를 얻으려면 상처받는 관계도, 실연의 아픔도, 서로의 차이에서 기인하는 어려움이나 고통을 겪어내야 한다. 그러므로 남부럽지 않게 인생의 진정한 의미와 성취감을 가지려면 '나는 내 인생에서 무엇을 즐기고 싶은가?'에 답하는 것이 아니라 '나는 내 인생의 목적을 위해 어떤 고통이나 어려움을 견뎌낼 수 있는가?'에 답해야 한다.

청년기에는 부모로부터 심리적으로 독립하기 시작하면서 자신이 진정으로 원하는 삶을 스스로 추구할 수 있고, 일상의 문제를 스스로 처리하고 결정하면서 자신만의 생활방식을 새롭게 구축하는 과정을 통해 자아정체감을 형성하게 된다. 자아정체감이란 독립적인 자신의 존재를 형성하는 것을 말한다. 그러므로 내가 나를 어떻게 느끼고 바라보는지, 내가 오늘 진정으로 원하는 삶을 충실히 살고 있는지, 지금이 모여 내 삶이 만들어진다는 것을 지각하면서 살고 있는지, 내 가치관을 얼마나 충실히 따르면서 살고 있는지, 가치 없고, 중요하지 않은 것을 과감히 버리면서 살고 있는지, 나는 나다! 라는 확신을 가지고 살고 있는지 등을 리얼타임에서 체크하는 것부터 자아정체감 구축이 시작된다.

청년기와 성인

성인의 사전적 의미는 다 자라서 어른이 된 사람으로 성인의 역할을 수행하는 사람을 지칭한다. 성인이 수행해야 할 역할은 보통 학교교육을 마친 뒤 안정된 직업을 갖고, 부모로부터 독립하여 결혼을 하고, 자녀를 출산하여 자신의 가족을 새롭게 형성하는 것을 말한다. 그러나 경제성장이 정체되면서 장기불황이 지속되고, 고학력화 추세로 직업현장에서의 수요와 공급이 불일치하면서 일어난 청년 일자리문제로 인해 취업, 결혼, 출산, 즉 성인기 이행이 지체되는 현상은 세계적인 변화 추세이다. 성인기 이행이 지연됨에 따라 이를 문제로 보기보다는 자연스러운 발달과정으로 보면서 청년기라는 독특한 시기가 생애과정에 주요한 발달단계로 여겨져 성인모색기(emerging adulthood)라고 불리고 있다.

발달 전이과정으로서의 청년기

인간의 성장과 발달은 어느 한 순간에 이루어지는 것이 아니라 순차적인 과정을 통해 이루어진다. 인간의 순차적인 발달과정을 사회환경과의 상호작용으로 설명한 에릭슨(Erikson, 1968)은 인간의 발달을 8단계로 나누고, 각 단계마다 해결해야 할 심리적 위기가 있다고 하였다.

각 단계마다 직면한 심리적 위기를 긍정적으로 해결하면 성숙하고 건강한 발달을 이루지만, 부정적으로 해결하면 건강한 발달이 어렵게 된다. 즉, 건강한 발달을 하게 되면 자아가 환경을 지배하고 통제할 수 있어 주변 환경과 활발하고 긍정적인 상호작용을 할 뿐 아니라 환경에 대한 적응력도 높아진다. 또한 이전 단계의 심리적 위기를 해결할 수 있어야 다음 단계의 발달이 이루어지기 때문에 청년기의 주요 발달과제인 자아정체감 형성은 영아기부터 청소년기까지의 순차적인 발달이 토대가 되어야 한다. 각 발달단계를 살펴보면 다음과 같다.

기본적 신뢰감 대 불신감 : 희망

부모는 인간의 초기 삶을 형성해 주는 주요한 사회 환경이므로 초기 발달단계에서는 특히 부모가 중요하다. 첫 발달단계는 생애 1년간 일어나는데 신뢰감 대 불신감의 발달이다. 이 시기에는 생존을 위해 다른 사람에게 의지하는 시기라서 부모가 아이의 욕구를 애정적으로 일관성 있게 충족시켜 주면 신뢰감이 나타나 낙관적이고 기본적인 소원을 성취할 수 있다는 희망을 발달시킨다. 일단 신뢰감이 형성되면 비록 부모가 때때로 없다하더라도 누군가가 자신을 돌보아 주리라는 믿음을 갖게 되어 아이는 부모와의 신뢰감을 통해 사회적 신뢰감도 형성할 수 있다.

희망은 낙관적인 태도의 이점이라서 아이가 자신이 원치 않은 상황에 직면해도 두려움이나 불안을 극복해 낼 수 있게 한다. 그러나 부모가 수유, 기저귀 갈기, 안아서 아이의 위치를 바꾸어 주는 것 등과 같은 아이의 욕구에 일관적으로 반응하지 못하거나 무시하면 불신감이 발달하여 비관적이고 용기 저하를 가져온다.

자율성 대 수치심 : 의지

아이가 2~3세 사이에는 호기심이 싹트는 시기로 아이 스스로 독립적인 행동을 시도해 보면서 자율성 대 수치심을 발달시킨다. 이 시기는 “아니야”, “내 거야”, “내가 할 거야” 등 부모나 외부의 통제를 강하게 거부하고, 무엇이든 스스로 하려 하며, 무엇이든 자신이 소유하려고 한다. 아이가 주도한 행동이 성공하거나 부모의 인정을 받으면 아이는 자율성을 발달시킨다.

반면 아이의 행동이 고집스럽고 부적합하다고 여겨 체벌을 하거나 비난하게 되면 아이는 수치심을 갖게 된다. 또한 이 시기에 부모가 아이를 너무 과잉보호하게 되면 아이는 스스로 환경에 대처할 능력을 상실해 자신의 능력에 대해 회의감을 갖게 된다. 특히 대소변 훈련은 아이로 하여금 자신의 행위에 대한 독립심을 키워줌으로써 아동의 자율성 발달에 기초가 된다.

이 시기의 부모는 합리적 제한 안에서 아이가 자율성과 독립성을 건강하게 표현하도록 도와주어야 한다. 무제한의 자유는 아이를 도리어 불안하게 한다. 부모가 용납하기 어려운 부분을 명확하게 명시해 주고, 행동의 한계를 알 때 아이는 보다 안정감을 느껴서 스스로 자신의 행동을 통제할 수 있는 자아통제력을 기른다. 합리적 제한 안에서 부모가 아이 스스로 선택하게 하고, 스스로 해결책을 찾으려는 노력을 존중하고, 필요할 경우 도움을 구하게 하면 아이는 자율성에 대한 의지를 갖게 된다.

주도성 대 죄의식 : 목적

신뢰성과 자율성이 획득되면 세 번째 발달단계로 이어지는데, 이 단계의 심리적 위기는 주도성과 죄의식이다. 아이가 4~5세 되면 언어를 획득하고 개념을 이해하게 되고 또한 신체적 움직임이 많아지면서 더욱 많은 것을 행할 수 있으며, 자신의 활동에 대한 목표와 계획을 세우는 주도성이 발달하게 된다. 또한 이 시기는 인지기능이 발달함으로써 호기심이 가장 많을 때라서 새롭게 획득한 기술들을 주도적으로 사용하는 것을 즐거워한다.

아이의 주도적 행동이 바람직하지 못할 때 부모의 제재를 받을 수 있는데 부모의 제재가 일관적이지 못하거나 따뜻함이 결여되어 있으면 아이는 주도적 행동에 자신감을 잃을 뿐 아니라 나쁜 짓을 한다는 죄의식을 발달시킨다. 또한 이 시기는 동성 부모를 동일시함으로써 자신의 행동을 주도적으로 수행할 방안을 발견하게 되므로 부모의 모델링이 중요한 시기이다.

근면성 대 열등감 : 능력

이전 단계의 심리적 위기인 신뢰성, 자율성, 주도성을 잘 발달시키면 초등학교 시기에 근면성과 열등감의 위기를 극복하게 해준다. 이 시기의 주요 발달과제인 근면성은 새로운 도전을 극복하고, 학업에 필요한 읽기, 쓰기, 산술에 능력을 발휘하며, 노력하여 달성한 성공과 또래와의 상호작용을 경험하면서 획득하게 된다. 또한 초등학교에서 주어진 학습이나 과제를 수행하면서 타인으로부터 인정을 받고 과제 완수로부터 오는 즐거움을 느낀다. 그러나 과제와 도전에 실패하거나 성취할 기회를 주지 않으면 자신감과 근면성이 개발되지 않고, 자신의 능력에 실망하여 부적합함feeling of inadequacy이나 열등감을 발달시킨다.

부모는 아동의 주요 사회 환경 제공자이기 때문에 부모가 자녀와 어떻게 상호작용하는지에 따라 위기를 겪은 결과가 건강하게 나타나는지, 건강하지 못한 방식으로 나타나는지를 결정한다. 심리적 위기에 대한 긍정적인 해결은 부모와의 질 높은 관계를 통하여 신뢰성과 낙관성, 자율적이고 주도적인 행동에 대한 자신감, 부적절한 충동을 통제할 수 있는 능력, 일과 노력에 대한 믿음, 성공 경험이 가능하고, 인간관계가 의미가 있다는 것을 구축하면서 이루어진다.

자아정체감 대 역할혼란 : 성실

신뢰성, 자율성, 주도성, 근면성을 획득한 아이들은 청소년기에 직면하는 문제해결을 긍정적으로 시작할 수 있다. 청소년기는 부모로부터 독립하고, 강하고, 독립적인 자아, 즉 자아정체감을 형성해 가는 출발점이다. 사실 자아정체감 형성은 여러 해가 걸리고, 청소년기에 시작되어 청년기를 거치면서 구축된다.

자아정체감 형성은 '나는 누구인가'에 대해 편안하고 적합한 나를 발견하려는 노력이다. 즉, 자신의 독특한 성격이나 특성에 대해 비교적 편안하고 안정된 느낌으로 자신을 만들어 가는 노력을 말한다. 자아정체성 구축에는 직업선택, 인간관계, 인생관 등 주요한 문제에 대한 가치와 의미의 추구도 포함된다.

정체성 문제를 긍정적으로 해결하지 못하면 실망과 혼란에 빠져 불행, 반항, 우울, 무력감과 같은 내적 갈등을 심하게 겪으며 역할혼란을 일으킨다. 정체성 역할혼란에 빠지면 자신을 탐색할 수 있는 시간을 대부분 내적 갈등으로 보내면서 노력과 탐색을 지속적으로 하지 못한다. 또한 성실하게 자신의 삶을 만들어가기보다 다른 사람의 삶을 동경하고, 집단이나 군중의 영웅에게 감정적으로 과잉동일시하여 자신의 정체성을 상실한다.

현시대에는 온라인 소셜 커뮤니케이션으로 사람들이 자신의 진정한 감정을 표현하고, 소셜 네트워크를 확장하고, 다른 사람들과의 유대를 강화하는 등 정보기술이 자아정체감에 미치는 영향이 강화되었다. 특히 인터넷은 자아정체감이 결핍된 사람들에게 더 유혹적인 환경을 제공해 주어 익명으로 다른 사람들과 사회적으로 상호작용하고, 인터넷 게임이나 활동을 통해 성공을 거두고 싶어하며, 가상 페르소나가 실제 생활의 이미지보다 더 중요하게 여기게 만든다(Huang, 2019). 사이버 공간은 모든 개인에게 자아정체성을 즉시 변경할 수 있는 기회를 제공하며, 아바타는 재미있고 안전한 방법으로 다양한 성격을 탐색하고 실제 신원을 비밀로 유지하면서 자신을 표현할 수 있는 방법을 제공해 줄 수 있다. 그러나 자신의 정체감은 지금-여기에 존재해야 하는 현실생활의 자기 자신이라서 가상세계에서의 정체성은 실질적인 자아정체감의 탐색이나 확장의 연장선일 뿐 그 이상의 역할에는 많은 제한이 있다.

친밀감 대 고립감 : 사랑

정체성 문제를 긍정적으로 해결하려는 노력이 성인기의 친밀감 형성에 바탕이 된다. 친밀감에 정체감 형성이 강조되는 이유는 순수한 자아정체감을 발견하는 것은 내면에서 발달되는 것이라서 다른 사람이 대체해 줄 수 없기 때문이다. 그러므로 성숙한 친밀감은 정체성 문제를 정복했을 때 얻어지고, 스스로 노력해서 얻은 정체감이 있어야 나와 다른 사람을 수용하고 삶을 공유할 수 있다.

펙(Peck, 1978)은 두 사람이 강력한 독립적 정체감을 발달시켰을 때, 그리고 두 사람이 함께 살기를 선택하기 전에 상대방 없이 독립적인 생활을 영위할 수 있을 때 결혼을 해야 부부가 성숙한 친밀감을 나눌 수 있다고 하였다. 그러나 정체감과 성격을 형성하는 데 도움이 되는 삶의 갈등을 겪기도 전에 결혼을 하면 상대방이 자신의 정체감 문제를 해결해 주리라 기대하게 되고, 이 기대가 충족되지 않으면 부부간의 갈등이 고조되어 상대방으로부터 자신을 고립시키게 된다.

생산성 대 침체 : 배려

성숙한 성인은 삶의 목적을 다음 세대를 돕고 양육하는 데 둔다. 이 시기에는 다음 세대를 교육하고, 사회적 전통을 전수시키며, 가치관을 배양시켜 전달하는 역할을 하면서 생산성을 획득한다. 또한 지금까지 자신의 삶을 통해 획득한 직업적인 성취나 자기 분야에서의 생산성을 후세대에 다시 돌려주면서 사회에 공헌한다. 이 시기에 심리적 위기를 잘 극복하면 타인을 돌보는 능력인 배려를 갖추게 된다.

그러나 위기를 적절히 극복하지 못하면 침체되어 자기중심적이 되고, 자신의 욕구나 안녕에만 치중하게 되어 다른 사람들을 지지해 주거나 성장시켜 주지 못한다. 또한 젊은 시절의 목표를 달성하지 못했다는 무능력감과 사회에 의미 있는 기여를 못했다는 회의로 인해 침체를 경험하고, 삶이 잘못되었다는 생각에 중년의 위기를 심하게 겪는다.

자아통합 대 절망감 : 지혜

노인기의 심리적 위기는 자아통합 대 절망감이다. 이 시기에는 자신이 살아온 삶을 되돌아보면서 보람이 있었고 가치가 있었다는 것을 인식하고 오랜 삶을 통해 획득한 지혜로 자아통합을 얻게 된다. 자아통합이란 자신의 인생을 수용하고, 갈등, 실패, 실망 등을 성공, 기쁨, 보람 등과 함께 전체의 삶에 포함시키는 것을 말한다. 그러나 자아통합에 실패하면 지나온 생애를 후회하며 절망한다.

청년기 발달과업

청년기는 신체발달, 인지발달, 정서발달, 사회성발달의 변화에 적응하는 도전과 기회의 시기로 부모로부터 독립하여 성숙한 성인기에 도달하는 시기이다. 이 시기의 발달적 변화에 적응한다는 것은 다음과 같은 발달과업을 완수해 나가면서 자신을 이해하고 자신의 존재 가치를 실현한다는 것을 말한다(Arnett, 2007; Westlake & Westlake, 1992).

신체적 능력감을 달성한다.

청년기에는 신체적인 면에서 황금기이다. 신체수행능력, 체력, 정력, 지구력 등이 최고조에 달하고, 감각 기능도 뛰어나며, 시력이나 청력, 후각, 미각 등의 기능이 가장 좋다. 그러나 신체적 능력감에 도달한다는 것은 단순히 신체발달을 최적 상태로 이룬다는 것을 의미하는 것이 아니라 자신의 신체를 받아들이고, 신체를 최대한 활용하며, 신체 건강을 관리하는 능력을 말한다.

자신의 신체적 제한을 받아들이고, 제한된 신체적 능력을 다른 것으로 대치하는 것도 신체적 능력감에 속한다. 예를 들어, 우리는 예쁘지도, 잘생기지도, 멋있어 보이지도 않지만 신체적 활동을 최대화하여 삶에 대한 열정을 발휘할 수 있는 부지런함과 건강한 생활습관을 기를 수 있다. 또한 규칙적인 운동과 균형 잡힌 식사, 담배, 마약, 술 등을 절제함으로써 자신의 신체적 건강을 관리할 수 있다. 그러나 많은 청년들은 자신의 양호한 신체적 건강상태가 지속될 것이라고 믿기 때문에 20대 중반까지 음주, 흡연, 약물흡입 등이 급격히 증가하여 나쁜 건강습관에 빠질 가능성도 높다.

사회적으로 수용될 수 있는 정체감을 형성한다.

개인이 특정 사회집단에 속해 있음을 인식하는 동시에 특정 집단의 구성원이 됨으로써 부여되는 정서적, 가치적 의미를 인식할 때 사회적 정체감 형성이 일어난다. 청년기에는 자신이 어떤 사람이 되기를 원하는가, 자신이 원하는 사람이 되려면 어떤 단계를 거쳐야 하는가, 가족에서의 나의 역할은 무엇인가, 친구관계에서의 나의 역할은 무엇인가, 사회에서의 나의 역할은 무엇인가, 미래에는 어떤 역할을 할 수 있을까 등의 질문을 통해 자신의 사회적 정체감을 형성해 나가는 시기이다. 또한 사회적 맥락에서의 역할을 수행하면서 유능하다는 것이 무엇인지에 대해 내면화된 기대를 갖게 되고, 그 기대에 맞추어 자신의 역할을 능숙하게 수행하면서 자신의 가치와 자존감을 향상시킨다.

청년기에 사회적으로 수용될 수 있는 정체감을 형성하는 데는 역할모델이 중요하다. 역할모델이란 자신이 존경하고, 존경할 만한 특성을 가진 사람을 찾아 그 사람의 역할을 모델링한다는 것을 의미한다. 역할모델은 흔히 부모, 교사, 친구, 위인, 사회적 인물, 연예인 및 주변인들이 된다. 특히 현시대는 온라인 커뮤니티의 맥락에서 공통 주제와 관심이 사회적 상호작용을 강화하고, 정서적 연결을 제공하고, 사람들이 주어진 온라인 공간 내에서 강한 사회적 정체감을 느끼는 경우가 많다. 그러므로 청년기에 건강한 역할모델을 발견하고 동일시하려는 노력 자체가 급격히 변화하는 현대사회에 사회적으로 수용될 수 있는 정체감을 형성하는 데 필수적인 과업이 될 수 있다.

가치체계를 형성한다.

사회적으로 수용될 수 있는 자아정체감을 형성하기 위해서는 자신이 가지고 있는 가치가 무엇인지를 알 필요가 있다. 가치는 내가 어떤 사람으로 살 것인가에 대한 답이므로 나에게 중요한 것이 무엇인가, 나는 부모나 친구의 가치를 받아들일 수 있는가 등에 대해 진지하게 생각해 보면서 자신의 가치를 점검해 보아야 한다. 개인의 가치는 성실, 종교적 신념, 정직, 사랑, 명예, 돈, 가족, 친구, 의리, 지성, 교육, 힘, 권력 등과 같이 다양하다.

또한 자신의 가치에 따라 산다는 것은 의사결정이나 행동에 일관성이 있다는 것을 의미한다. 즉, 어떤 것이 더 중요하고, 덜 중요한지의 기준을 알아내서 의사결정과 행동을 하고, 중요하지 않은 것을 단호하게 포기할 수 있는 용기를 말한다. 이와 같이 가치는 우선순위를 정하는 문제와 관련이 있어 더 나은 삶을 원한다면 더 나은 가치를 찾을 수 있어야 한다.

가치체계는 바람직한 인성 형성에 중요한 부분으로 자신의 가치를 아는 것은 인생의 목적과 의미를 부여해 준다. 또한 자신의 가치를 고수하는 것은 어떠한 시련이나 유혹에도 자신의 의지를 흔들림 없이 펼칠 수 있게 해준다. 예를 들어, 전문직에 가치를 두는 사람은 책임없는 성행위, 알코올이나 마약 등으로 인해 자신의 전문직 수행을 위한 교육의 기회를 놓치지 않는다. 또한 온라인 커뮤니티에서 공통적인 관심사를 가지고 있다 하더라도 사회적으로 수용될 수 없는 행동을 하는 집단을 자신의 생활 반경에서 배제시킬 수 있는 것도 가치체계 형성의 과업 중 하나이다.

나의 멋진 하루는?

자신이 멋진 하루를 보낸다고 상상해 보자. 멋진 하루를 보낸다는 것은 무엇을 의미하는가? 멋진 하루에 내 가치와 주변 사람들의 가치가 반영되었는가? 자신이 생각하는 멋진 하루는 평소 생활과 무엇이 다른지 비교해 보고, 차이가 있다면 어떤 점에서 차이가 있는지, 멋진 하루를 만드는 데 방해가 된 것은 무엇인지, 나의 멋진 하루를 위해 무엇을 포기해야 할지 생각해 보자.

사회적으로 책임있는 행동을 기른다.

사회적으로 수용되는 행동은 수년에 걸쳐 사회가 이루어 온 관습과 전통이다. 성숙한 성인은 그러한 규준의 필요성을 이해하고, 안정된 삶을 유지하기 위하여 사회 규준을 준수한다.

물론 사회적으로 책임이 있다는 것은 규준이나 전통을 무조건 따르는 것을 의미하지는 않는다. 사회적으로 책임감 있는 사람은 적극적인 시민의식을 갖는 사람으로, 시민공동체를 형성하는 데 자발적으로 참여하고 사회적으로 책임 있는 행동을 스스로 기른다는 것을 의미한다. 그러므로 청년기에 사회적으로 책임 있는 행동을 기르기 위해서는 사회의 변화에 관심을 가지면서 자신의 권리와 의무를 수행해야 할 필요가 있다.

상호 만족하는 가족관계를 형성한다.

청년기의 가장 어려운 과업 중 하나가 부모로부터 독립하면서 상호존중을 바탕으로 한 부모-자녀관계를 유지하는 것이다. 이 시기에는 자녀와 부모 모두 서로의 관점을 이해할 수 있는 공감능력을 형성해야 한다. 이러한 과정을 통해 청년들은 타인을 배려하면서 자신의 주장을 펼칠 수 있는 다양한 인간관계 기술들을 미리 연습할 수 있다.

부모는 청년들이 독립할 수 있도록 이끌어 주고, 청년들은 책임있는 방식으로 자신의 독립을 추구하여야 하며, 독립에 문제가 있을 때는 부모의 조언을 구할 필요가 있다. 이러한 과정을 통하여 청년들은 부모와 상호의존적인 관계를 가지며, 진정한 독립과 의존의 의미를 깨닫게 된다. 부모와의 관계에 문제가 있는 청년은 부모로부터 벗어나는 것이 독립이라고 생각하지만 부모와 상호존중의 관계를 가진 청년은 부모의 애정을 바탕으로 자신의 미래를 향해 비상하는 것이 진정한 독립이라고 생각한다.

가족관계 중 형제자매와의 친밀한 관계는 성인기에 가족의 연대감을 이루는 기초가 된다. 자라는 동안 형제가 경쟁이나 질투의 대상이었다 하더라도 성인기 이후에는 동료로서, 지지자로서 중요한 인간관계 자원이 된다.

지속적인 우정을 유지한다.

청년기에는 생각, 이상, 꿈, 철학, 목표를 나눌 수 있는 친구가 필요하다. 삶의 경험을 공유하고, 활동을 같이 할 수 있는 친구뿐 아니라 자신의 가장 깊은 비밀을 나눌 수 있는 신뢰할 만한 친구, 그리고 성인기에 인간관계에 대한 책임감을 실행해 볼 수 있는 친구가 필요하다.

친구관계는 인간관계에서의 상호성을 배우게 해준다. 즉, 친구와의 정서적 교류를 통해 상대방의 욕구에 민감하게 반응하는 법과 상대방에게 좋은 파트너십을 발휘하는 것을 배우게 된다. 또한 의견이 서로 맞지 않을 때 그것을 해결하는 과정을 통해서 갈등 속에서도 대화하고, 서로 타협할 수 있는 능력을 기른다. 이러한 상호성은 이성교제와 부부관계의 기초를 이루는 데 도움이 된다.

이 시기에는 친구와의 관계로 인해 많은 갈등과 압박을 받을 수도 있다. 확고한 가치체계와 자아관을 바탕으로 한 말과 행동으로 자신의 의견을 피력하고, 자기주장 능력을 개발시킨다면, 처음에는 친구 집단과 같이 어울리는 데 필요한 유혹을 물리치기가 어렵지만 결국은 자신의 가치를 믿고 따를 수 있게 되며 긍정적인 자아이미지를 형성할 수 있게 된다.

자신에게 지속적인 우정을 나눌 수 있는 친구가 있는가?

① 친구에게 자신의 비밀을 말할 수 있는가?

② 친구의 행동이 문제를 일으키거나 위험하다면 나는 어떤 방식으로 문제를 해결하고 받아들일 수 있는가?

③ 친구가 나와 다른 가치를 가지고 있다면 그 친구를 잃지 않고, 내 가치 기준을 유지할 수 있는가?

④ 친구와 내가 다르다는 것을 인정해 주고 존중해 줄 수 있는가?

학습 스타일과 의사소통 기술을 개발한다.

청년기에는 자신의 적성과 취미에 맞는 전공을 선택하고, 인생의 목표를 달성하는 데 필요한 학습 스타일을 길러야 한다. 청년기 학습 스타일은 미래 직장생활에서의 일처리 스타일에 영향을 미치기 때문이다.

또한 청년기에는 의사소통 기술을 증진시키기 위해 많은 노력이 필요하다. 읽기, 쓰기, 듣기, 말하기와 같은 의사소통 기술은 직업에서도, 인간관계에서도 중요한 기술이다. 이러한 의사소통 기술은 학습 스타일이나 다양한 인간관계 경험으로 배양시킬 수 있다.

교육을 통하여 직업 계획을 세운다.

미래 직업을 계획하기 위해서는 자신을 평가하여 자신의 재능이 무엇인지, 자신의 관심영역이 무엇인지, 자신의 제한점이 무엇인지를 알아야 한다. 또한 자신이 원하는 직업이 어떤 종류인지, 사람들과 같이 일하기를 원하는지 혹은 혼자 독립해서 일하기를 원하는지, 대기업에서 혹은 중소기업에서, 도시에서 중소도시에서 혹은 농촌에서 직업을 찾기를 원하는지 등에 대해 생각해 보아야 한다.

부모, 교사, 상담가는 교육목표와 직업목표를 훈련시키는 좋은 조언자가 될 수 있다. 그러나 결국 자신의 노력과 자아훈련으로 직업에 대한 의사결정을 하고 계획을 수행해야 자신의 길을 걸을 수 있다. 그러므로 청년들은 교육을 통하여 직업세계에 대한 의사결정과 계획 수행 능력에 필요한 유능감을 키울 필요가 있다.

미래 직업을 얻기 위해 취득할 수 있는 자격증에 대하여 알아보자. 나의 직업세계에 대한 유능감의 기대 수준은 어느 정도이며, 특히 노력하여야 할 부분은 무엇인가? 직업과 관련된 적성검사를 받아보는 것은 미래 진로선택을 위해 도움이 된다. 적성검사를 받아 볼 수 있는 기관을 조사해 보자**예 : 대학의 학생생활상담소, 전문직업상담소, 개인상담소.**

경제적 독립을 달성한다.

청년기에 완전한 경제적 독립을 이루기는 어렵다. 그러나 다른 독립과 마찬가지로 경제적 독립도 초기부터 여러 단계를 거치면서 이루어진다. 초기에는 아르바이트를 통하여 경제적 도움과 더불어 경제적 독립을 연습해 볼 수 있다. 아르바이트는 돈뿐만 아니라 가치 있는 일을 경험해 보고, 사람들을 만날 기회를 제공해 준다. 즉, 아르바이트는 경제적 독립을 완전히 이루었을 때와 같은 경험을 제공해 주기 때문에 청년기에 좋은 경험이 될 수 있다.

결혼과 가족생활을 준비한다.

청년기의 마지막 발달과업은 결혼과 가족생활을 준비하는 것이다. 어떤 의미로는 앞에서 제시한 아홉 가지 발달과업이 친밀한 인간관계를 위해 달성해야 할 것들이다. 결혼과 가족생활을 잘 유지하는 사람들의 특성을 학자들은 다음과 같이 들고 있다. 그러한 특성이 결국 청년기 발달과업과 매우 유사하여 발달과업의 완수는 건강한 인간관계를 형성하기 위한 준비라고 할 수 있다.

(1) 자신의 신체를 받아들이고 자신의 신체를 충분히 활용하여 신체적 능력감을 달성한 사람
(2) 사회적으로 수용될 수 있는 정체감을 형성한 사람
(3) 자기 자신과 배우자의 가치체계에 만족하는 사람
(4) 사회적으로 책임 있는 행동을 하는 사람
(5) 자신의 가족을 존중하고, 가족들로부터 존경받는 사람
(6) 지속적인 친구관계를 유지하는 사람
(7) 의사소통을 잘할 수 있는 사람
(8) 자신이 선택한 직업을 효과적으로 수행할 수 있는 능력을 지닌 사람
(9) 자신의 목표와 계획에 따라 사회적 지위와 경제적 독립을 달성한 사람

CHAPTER

2

자신에 대한 이해

"행복하고 건강한 삶의 첫 단추는 자신에 대해 아는 것이다. 자신에 대해 알지 못 하면 자신에게 맞지 않는 옷을 입고 살아가는 듯 늘 자신을 불편해 하고, 의심하고, 헤매고, 무의미하고, 무기력하게 살아가거나, 자신의 삶에서 원하는 것을 명확히 알 수 없어 다른 사람이나 세상의 기준에 맞추어 살아가게 된다. 그 기준에 맞으면 좋은 삶을 사는 것이고, 그 기준에 맞지 않으면 좋지 않은 삶을 살아간다고 생각한다. 그러나 진짜 자기(true self)는 자신에게 맞는 삶을 살게 하지만, 가짜 자기(false self)는 자신의 모습을 잃어버려 진정한 홀로서기(독립)를 하지 못하게 한다."

결혼이란 두 사람이 삶을 공유하면서 성장하는 과정이기 때문에 결혼은 독립적이고 자율적인 한 사람과 다른 한 사람이 만나서 건강한 인간관계를 갖는 선택적인 삶의 형태이다. 현대사회에서 결혼과 가족은 더 이상 필수적인 요건이 아니라 선택이기 때문에 자신의 선택에 책임을 질 수 있는 독립적이고 자율적인 한 개인을 양성시키는 것이 그 무엇보다 중요한 문제이다.

어떤 발달단계에 있더라도 인간은 독립적인 '개인으로서의 나'와 다른 사람과 유대감을 갖는 '관계에서의 나'라는 두 가지 모습을 동시에 지니고 있어 개인으로서의 나 자신을 이해하고, 자신의 존재 가치를 실현하는 것이 타인과 친밀한 관계를 형성하는 데 바탕이 될 수 있다. 그래서 인간관계의 기초는 자신과의 관계로부터 이루어진다. 특히, 결혼과 가족 전문가들은 "현명하고 멋진 결혼생활은 현명하고 멋진 독신생활로부터 시작된다!(Smart marriage start with smart singles!)"를 슬로건으로 내세울 만큼 자신을 올바르게 이해할 수 있어야 '개인으로서의 나'를 구축하는 노력이 좋은 인간관계로, 행복한 결혼생활로 이어질 수 있음을 강조하고 있다.

자아관 : 자기인식

자아관self-knowledge이란 자기에 대한 이해, 즉 자기인식을 말한다. 자아는 진정한 자신의 참모습으로 나 자신에 대한 감정feeling, 사고thinking, 행동action의 측면을 말한다. 즉, '나는 누구인가'에 대한 감정적인 측면자아존중감, 인지적인 측면자아개념, 행동적인 측면자아정체감이 바로 자아관이다.

우리의 삶은 선택의 연속이기 때문에 자신의 선택에 대한 답을 자아에게 구하지 못하면 진정한 삶의 주인공으로 살아가기가 어렵다. 물론 선택의 과정에서 부모, 친구, 선배, 멘토, 지인들에게 의논하기도 하고, 조언을 구하기도 한다. 그러나 결국 선택의 답은 자아에게서 찾게 되고, 자신을 알아야 올바른 선택을 할 수 있게 된다.

부모나 주변 사람 혹은 세상의 기준에 자아를 맞춘 가짜 자아false self를 가진 사람들은 다른 사람이 나를 어떻게 볼 것인가가 선택에 중요한 결정 요소가 된다. 그러나 자신에 대한 바른 이해를 바탕으로 '개인으로서의 독립적인 나'를 구축한 진짜 자아true self를 지닌 사람들은 나 자신이 나를 어떻게 보느냐가 선택에 더 중요한 결정 요소이다. 또한 진짜 자아를 가진 사람들은 자신을 잘 알고 다룰 수 있어 자신, 타인, 세상을 편안하게 대할 수 있을 뿐 아니라 선택에 문제가 생겨도 쉽게 흔들리거나 무너지지 않는다. 그러나 가짜 자아로 살아가는 사람은 선택에 문제가 생기면 한 번에 모든 삶을 무너뜨릴 수 있을 만큼 자아가 약하다.

진짜 자아를 형성한다는 것은 자신에 대한 감정, 사고, 행동의 측면을 통합하여 긍정적 자아관을 형성하는 것을 말한다. 청년기에는 자아의 구성요소인 자아존중감, 자아개념, 자아정체감을 통합하여 긍정적 자아관을 명확하게 형성하기가 어렵다. 그러나 자아를 구성하는 요소들을 명확히 알고 이해하면 심리적으로 일관성을 지닌 자아관, 시간에 따라 혹은 온라인online과 오프라인offline 사이에서도 변함이 없는 안정적인 자아관을 확립할 수 있게 된다.

자아존중감

자아존중감이란?

자아존중감self-esteem은 '나는 누구인가?'에 대한 감정적인 측면feeling을 말하는 것으로 자신의 존재에 대한 자기가치감과 자기유능감이다. 즉, '나는 가치 있는 사람이다', '나는 호감을 주는 사람이고, 사랑받을 만한 사람이다', '나는 좋은 자질을 가지고 있다', '나는 나 자신을 아끼고 존중하는 사람이다'고 자신을 평가할 때 일어나는 감정이 자기가치감이다. 또한 '나는 쓸모있는 사람이다', '나는 유능한 사람이다', '나는 내게 맡겨진 일을 잘 해낼 수 있다', '나는 다른 사람들과 같이 일을 잘 할 수 있다'고 자신을 평가할 때 일어나는 감정이 자기유능감이다.

자기인식의 첫 단계는 자신에 대한 감정을 이해하는 것이다. '난 이럴 때 내가 좋아', '난 이럴 때 유능하다고 느껴', '난 이럴 때 행복해', '난 이럴 때 내가 중요하다고 느껴', '나는 나에게 긍정적인 마음으로 대해' 등을 파악하게 되면 자신에 대한 감정을 이해하고, 자신을 존중하게 된다. 즉, 자아존중감은 자기 자신을 이해하고, 자신을 있는 그대로 수용하며, 자신의 목표를 향해 나아갈 수 있는 힘을 갖게 한다.

높은 자아존중감을 가지는 경우에는 자신에 대한 믿음이 강하여 자신을 쉽게 받아들이고 존중하게 되지만, 낮은 자아존중감을 가지면 자신에 대한 존중감이 결여되고 자신에게 부정적이고 거부적인 판단을 하게 된다. 평소에 열등감을 많이 느끼고, 주변 사람들에게 자신의 가치를 인정받지 못한다고 느끼며, 자신의 부족한 면이 드러날까 봐 두려워하거나 불안해 하며, 다른 사람에게는 관대한 편인데 자신에게는 매우 엄격한 잣대를 가지는 경우 자아존중감이 낮기 때문이다 (Mruk, 2006).

자아존중감 수준

다음 표에 자신이 평가하는 자신에 대한 느낌을 표시하시오. 1점과 2점 간의 차이는 주관적인 점수 차이이므로 자신이 생각하기에 자신을 얼마나 좋아하는지, 또는 가치 있다고 생각하는지 그 정도에 맞는 숫자 위에 ∨표 하시오(Branden, 1994).

0 1 2 3 4 5 6 7 8 9 10

[채점하기]

- 점에서 3점 사이에 표기한 사람들의 특성 : 자신에 대해 과소평가하는 유형의 사람들로서 자신에 대한 만족감이 떨어지고 자기비판에 익숙한 사람들이다. 이들 중에는 완벽주의적 성향을 가진 사람들도 있기 때문에 보다 더 많은 역할과 일의 완수를 스스로에게 바라고 있을 수도 있다. 때로는 자신을 쓸모없는 부적격자, 호감을 주지 못하는 사람으로 인식하거나 패배주의적 관점으로 보아 자신을 비난하고, 실패한 일에 자신을 맞추고 있어 스스로에 대한 재평가가 필요하다.
- 점에서 7점 사이에 표기한 사람들의 특성 : 건강한 수준의 자아존중감을 가지고 있어 자신에 대해 어느 정도 정확하게 평가하는 유형의 사람들이다.
- 점에서 10점 사이에 표기한 사람들의 특성 : 자신을 과대평가하는 유형의 사람들로서 자기만 옳다는 생각, 실수도 장점으로 인식, 권위자, 잘난 체하거나 자신에게 문제가 생기면 타인 탓을 하거나, 이로 인해 비판, 불평, 무시, 비난의 기제를 자주 사용하는 것이 특징이다. 그러나 이들 역시 잘난 체함으로써 약한 자존심을 방어하는 것으로 타인을 헐뜯고 무시하는 것도 다 자신의 자존감을 강화하기 위한 방법에 불과한 경우가 많다. 이들에게는 비판을 수용하고 문제를 토론할 능력이 없어 비판을 견디지 못하고 문제를 대처하기보다는 인신공격을 먼저 하면서 자신을 보호하려고 하는 경향이 높다.

생활 속에 표현된 자아존중감(Branden, 1994)

(1) 생활 자체에서 얻은 기쁨이 투사된 태도, 말씨, 얼굴표정, 행동을 지닌다.

(2) 자아존중감이 높은 사람은 실제 일어나는 사실에 호의적이므로 자신이 생각하고, 느끼고, 행동하고, 원하는 것을 솔직하면서도 편안한 마음으로 표현한다.

(3) 칭찬을 주고받는 것, 좋아하는 것이나 감사하는 마음, 애정을 주고받는 일을 자연스럽게 행한다.

(4) 자신을 완벽한 모습으로 표현해야 한다고 생각하지 않기 때문에 자신의 잘못을 쉽게 인정하며 허심탄회하게 말할 수 있다.

(5) 자신과 치열하게 싸우고 있거나 내적 갈등을 심하게 겪지 않기 때문에 말과 행동이 편안하며 자연스럽다.

(6) 말과 행동 사이에 균형을 유지하며 일상적으로 보고 표현하고 행동하는 것에도 과소하거나 과대하지 않고 균형감을 갖는다.

(7) 새로운 생각, 새로운 경험, 인생의 새로운 가능성에 대하여 강한 호기심을 가지고 있으며, 항상 배우려는 자세는 물론 사람과 세상에 대해 개방적인 태도를 갖는다.

(8) 분노나 불안감이 생기더라도 이를 수용하고 잘 조절하기 때문에 두려워하거나 억눌리지 않는다.

(9) 자신이나 타인의 생활에서 유머스러운 면을 즐길 줄 안다.

(10) 사람들을 신뢰하고, 다른 사람에 대한 공감능력이 높아 대인관계가 원만하다.

(11) 삶을 어둡게 보거나 비판적으로 보지 않기 때문에 풍부한 창의성으로 밝고 활발하게 행동하며 어려운 상황에 대해서도 유연함을 보인다.

(12) 자신이나 타인에 대해서 단호한 자세를 가지고 있지만 공격적인 행동을 하지 않는다.

(13) 긴장이나 갈등의 상황에서도 극단적으로 말하거나 행동하지 않아 자기 자신을 잃지 않을 위엄과 조화를 유지할 수 있다.

자아존중감을 높이는 방법

① 규칙적인 생활습관을 길러 삶에 대한 성실성을 기른다.

② 무엇보다도 자신에게 중요하고 능력을 발휘할 수 있는 분야를 찾아낸다. 자신의 능력을 최대한 발휘하여 성공 경험을 많이 할수록 높은 자존감을 갖게 된다.

③ 마음을 주고받을 수 있는 정서적 지지망을 찾는다. 이러한 지지망에는 부모, 친구, 교사 등이 될 수 있다. 위기의 순간 긍정적으로 격려해 줄 수 있는 자원이 있다는 것은 큰 힘이 된다. 자신의 강점을 찾아 줄 수 있고, 자신을 있는 그대로 받아줄 수 있는 존재는 귀중한 자원이다.

④ 무엇보다 중요한 것은 자신에 대한 장점과 강점을 찾아내는 것이며, 일상생활에서 자신의 강점과 장점을 발휘할 때마다 자신에게 긍정적인 피드백을 해주는 것이다.

⑤ 실패, 상실, 이별 등과 같이 삶의 역경에 처해 있을 때 느껴지는 고통스러운 감정을 견뎌내고, 자신을 위안해 줄 수 있는 자기위로 기능self-soothing capacity을 키워 나간다.

⑥ 성숙도가 높아지면 자존감도 높아진다.

자아개념

자아개념이란?

자신에 대해 생각해 보면 '나는 외향적이다, 사교적이다, 성실하다, 근본적으로 수줍음이 많은 사람이다, 나는 컴퓨터를 잘 다룰 수 있는 사람이다, 컴맹이다' 등 다양한 개념으로 자신을 떠올려 볼 수 있다. 이와 같이 '나는 누구인가?'에 대한 인지적인 측면thinking, 즉 자신이 생각하고 있는 자신의 독특한 특성들이 바로 자아개념self-concept이며, 성격, 인성, 품성 등을 총칭한다.

자신은 타인과 구별되는 분리된 실체라는 것을 인식하는 데서부터 자아개념의 발달이 시작된다. 자아개념은 부모, 또래, 사회와 같은 외적 환경에 의해 영향을 받다가 점차적으로 자아의 내적 이미지를 통합시켜 가는 과정을 겪으면서 성인기 이후 자기만의 독특한 자아개념이 완성된다.

인간은 누구나 낭만적이고 긍정적이고 비현실적 자아개념을 가지고 태어난다. 그러나 아동기와 청소년기를 거치면서 현실적인 개념으로 자신의 이미지를 받아들이게 되는데, 그 과정은 쉽게 이루어지는 것이 아니다. 자신을 있는 그대로 받아들이고, 자신의 장점과 단점을 인정하며, 현실에 적절하게 반응할 수 있는 사람은 긍정적으로 자아개념을 형성한 사람이라고 할 수 있다.

나를 설명해 주는 성격

성격은 한 사람의 독특하고 지속적인 행동 패턴을 결정짓는 개인의 특성이다. 사람들은 사랑, 일, 우정, 일상생활의 습관, 자녀양육 등 삶의 주요 영역과 더불어 쇼핑, 옷차림, 낯선 사람과의 대화, 집 꾸미기, 여행, 취미활동 등과 같은 일에서도 전반적으로 동일한 패턴대로 행동한다. 이러한 패턴은 그 사람이 어떻게 행동할지 예측하게 해주기 때문에 우리는 성격을 통해 자신은 물론 다른 사람들의 행동을 예측할 수 있게 된다.

성격은 사람마다 다르게 타고나지만 성숙한 성격으로 발전해 나가는 것이 인간의 특징이다. 건강한 성격을 지닌 사람들은 어린 시절의 충격과 갈등, 좌절에 지배받지 않고 현재와 미래에 대한 기대와 의욕으로 행동을 결정한다고 한다. 성격은 타고나는 것으로 좋은 성격이나 나쁜 성격으로 구분될 수 없고, 각자의 성격은 그 사람에게 그저 존재하는 것이다. 그러나 극단적인 성격으로 치우쳐 있으면 성숙한 사람이 될 수 없으므로 성숙한 성격을 향한 바람직한 인성을 길러야 한다.

MBTI 성격 유형 간이 검사지

MBTI 간이검사를 통해 자신이 어떤 사람인지, 자신은 어떤 장점을 가지고 있는지, 자신의 취약점은 무엇인지를 알아보자.

각 문항을 읽고, 왼쪽과 오른쪽 중 자신에게 더 맞는 설명에 ∨표시를 하시오. 더 많은 ∨표시가 된 쪽이 자신의 유형입니다. 만일 동점이 나오면 두 유형 중 I(E, I 중), S(S, N 중), T(T, F 중), J(J, P 중)로 보면 됩니다.

나의 에너지 방향은?------------------------(유형)			
E		I	
여러 친구와 많이 사귄다.	☐	몇 명의 친구와 깊이 사귄다.	☐
낯선 곳에 심부름을 갈 수 있다.	☐	낯선 곳에 심부름 가는 것이 무섭다.	☐
모임에서 많은 일을 하는 편이다.	☐	누가 물어볼 때에야 대답한다.	☐
활발하고 적극적이라는 말을 많이 듣는다.	☐	조용하고 차분하다는 말을 많이 듣는다.	☐
내 기분을 즉시 남에게 알린다.	☐	내 기분을 마음속에만 간직하고 있다.	☐
많은 친구에게 얘기하는 게 더 좋다.	☐	친한 친구들에게 얘기하는 게 더 좋다.	☐
친구들과 함께 공부하면 잘된다.	☐	나 혼자 공부하면 더 잘된다.	☐
책 읽는 것보다 사람 만나는 게 더 좋다.	☐	사람 만나는 것보다 책 읽는 게 더 좋다.	☐
글쓰기보다 말하기가 더 좋다.	☐	말하기보다 글쓰기가 더 좋다.	☐
생각이 바로 밖으로 표현된다.	☐	생각에 빠질 때가 자주 있다.	☐

나의 판단 기능은?------------------------(유형)			
S		N	
구체적이고 정확한 표현을 잘 기억한다.	☐	상상 속의 이야기를 잘 만들어 낸다.	☐
주변 사람의 외모나 특징을 잘 기억한다.	☐	물건을 잃어버릴 때가 종종 있다.	☐
꾸준하고 참을성 있다는 말을 듣는다.	☐	창의적이고 독창적이라는 말을 듣는다.	☐
손으로 직접 하는 활동이 좋다.	☐	기발한 질문을 많이 하는 편이다.	☐
그려진 그림을 색칠하는 것이 더 좋다.	☐	직접 선을 긋고 색칠하는 게 더 좋다.	☐
자세한 내용을 잘 암기할 수 있다.	☐	부분보다는 전체의 틀이 잘 보인다.	☐
남들 하는 대로 따라하는 게 편하다.	☐	스스로 나만의 방법을 만드는 게 편하다.	☐
"그게 진짜야?"식의 질문을 한다.	☐	공상 속에 친구가 있기도 하다.	☐
꼼꼼하다는 말을 자주 듣는다.	☐	'하고 싶다, 되고 싶다'는 꿈이 많다.	☐
관찰을 통해 더 잘 배운다.	☐	누구나 하는 일은 재미가 없다.	☐

나의 인식 기능은?------------------------(유형)			
T		F	
'왜'라는 질문을 자주 한다.	☐	남의 말을 따르는 편이다.	☐
의지가 강한 편이다.	☐	인정이 많다는 말을 듣는다.	☐
꼬치꼬치 따지기를 잘하는 편이다.	☐	협조적이고 순한 편이다.	☐
참을성이 있다는 말을 듣는 편이다.	☐	어려운 사람을 보면 마음이 안 좋다.	☐
공평한 사람이 되고 싶다.	☐	친절한 사람이 되고 싶다.	☐
야단을 맞아도 울지 않는 편이다.	☐	야단을 맞으면 눈물을 참을 수 없다.	☐
어른이 머리를 쓰다듬으면 어색하다.	☐	어른이 머리를 쓰다듬으면 기분이 좋다.	☐
논리적으로 설명을 잘한다.	☐	이야기에 요점이 없을 때가 있다.	☐
악당이 당하는 장면은 통쾌하다.	☐	악당이지만 그래도 불쌍하다.	☐
결정을 내리는 일이 어렵지 않다.	☐	양보를 잘하고 결정을 내리기가 힘들다.	☐

나의 생활양식은?------------------------(유형)			
J		P	
공부나 일을 먼저 하고 논다.	☐	먼저 놀고 난 뒤에 일을 한다.	☐
쫓기면서 일을 하는 게 싫다.	☐	막판에 몰아서 일을 할 수도 있다.	☐
정리 정돈된 깨끗한 방이 좋다.	☐	방이 어지러워도 상관없다.	☐
사전에 계획을 짜는 편이다.	☐	계획을 짜는 것이 왠지 불편하다.	☐
규칙적인 생활을 하는 편이다.	☐	상황에 따라 유연하게 행동한다.	☐
준비물을 잘 챙기는 편이다.	☐	준비물을 잘 잊어먹는 편이다.	☐
계획에 없던 일이 생기면 짜증이 난다.	☐	틀에 박힌 생활은 재미가 없다.	☐
목표가 뚜렷하고 실천을 잘한다.	☐	색다른 것이 좋고 짧은 공상을 한다.	☐
계획적으로 일을 하는 편이다.	☐	그때그때 일을 해치우는 편이다.	☐
남의 지시에 따르는 편이다.	☐	내 마음에 따라 행동하는 편이다.	☐

검사결과 나의 성격유형은 _ _ _ _

(앞에서 선택한 네 가지 유형의 알파벳을 써보세요. 예 : ISTJ, ENFP 등)

→ MBTI 4가지 성격 선호지표와 16가지 성격 유형 특성은 부록 참조

출처 : http://blog.naver.com/eundel/221212538318

성숙한 성격의 인성

성격은 타고나는 것이지만 인성은 자신의 타고난 성격을 대상이나 환경과 적응시켜 나가면서 얻어지는 개인적 특성을 말한다. 인성은 가꾸면 가꿀수록 바람직한 특성을 지닐 수 있기 때문에 교육과 훈련을 통하여 갈고 닦을 수 있다. 왜냐하면 인성은 내가 세상에서 무엇을 경험하고, 어떻게 살고 있는가, 또한 다른 사람들은 나를 어떻게 경험하고 있는가에 대한 것이기 때문이다. 바람직한 인성 특성을 완전히 자기 것으로 만들어 내면화한 것을 품성 혹은 성품이라고 한다.

학자들은 오랜 기간 동안 인성의 개인차를 밝히는 데 노력을 기울여 왔다. 디그만(Digman, 1990)은 개인의 인성 특성을 설명하는 수많은 연구들을 분석한 결과 다섯 가지 독립요인들Big-five factor이 일관성 있게 개인의 특성을 묘사하고 있다는 것을 발견하였다. Big의 의미는 각각의 요인들이 구체적인 수많은 하위 특성들로 이루어져 있다는 뜻이고, 다섯 가지 요인은 외향성, 친화성, 성실성, 신경증, 개방성이다.

① 외향성

외향성extroversion은 다른 사람들과의 상호작용을 원하고, 타인의 관심을 끌고자 하는 정도를 나타내며, 사교적인, 어울리기 좋아하는, 말하기 좋아하는, 자기주장이 강한, 모험을 좋아하는, 활동적인, 모든 일에 적극적인, 활기찬, 리더십이 있는, 포부가 있는 등과 같은 특성을 나타내 주는 성격 특성이다. 특히, 외향성은 사회적 상황이나 대인관계에서의 상호작용 정도와 기본 성향을 나타내 주는 성격 특성으로, 사회적 적응에 영향을 미치는 요인이다. 또한 추구하는 사회적 환경에 대한 자극 강도의 질을 결정하는 요인으로 대인관계나 적응과 관련이 높은 성격 특성으로 알려져 있다.

② 친화성

친화성agreeableness은 일반적으로 인간성의 온정적인 측면을 포함하여 타인과 편안하고 조화로운 관계를 유지하는 정도를 나타낸다. 즉, 예의바른, 착한, 믿음직한, 협동적인, 융통성 있는, 너그러운, 감정이입적인, 마음이 고운, 보살피는, 인내심이 있는 등의 특성이 포함된다. 친화성은 다른 사람을 신뢰하고 존중하며, 그들과 원만한 관계를 유지하는 정도를 나타내고 있어 외향성과 함께 대인관계와 관련된 특성을 지니고 있다.

또한 친화성은 주로 타인과 편안하고 조화로운 관계를 유지하는 정도를 나타내는 것으로, 친화성이 높은 사람은 타인을 신뢰하고 그들에게 관심을 가지며 순응적이고 남을 돕고자 하며 이타성을 지니고 있다. 친화성의 성격 특성은 공감능력과 타인을 존중하는 행동과 관련이 높아 대인관계에서 드러나는 여러 가지 문제에 대한 태도, 행동 및 긍정적인 인간관계와도 밀접한 관계를 맺고 있다. 반면 낮은 점수를 보이는 사람들은 적대적이고, 타인에 대해 무관심하고, 자기중심적이고, 죄책감이 별로 없고, 부정직하며, 사랑할 줄 모르고, 타인을 자신의 목적을 위해서만 이용한다. 가장 극단적으로 낮은 친화성을 보이는 사람이 바로 사이코패스이다.

③ 성실성

성실성conscientiousness은 사회적 규칙, 규범, 원칙들을 기꺼이 지키려는 정도를 의미한다. 성실성의 척도는 세심한, 철저한, 책임 있는, 조직적인, 효율적인, 계획적인 등과 같이 주로 신뢰성을 대표하는 특성으로 구성되어 있다.

그러나 성실성은 전형적으로 참을성이 있고, 열심히 일하며, 성취지향적인 것 등 성취를 위해 노력하는 태도를 가진 성격 특성을 포함하고 있어 신뢰성보다 더 포괄적이다. 성실성이 높은 사람은 안정적이고 계획적이며 믿음직스러운 특성을 보일 뿐 아니라 지속적인 관계를 유지할 수 있어 부부관계에 기초가 될 수 있는 성격 특성을 가지고 있다. 또한 성실성이 높은 사람은 사려 깊고 분별력이 있으며, 절제와 충동조절을 잘하며, 과제에 대한 조직력과 성취욕구가 강하고 목적 지향적이며, 자신의 의무이행에 철저하기 때문에 자신의 일상생활에 대한 책임과 의무를 수행할 수 있는 기본적 특성을 가지고 있다고 볼 수 있다. 반면, 성실성이 낮은 사람은 부주의하고, 즉흥적이며, 중독에 빠지기 쉽다.

④ 신경증

신경증neuroticism은 정서적 불안정을 측정하는 것으로, 신경증이 높은 사람은 정서적으로 안정되어 있지 못하고, 일상생활에서 불안, 두려움, 우울, 죄책감 등의 부정적 정서들을 빈번히 경험한다. 신경증 점수가 높은 사람은 걱정이 많고, 긴장되어 있고, 불안하고, 우울하고, 변덕이 심하고, 의기소침하고, 까다롭고, 화를 잘 낸다.

더구나 개인이 느끼는 반복적인 신경증적 긴장은 우울, 좌절, 그리고 죄책감과 같은 감정을 불러일으켜 종종 비합리적인 사고를 갖게 되고, 자아존중감이 저하되며, 신체 증상을 호소하며, 상황에 비효율적으로 대처하며, 다양한 정신병리 증상을 발달시킨다. 반면, 신경증적인 특성을 적게 보이는 사람은 마음의 동요가 쉽게 일어나지 않고, 평안하며, 몸과 마음이 이완되어 있어 침착하고, 쉽게 우울이나 좌절, 죄책감과 같은 감정에 동요되지 않는다.

⑤ 개방성

개방성openness은 지적 능력과 이해의 폭을 말하는 것으로, 상상적이고 독창적이며 창의력이 풍부한 창조성과의 관계를 나타내며, 경험에 대해 합치된 조합을

끌어내는 특징을 갖는다. 문화성, 지성 혹은 경험에 대한 개방성이라고 불리는 이 성격 특성은 유전적이기보다 가정환경, 교육, 문화적 배경 등의 결과로 나타나는 경우가 많고, 학업적 · 학문적 성취지향과도 관련이 있다.

성격 특성 중 개방성이 높은 사람들은 내 · 외적 세계에 대한 호기심이 많으며, 새로운 아이디어와 가치를 추구하고, 감정에 민감하며, 지적이고 풍부한 삶을 살아간다. 또한 개방성이 높은 사람은 조직생활에서 상상력과 호기심이 많고, 새로운 정보를 잘 받아들이며, 변화에 대한 수용도가 높고, 관습에 얽매이지 않으며, 독창적이고 창의적이라서 예술적 감수성이 높다. 반면, 폐쇄적 성향이 높은 사람은 관습적이며, 흥미를 갖는 영역이 제한되어 있고, 비합리적 사고를 하며, 새로운 것을 회피하고, 예술적 감각이 떨어지며, 분석력이 부족하다.

자아정체감

자아정체감이란?

자아정체감self-identity은 여러 가지 함축적 의미를 포함하고 있어 한마디로 정의내리기는 어렵지만 개인이 갖는 여러 가지 역할role을 통합하고 수행하는 '나는 누구인가?'의 행동적인 측면action을 말한다. 즉, '나는 무엇을 하고 싶다, 무엇을 할 수 있다, 무엇을 해야만 한다'에 답할 수 있는 것을 말한다.

자아정체감은 개별성, 총체성, 계속성을 지닌다. 개별성은 자신이 독특하고 특별한 존재라고 인식하는 것을 말한다. 개별성은 가치, 관심, 삶 자체를 다른 사람과 공유하지만 자신은 다른 사람과 구분되는 자율적이고 독립적인 사람이라는 것을 지각하게 해준다. 총체성은 자신의 욕구, 태도, 동기, 행동양식 등이 전체적으로 자아에 통합되어 있음을 인식하게 해준다. 즉, 자신이 수행하고 있는 아들이나 딸, 손자 혹은 손녀, 학생, 친구, 애인, 배우자, 직장인, 동호회 회원 등 여러 가지 역할을 하나로 묶어 자신을 총체적으로 파악하는 것을 말한다. 계속성은 시간이 경과하여도 '내가 나인 것', '변함이 없다고 인식하는 것'을 말한다.

자아정체감은 전 생애에 걸쳐 이루어지지만 누구나 적절하게 형성하는 것은 아니고, 반드시 한 방향에서 최고의 단계까지 직선적인 발달 양상을 보이지도 않는다. 더구나 정체감 성취상태에서 정체감 유예나 혼미상태로 퇴행했다가 다시 정체감 상태에 도달하는 경우도 있어 자아정체감은 변화한다.

마르시아(Marcia, 1994)는 위기와 수행이라는 구성요소로 정체감 형성을 설명하면서 자아정체감을 네 가지 범주로 나누었다. 여기서 위기란 자신의 능력이나 가치에 대해 재평가하는 탐색의 기간을 의미하고, 수행은 계획, 가치, 신념 등에 대해 능동적으로 의사결정을 하는 상태를 의미한다.

		위기	
		예	아니오
역할 수행	예	성취 (위기 해결)	상실 (위기 경험 없음)
	아니오	유예 (위기 현재 진행 중)	혼란 (위기 경험 없음)

자아정체감 유형

① 정체감 성취

자아정체감 위기를 성공적으로 극복하여 신념, 직업, 정치적 견해 등에 대해 스스로 의사결정을 할 수 있는 상태를 말한다.

② 정체감 유예

자아정체감 형성을 위해 다양한 역할, 신념, 행동 등을 실험하고 있으나 아직 의사결정을 못해 현재 정체감 위기의 상태에 있는 것을 말한다. 정체감 유예로 분류된 사람의 대부분은 정체감 성취의 단계로 옮겨가지만 그중에는 정체감 혼미 쪽으로 기울어지는 사람도 있다.

③ 정체감 상실

자신의 신념이나 직업 선택 등 중요한 의사결정에 앞서 수많은 대안에 대해 생각해보지 않고, 부모나 다른 역할모델의 가치나 기대 등을 그대로 수용하여 그들과 비슷한 선택을 하는 경우를 말한다. 즉, 위기를 경험하지 않고 쉽사리 의사결정을 하는 사람들이 이 범주에 속한다.

④ 정체감 혼란

자아를 수용하고 자아에 대해 통합적인 견해를 갖는 데 실패한 상태를 말한다. 이 범주에 속하는 사람은 위기를 경험하지 않았고 직업이나 이념 선택에 대한 의사결정도 하지 않았을 뿐만 아니라 이러한 문제에 관심도 없다. 유예는 자아에 대해 통합된 견해를 갖지 못했더라도 자아정체감과 관계된 갈등은 해결하려고 열심히 노력하고 있는 경우이지만 혼란은 해결에 대한 노력이 없고 관심이 없다는 데 그 차이점이 있다.

다중지능검사를 통하여 자신의 관심사와 재능을 살펴보고, 직업에 대한 정체성을 탐색해 보자.

각각의 문항에 '전혀 그렇지 않다'는 1점, '대체로 그렇지 않다'는 2점, '보통이다'는 3점, '대체로 그렇다'는 4점, '매우 그렇다'는 5점으로 ∨표시해 주세요.

번호	내용	1	2	3	4	5
1	다른 사람보다 어휘력이 풍부한 편이다.					
2	어떤 일이든 실험하고 검증하는 것을 좋아한다.					
3	취미생활로 악기 연주나 음악감상을 즐긴다.					
4	손으로 물건을 만들고, 그림을 그리는 것을 좋아한다.					
5	운동 경기를 보면 운동선수들의 장 · 단점을 잘 집어낸다.					
6	친구나 가족들의 고민거리를 들어주거나 해결하는 것을 좋아한다.					
7	나 자신을 되돌아보고, 앞으로의 생활을 계획하는 것을 좋아한다.					
8	자동차에 관심이 많고, 각각의 공통점과 차이점을 알고 있다.					
9	글이나 문서를 읽을 때 문법적으로 어색한 문장을 잘 찾아낸다.					
10	학교 다닐 때 수학이나 과학과목을 좋아했다.					
11	악보를 보면 그 곡의 멜로디를 어느 정도 알 수 있다.					
12	어림짐작으로도 길이나 넓이를 비교적 잘 알아맞힌다.					
13	평소에 몸을 움직이며 활동하는 것을 좋아한다.					
14	직장 내 성희롱이 왜 발생하고 어떻게 해결하면 좋을지 알고 있다.					
15	나의 건강상태나 기분, 컨디션을 정확히 파악할 수 있다.					
16	옷이나 가방을 보면 어떤 브랜드인지 바로 알아맞힐 수 있다.					
17	나의 어렸을 때 꿈은 작가나 아나운서였다.					
18	다른 사람의 말 속에서 비논리적인 점을 잘 찾아낸다.					
19	다른 사람의 연주나 노래를 들으면 어떤 점이 부족한지 알 수 있다.					
20	다른 사람의 그림을 보고 평가를 잘할 수 있다.					
21	어떤 운동이라도 한두 번 해보면 잘할 수 있다.					
22	다른 사람들로부터 다정다감하다는 소리를 자주 듣는다.					

번호	내용	1	2	3	4	5
23	내 생각이나 감정을 상황에 맞게 잘 통제하고 조절한다.					
24	동물이나 식물에 관하여 많은 정보를 알고 있다.					
25	글을 조리 있고 설득력 있게 쓴다는 말을 자주 듣는다.					
26	회사 생활에서 발생하는 문제를 해결하는 절차와 방법을 잘 알고 있다.					
27	다른 사람과 노래할 때 화음을 잘 넣는다.					
28	내 방이나 사무실을 꾸밀 때, 어떤 재료를 사용해야 하고 어떻게 배치해야 할지 잘 알아낸다.					
29	운동을 잘한다는 말을 자주 듣는다.					
30	직장 동료나 상사의 기분을 잘 파악하고 적절하게 대처한다.					
31	평소에 내 능력이나 재능을 계발하기 위해 노력하고 있다.					
32	동물이나 식물을 좋아하고 잘 돌본다.					
33	책이나 신문의 사설을 읽을 때 그 내용을 잘 이해한다.					
34	물건의 가격이나 은행 이자 등을 잘 계산한다.					
35	악기를 연주할 때 곡의 음정, 리듬, 빠르기, 분위기를 정확하게 표현한다.					
36	다른 사람으로부터 그림 그리기나 만들기를 잘한다고 칭찬받은 적이 있다.					
37	뜨개질이나 조각, 조립과 같이 섬세한 손놀림이 필요한 활동을 잘할 수 있다.					
38	가족이나 직장 동료, 상사 등 누구와도 잘 지내는 편이다.					
39	내 일정을 다이어리에 정리하는 등 규칙적인 생활을 위해 노력한다.					
40	나는 현재 동 · 식물과 관련된 직업에 종사하고 있다.					
41	학교 다닐 때 국어 시간이나 글쓰기 시간을 좋아했다.					
42	어떤 것을 암기할 때 무작정 외우기보다는 논리적으로 이해하여 암기하곤 한다.					
43	어떤 악기라도 연주법을 비교적 쉽게 배운다.					
44	새로운 지식을 습득할 때 그림이나 개념 지도를 그려 가며 외운다.					
45	개그맨이나 탤런트, 주변 사람들의 행동을 잘 흉내낼 수 있다.					
46	내가 속한 집단에서 내가 해야 할 일을 잘 찾아서 수행한다.					

번호	내용	1	2	3	4	5
47	어떤 일에 실패했을 때 그 원인을 철저히 분석해서, 다음에는 그런 일이 생기지 않도록 노력한다.					
48	동 · 식물이나 특정 사물이 갖는 특징을 분석하는 것을 좋아한다.					
49	다른 사람이 하는 말의 핵심을 잘 파악한다.					
50	어떤 문제가 생기면 성급하게 결론을 내리기보다는 여러 가지로 그 원인을 밝히려고 한다.					
51	빈칸을 주고 어떤 곡을 채워 보라고 하면 박자와 전체 곡의 분위기에 맞게 채울 수 있다.					
52	고장 난 기계나 물건을 잘 고친다.					
53	연기나 춤으로 내가 전하고자 하는 것을 잘 표현할 수 있다.					
54	다른 사람들 앞에서 프레젠테이션이나 연설을 잘한다.					
55	앞으로 어떻게 성공해야 할지에 대해 뚜렷한 신념을 가지고 있다.					
56	환경 문제를 해결할 수 있는 방법들을 많이 알고 있다.					

* 채점방법 및 다중지능 분류는 부록 참조

출처 : 문용림(2016).

긍정적 자아관을 가진 사람들은 '나는 누구인가'에 대해 일관된 인식을 지녀 오프라인 offline과 온라인online 모두에서 일치된 자아를 표현한다. 그러나 청년기에는 자신이 누구인지 이해하고 자신에게 편안한 자아를 찾기 위해 자신을 다르게 표현하고, 다른 사람들의 반응을 탐색하는 도구로서 온라인을 오프라인보다 더 선호한다. 자아탐색의 도구로서 온라인을 활용할 때 자아관이 덜 안정적일수록 온라인에서 이상적 자아로 자신을 표현하고, 일관성이 없는 여러 버전의 자아를 표현하며, 오프라인 자아와 일치하지 않는 자아를 표현한다고 한다. 그러나 성숙도가 높아질수록 오프라인과 온라인 모두에서 일관된 자아를 표현할 가능성이 더 높아지며, 더 명확한 자아관을 표현하는 것으로 밝혀져 있다(Fullwood, James, & Chen-Wilson, 2016).

성숙

성숙을 한마디로 정의하기는 어렵지만 모든 사람들은 인생의 단계를 거치면서 지속적으로 성숙해 간다. 그러므로 성숙은 계속적인 과정을 거쳐 매일의 새로운 경험을 통해 이루어지므로 성숙과 긍정적 자아관 형성은 밀접한 관련성을 지닌다.

성숙의 유형에 따라 성숙한 사람과 미성숙한 사람을 구분할 수 있는 특성이 밝혀져 있다. 이러한 특성은 우리가 삶에서 지속적으로 노력해 나아가야 할 긍정적 자아관 형성과 성숙에 방향을 제시해 준다. 성숙은 보통 여섯 가지 유형으로 구분된다.

연령적 성숙

연령적 성숙은 시간에 따른 나이를 말한다. 연령적 성숙은 몇 살에 학교에 입학할 수 있나, 몇 살부터 부모의 허락 없이 결혼할 수 있나, 운전면허를 취득하거나 선거할 수 있는 나이는 언제인가 등과 같이 법적인 문제를 다루는 연령적 나이를 말한다.

신체적 성숙

신체적 성숙이란 자신의 신체를 받아들이고, 자신의 신체를 활용할 수 있는 능력을 말한다. 자신의 신체를 받아들이지 못하는 경우 자아존중감이나 심리적 건강에 부정적인 영향을 미쳐 대인관계에서도 문제를 일으킬 수 있다. 술, 담배, 마약, 무분별한 성으로부터 자신의 신체를 보호하고, 자신의 건강을 증진시킬 수 있는 방법을 발견하여 이를 생활 속에서 실천하는 것도 신체적 성숙을 위한 방법이다.

감정적 성숙

감정적 성숙이란 자신의 감정을 억누르는 것이 아니라 자신과 다른 사람의 감정을 인지하고, 감정을 건설적으로 다루고 표현하는 능력을 말한다. 대부분의 사회문제는 감정적으로 미성숙한 사람들에 의해 일어난다. 또한 감정적으로 미성숙한 것은 다른 어떤 요인보다 인간관계와 결혼생활을 실패로 이끄는 요인이 된다. 그러므로 사람들이 감정적으로 성숙할수록 우리 가정과 사회는 더욱 건강해질 수 있다.

감정적으로 미성숙한 사람의 특징

(1) 사소한 일에 감정적으로 대응하면서 화나 분노와 같은 감정을 과장되게 표현한다.

(2) 자신의 감정에 앞서 다른 사람의 감정을 고려하지 않는다. 즉, 다른 사람은 어찌되었든 자신의 화나 감정만 풀리면 된다.

(3) 그룹에 속해 있어야만 안정감을 느껴 혼자 있는 시간을 견디기 힘들어 한다.

(4) 과거에 감정적으로 당했던 기억을 절대로 잊지 않는다.

(5) 다른 사람이 자신을 속인다고 생각하여 늘 의심하고, 꼬치꼬치 캐묻는다.

(6) 자기가 삶의 주체가 되지 못하고, 자신의 욕구가 무엇인지도 모른다.

감정적으로 성숙한 사람의 특성

(1) 자기 스스로 자신의 감정을 절제하고 조절할 수 있다.

(2) 슬픔, 고통, 분노, 우울, 좌절감 등과 같은 무거운 감정을 잘 견뎌낼 수 있다.

(3) 상처받은 감정을 표현하기 전에 그것을 점검할 수 있다.

(4) 자신의 감정을 건설적인 방식으로 표현한다.

(5) 같이 있는 사람들에게 즐거움과 긍정적인 에너지를 줄 수 있는 사교성이 있어 좋은 인간관계를 유지한다.

지적 성숙

지적 성숙은 이해할 수 있는 폭을 넓히는 것으로 환경의 영향을 가장 많이 받는 성숙의 유형이다. 자신에게 주어진 환경이 자극적이지 않으면 지적 성숙은 제자리에 멈추게 되고 자신의 지적 능력 이상의 일을 요구받게 되면 너무 많은 압박감으로 인하여 쉽게 용기가 저하되기 때문에 배우고 성장하는 일을 멈추게 된다. 따라서 지적 성숙은 적절한 수준의 환경적 도전을 받거나 그 도전으로부터 어느 정도 성공하게 될 때 가장 급속히 발달된다.

(1) 지적 성숙에 도달하기

(1) 어휘력을 늘리고 추상적인 개념을 이해하도록 노력한다.

(2) 스스로 의사결정하는 방법을 배운다.

(3) 문제해결력을 증진시킨다.

(4) 자신과 타인의 문제를 객관적인 관점으로 보려고 노력한다.

(5) 모든 사실을 알기 전까지 성급한 판단을 보류한다.

(6) 전 생애 동안 배움에 초점을 두는 자세를 가진다.

사회적 성숙

사회적 성숙은 다른 사람과 잘 지낼 수 있는 능력을 말한다. 그러나 사회적 성숙의 궁극적인 목표는 책임감이다. 사회적 성숙을 이루는 방법은 다음과 같다.

(1) 편견을 피한다. 편견이란 다른 인종, 종교, 지역, 직업과 같은 것을 극도로 싫어하거나 참지 못하는 것을 말한다. 사람을 구분해서 편견을 가진다는 것은 사람의 개인적인 가치를 인정하지 않는 것을 뜻한다.

(2) 자신의 행동과 그 행동의 결과에 대하여 책임을 진다. 책임에 대한 비난을 다른 사람에게 전가시키지 않고 자신이 받아들일 수 있다.

(3) 가족, 친구, 교사, 동료들의 결점이나 약점, 모순점에 대해 인내력을 기른다.

(4) 규칙과 법을 준수하고, 불공평한 법과 부적절한 규칙은 변화시키도록 노력한다.

(5) 경제적 독립을 이룬다.

(6) 연령과 성에 관계없이 새로운 사람을 만나는 데 필요한 사회적 기술, 즉 의사소통 능력이나 문제해결능력을 개발한다.

(7) 공통적인 목표를 가지고 다른 사람과 협동하는 활동에 참여하는 기회를 가진다.

철학적 성숙

철학은 우리에게 동기부여의 원천이 되어 에너지를 주는 것으로 우리가 목표를 세우고 그것을 달성하기 위해 노력하게 만드는 것이다. 더욱이 철학적 성숙은 자신과 다른 사람의 세계를 명확하게 볼 수 있도록 해준다. 철학적 성숙을 이루기 위한 방법은 다음과 같다.

(1) 자아훈련을 통하여 양심을 발달시킨다.
(2) 자신의 문제뿐 아니라 다른 사람의 문제에 대해서도 관심을 가져 사회적 의식을 발달시킨다.
(3) 일상생활에서 중요하고 우선적인 일을 실행할 수 있는 가치적 자율성을 발달시킨다.
(4) 인생의 방향을 위한 장기적 목표를 세운다.
(5) 자신의 생각과 행동을 이끌어 줄 도덕과 윤리적 가치를 개발시켜 미래를 향한 목표를 위해 꾸준히 나아갈 수 있도록 한다.
(6) 자아존중감을 발달시켜 자신이 선택한 철학에 내포된 진리에 따라 지속적으로 정체감을 발달시켜 나간다.
(7) 더 높은 단계의 철학적 성숙을 달성할 수 있도록 융통성과 적응력을 발달시킨다.

성숙한 사람의 특성을 통해 자신과 주변 사람들의 성숙도 점검해 보기

① 성숙한 사람은 전문직을 가지고 있고 전문직으로 사회에 공헌할 수 있다.
② 성숙한 사람은 경제적으로 독립되어 있다.
③ 성숙한 사람은 합리적인 근거에 의하여 의사결정할 수 있다.
④ 성숙한 사람은 자신뿐 아니라 다른 사람도 가치 있게 생각한다. 모든 사람은 살아갈 이유가 있고, 각자 나름대로 삶을 달성해 나아가는 목표가 있다고 느끼고 그 가치들을 존중할 수 있다.
⑤ 성숙한 사람은 자신과 다른 사람을 이해하려고 노력하며 만족할 만한 관계를 증진시켜 나아갈 수 있다.
⑥ 성숙한 사람은 자아훈련의 능력을 가지고 있다. 성숙한 사람들의 행동은 자신의 내적

신념에 의해 조절되며 외부의 강압적인 권위나 체벌에 의해 영향을 받지 않는다.

⑦ 성숙한 사람은 자신의 행동에 대해 책임을 질 수 있다.

⑧ 성숙한 사람은 자신의 감정을 조절할 수 있고 감정을 건강한 방식으로 표현할 수 있다. 그러한 사람들은 침착하고, 여유로우며, 반영적이고, 필요할 때까지 자신의 감정을 유예시킬 수 있는 능력이 있다.

⑨ 성숙한 사람은 성과 출산을 의미 있는 인생의 경험으로 받아들이고, 성적으로 책임을 진다.

⑩ 성숙한 사람은 계속되는 성취와 성장을 위하여 자신의 지적 능력을 사용한다.

⑪ 성숙한 사람은 필요할 때 자신에 대한 변화, 환경에 대한 변화, 사회에 대한 변화를 꾀하고, 그 변화에 대해 책임을 질 수 있다.

⑫ 성숙한 사람은 융통성이 있고 적응력이 있어 도덕적이고 윤리적 기준을 가진 인생관을 가지고 있다.

인간의 기본 욕구

우리 자신과 다른 사람을 이해하기 위해서는 인간의 기본 욕구를 이해할 필요가 있다. 인간의 기본 욕구는 신체적 욕구와 심리적 욕구로 나누어진다. 기본 욕구의 충족은 신체적으로 정신적으로 건강하기 위하여 필요한 것이다. 심리적 욕구는 신체적 욕구보다 표현방법이나 충족의 정도에 개인차가 매우 크다. 이러한 욕구의 차이가 사람들 간에 갈등을 일으키는 주요 원인이 된다.

인간의 욕구를 충족시키는 공통적 근거를 매슬로우Maslow는 다섯 단계로 구분하였다. Maslow는 인간의 동기는 궁극적으로 자아실현을 위한 것으로 자아실현을 달성하기 위해서는 그 하위의 욕구 단계를 거쳐야 한다고 하였다.

Maslow는 인간의 욕구, 즉 동기는 행동을 유발하는 원동력으로써 행동의 방향을 결정하고, 행동의 강도에 영향을 미친다고 하였다. 따라서 자신의 욕구를 이해한다는 것은 자신의 행동원칙을 이해할 수 있다는 것을 의미하며, 나와 타인에 대한 이해를 증진시킬 수 있는 단서가 된다.

사람들의 문화적 배경은 여러 가지 방식으로 기본 욕구에 영향을 미친다. 예를 들어, 음식에 대한 기호나 식욕과 같은 기본적인 욕구는 생리적인 것보다 오히려 문화적인 요인에 의해 더 영향을 받는다. 그러므로 타인의 문화적 배경을 이해하고 수용하는 것은 상대방의 욕구를 이해하는 또 다른 방식이 되며, 문화적 차이를 가진 사람들과의 인간관계 폭을 더 넓히게 한다. 이는 또한 서로 다른 환경에서 자란 배우자의 욕구와 행동의 차이를 이해하는 데 도움이 된다.

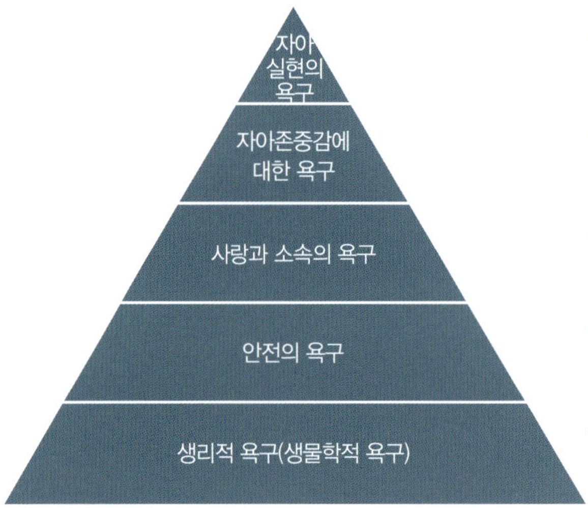

- 잠재능력을 최대로 발휘하여 자아를 실현함
- 성취감, 자신의 능력 확신, 타인이나 사회로부터의 인정과 존경
- 단체의 가입과 소속, 우정, 애정, 사교, 고립과 소외로부터 해방, 친구, 가족과 어울리기
- 안전한 환경, 보호, 안심, 위협이 없거나 전쟁과 같은 혼란이 없는 상태
- 배고픔, 목마름, 수면 등 생존에 필요한 요구

출처 : Maslow(1967).

C H A P T E R

3

부모와의 관계에 대한 이해

"인간은 부모와의 관계를 맺으면서 자신의 심리구조는 물론 다른 사람과의 관계를 유지하는 법을 배운다. 어린 시절 아이에게 가장 중요한 욕구는 사랑받고, 인정받고, 귀염받고, 돌봄을 받으면서 중요한 존재가 되는 것이다. 부모가 아이에게 중요한 욕구를 충분히 충족시켜 주면 아이는 자라면서 '나는 괜찮아(I am O.K)'라고 생각하면서 긍정적인 내면의 틀을 지니게 된다. 그러나 부모가 아이의 욕구를 충분히 충족시켜 주지 못해 상처를 입은 아이는 '나는 괜찮지 않아(I am not O.K)'라는 부정적인 내면의 틀을 지니게 되어 자신은 물론 인간관계에 부정적인 영향을 미치게 된다."

결혼은 또 다른 관계의 시작이다. 그동안 자신이 맺어 온 부모와의 관계가 배우자와의 관계는 물론 미래 자녀와의 관계에 기본 틀이 되기 때문에 결혼을 앞둔 사람은 부모와의 관계 경험을 살펴보는 것이 중요하다. 모든 사랑의 시작은 어린 시절 부모로부터 받은 사랑과 돌봄으로 싹튼 자기사랑이다. 자기사랑을 할 수 없는 사람은 사랑을 하기도, 받기도 어려워 사랑에 빠질 수는 있어도 열정적인 사랑이 시든 후에는 사랑을 지속하기도, 함께 삶을 나누기도 어렵다.

자기사랑을 채우려는 방식으로 인간관계를 맺는 사람들은 상대방으로부터 자신이 필요한 것을 충족하지 못하면 언제든 떠날 준비가 되어 있기 때문에, 자신의 삶을 있는 그대로 나누어야 가능한 지속적인 관계를 유지하는 데 매우 취약하다. 이들의 사랑은 조건적이라서 언제든 조건에 맞지 않으면 사랑을 거둬들인다. 사랑의 조건을 설정한 사람은 대개 부모이다. 그러므로 부모와의 관계는 자신이 어떤 사람인지의 핵심을 들여다 볼 수 있게 하는 소중한 실마리이다. 특히, 부모로부터 독립하여 스스로 책임 있는 삶을 만들어 가야 하는 청년기에는 부모로부터 받은 영향을 통찰하여 부정적인 영향이 자신의 자녀까지 이어지는 세대 전이에서 벗어날 수 있는 힘을 길러야 할 필요가 있다.

부모와의 관계

우리는 아버지와 어머니의 독특한 유전인자의 결합으로 태어났기 때문에 부모와 같은 특성도 있고, 다른 점도 있다. 부모의 유전인자는 주로 신체적인 특징, 두뇌와 신경체계, 기질과 성격에 영향을 미친다(Ambert, 2001). 그러나 우리에게 더 큰 영향을 미치는 것은 부모의 정서적 환경이다. 부모가 모두 있느냐 없느냐보다 부모가 정서적으로 성숙한지가 더 중요하고, 이러한 환경을 제공하는 것이 부모가 자녀에게 줄 수 있는 최고의 선물이다.

정서적으로 성숙한 부모는 자신을 사랑하고 소중히 여기면서 아이도 조건 없이 사랑하고 소중히 여긴다. 그러나 정서적으로 미성숙한 부모는 자신의 부모로부터 받은 상처를 마음에 품고 살면서 자신에게도 아이에게도 조건적인 사랑을 주거나 건강한 사랑을 주지 못한다. 인간의 본질은 사랑받고 사랑하는 것이라서 아무리 큰 사랑을 준다 해도 스스로가 자신을 사랑하는 자기사랑이 없으면 그 사랑을 받아들이지도 못할 뿐 아니라 건강한 사랑을 주지도 못한다.

자신을 긍정적으로 바라보고, 자신에 대해 좋은 감정을 가지게 하는 자기사랑은 부모로부터 온다. 자랄 때 자신의 부모로부터 건강한 사랑을 받지 못해 자기사랑이 부족한 부모는 자신의 부모가 한 것처럼 자녀에게 끊임없이 '나를 위해 존재하라'는 메시지를 준다. 자녀에게 "넌 나를 위해 존재한다. 내 욕구를 채워주고, 내 방식대로 따르고, 내가 시키는 대로 행동하고, 내 생각에 따르면 널 자식으로 인정해 주고, 사랑해 줄 것이다"의 지배적이고 강압적인 메시지를 보낸다.

지나치게 헌신하는 부모도 강압적인 부모만큼 자녀를 지배하려는 욕망을 숨기고 있다. 부모의 헌신은 자녀의 성장을 위해 무조건 베푸는 것이다. 그러나 지나치게 헌신하는 부모는 그냥 베푸는 것이 아니라 자신의 헌신적인 삶을 보상받는 방식으로 사랑을 베푼다. 이와 같이 정서적으로 미성숙한 부모는 자신의 부모로부터 사랑받고, 인정받고, 존중받고자 했던 욕구를 자녀를 강압적으로 지배하면서 혹은 지나치게 헌신하면서 부모로부터 받은 상처를 자녀를 통해 보상받으려 한다(Humphreys, 2004).

어린 시절 부모로부터 이러한 메시지는 받은 자녀는 부모가 더 이상 곁에서 뭐라 하지 않는데도 여전히 부모의 메시지가 자신에게 각인되어 삶에 지대한 영향을 미친다. 더구나 어린 시절 부모의 메시지로부터 자신을 방어하고 대처하기 위해 사용했던 특별한 생존전략을 성인이 되어서도 끊임없이 반복 사용하면서 문제에 빠져든다. 이 생존전략은 스트레스나 위기 혹은 갈등 상황에서 더 뚜렷이 나타나는데 사람마다 유형에 차이가 있다. 고래고래 소리 지르고, 말다툼을 벌이고, 자기가 좋아하는 것은 무턱대고 뛰어들고, 좋아하지 않는 것은 피하려고 꾸물대고, 속이고 거짓말 하며, 다른 사람들의 생활을 뒤흔들어 놓거나 망쳐 놓기도 하며, 겁과 두려움으로 매사 불안해 하며, 소심하고 적극적이지 못하며, 우유부단하며, 결국에는 자신을 어쩌지 못하고 중독에 빠지는 등 유형이 매우 다양하다. 인간관계에도 영향을 미쳐 어릴 때 부모와의 관계를 유지하기 위해 했던 방어하기, 움츠러들기, 비위 맞추기, 순종하기, 빈정하기, 지배하기, 의존하기 등의 대인관계 유형을 보인다.

문제는 이러한 유형의 생존전략이 한 세대에만 그치는 것이 아니라 다음 세대로 전이되어 고통스러웠던 패턴이 그대로 되풀이된다는 점이다. 정신분석학자 칼 융이 "자녀가 짊어져야 하는 가장 큰 짐은 부모 내면의 살지 못한 삶이다"라고 했듯이 부모는 자신이 해결하지 못한 문제를 자녀 세대에 그대로 세대전이한다. 왜 그럴까? 그러한 패턴이 익숙하기 때문이다. 즉, 그러한 패턴을 깊이 생각하지 않은 상태로 습관적으로 지속하기 때문이다. 게다가 사람들은 대부분 부모의 이미지와 닮은 사람을 배우자로 선택해서 과거의 부모와의 관계 패턴을 그대로 되풀이한다. 또한 그러한 관계 패턴을 자녀에게 그대로 세대전이되어 자녀들도 부모의 관계 패턴을 되풀이할 수 있는 배우자를 또 다시 선택한다.

어린 시절 부모가 미친 영향력은 실로 막강하다. 부모의 부정적인 영향력에서 벗어나지 못하면 문제적 자아를 그대로 떠안고 살면서 자신과 다른 사람과 세상과 계속 싸우면서 불편한 삶을 살아야 한다. 또한 인간관계 패턴이 의존적이거나 지배적이게 되어 일대일의 친밀한 인간관계가 주는 정서적 교류와 특별한 만족감을 느끼지 못할 뿐 아니라 병적인 인간관계에 빠질 가능성이 높다. 그러므로 세대로 전이되는 파괴적인 패턴은 누군가가 사이클을 깨트려야 한다. 사이클을 깨트린다는 것은 부모를 더 이상 사랑하지 않겠다는 뜻이 아니라 자신을 억누르는 고통스러운 패턴에서 자신을 해방시킨다는 뜻이다.

오랜 동안 전이되어 온 패턴을 깨트리기는 쉽지 않다. 그러나 자아인식을 할 수 있는 사람은 자신의 생각과 행동을 객관적으로 볼 수 있기 때문에 자신에게 일어난 일과 그것에 반응하는 것 사이에서 자신을 멈출 수 있다. 또한 배우자를 선택할 때 그 사람과 부모와의 관계를 살펴보는 것은 미래 나와 그 사람과의 관계를 예측하는 중요한 틀이 된다. 특히 내가 앞으로 그 사람을 대하고, 자녀를 대하는 방식을 예측하기 위해서도 부모와의 관계를 살펴보는 것이 중요하다.

부모와의 애착

청년기에 부모와의 관계에서 가장 중요한 주제는 독립과 애착이다. 이 시기에는 부모로부터 독립을 원하지만 여전히 부모와 강한 유대관계를 맺기 원하기 때문에 독립과 애착의 상반되는 감정으로 불안과 갈등을 경험하기도 한다. 부모와 불일치를 경험하는 것은 청년기 자녀가 독립심을 획득하는 데 중요한 경험이 된다. 자녀는 부모와의 갈등과 타협의 경험을 통하여 다른 사람의 자아존중감을 해치지 않고 자신의 의견을 표현할 수 있는 방법을 배울 수 있기 때문이다.

독립은 부모로부터 분리되고 소외된다는 것을 의미하는 것이 아니라 부모와 상호 의존의 관계를 맺는 것을 말한다. 상호의존의 관계란 자신이 부모로부터 정서적 지지와 도움을 받는 것처럼 자신도 부모에게 정서적 지지와 도움을 주어야 한다는 것을 의미한다. 또한 부모가 자신에게 영향을 미치는 것처럼 자신도 부모에게 영향을 미치는 것을 의미하며, 서로가 관계로 인해 어느 정도의 구속이 있다는 것을 받아들여야 함을 의미한다.

부모와 상호의존의 관계를 맺기 위해서는 부모와 안정된 애착을 형성하는 것이 우선적으로 이루어져야 한다. 특히 부모와의 안정애착은 청년기의 발달과업과 관련된 불안, 우울, 정서적 혼란 등을 완화시키는 역할을 한다고 알려져 있다 (Pittman, 2012).

애착은 사랑하는 대상과 관계를 맺고 유지하는 것을 말하며, 새로운 환경에 적응하고, 자신의 세계를 넓혀갈 때 안전기지로서의 역할을 한다. 애착은 부모로부터의 정서적 경험에 의해 형성된다(Bowlby, 1973). 생애 초기에 부모로부터 정서적 접촉과 정서적 교류가 충족되면 아이는 부모와 안정애착을 형성하여 부모와의 관계가 정서적 안식처가 될 뿐 아니라 안전한 피난처가 된다. 아이가 부모를 보호받고, 안전하고, 의지하고, 사랑받을 수 있는 정서적 안식처로 여기면 아이는 자율성과 환경 탐색의 의지를 발휘하여 세상을 향해 스스로 나아갈 수 있는 힘을 얻는다. 또한 아이가 부모를 안전한 피난처로 여기면 아이는 신체적, 심리적 스트레스 혹은 위기 상황에서도 안정감을 유지할 수 있어 그 상황을 잘 극복해 낼 수 있다.

부모와의 관계가 정서적 안식처와 안전한 피난처가 된 아이들은 내면에 애착의 기본 틀을 형성하여 전 생애 동안 다른 사람들과도 정서적인 안식처와 안전한 피난처의 애착관계를 맺는다. 그러나 부모와 안정적인 애착관계를 형성하지 못한 아이들은 자신은 물론 다른 사람들과의 관계에도 부정적인 영향을 받는다.

볼비의 애착 이론을 에인즈워스와 동료(Ainsworth et al., 1978)들이 '낯선 상황' 실험에 대한 아이의 반응을 기반으로 세 가지 애착유형을 확인했다. 엄마가 떠날 때 괴로움을 표했지만 돌아오면 쉽게 안심하는 아이를 안정형으로, 엄마가 돌아와도 쉽게 안심이 되지 않는 아이를 불안형으로, 엄마가 오고가는 것에 무관심해 보이는 아이를 회피형으로 분류하였다.

인간관계 유형

자신의 부모와의 관계 패턴을 다음의 애착유형과 비교해 보자. 상호의존형은 불안형과 불안형의 결합, 일방적인 심리적 의존형은 회피형과 불안형의 결합, 상호 독립적인 유형은 회피형과 회피형의 결합, 분리와 밀착 간의 균형이 이루어진 유형은 안정형과 안정형의 결합이다.

형

상호의존형

자존감이 낮은 두 사람이 서로에게 밀착되어서 서로에게 강하게 의존하고 있다.

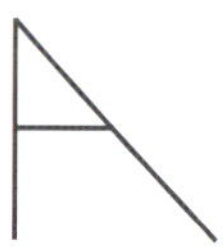

형

일방적인 심리적 의존형

한쪽의 자존감이 지나치게 낮아서 독립적인 상대에게 의존하고 있는 형태이다. 초기 관계에서는 의존해 오는 상대를 버텨 줄 수 있지만 시간이 지날수록 그 상대편 역시 일방적으로 의존해 오는 상대에 의해서 반대쪽으로 쓰러져 버릴 것이다. 한쪽의 지나친 희생을 요구할 수 있다.

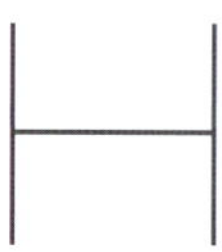

형

상호 독립적인 유형

서로 독립적인 두 사람은 정서적인 교류에 있어서는 아주 취약할 수 있다. 개인 공간과 사적인 생활을 중요시하다 보니, 친밀감을 나누는 방법을 알지 못해서 관계가 소원해지기 쉽다.

형

분리와 밀착 간의 균형이 이루어진 유형

서로 독립과 의존의 욕구가 균형적으로 발달한 사람들 간의 만남에서 주로 보이는 유형으로, 개인 영역과 공유할 수 있는 영역 간의 균형이 이루어지므로 치우침이 없다.

안정애착

어린 시절 보살핌과 사랑을 받고 싶은 욕구를 부모로부터 충족한 아이들은 심리적 안정감을 갖게 되어 부모와 안정애착을 형성한다. 부모와 안정애착을 형성한 사람들은 자신도 존중하고 다른 사람도 자신과 같이 존중할 줄 안다. 또한 감정조절을 잘하고, 자신과 타인에 대한 긍정이 모두 잘 조화되어 있어 혼자 있을 때도 편안하고, 다른 사람과 같이 있어도 불편해 하지 않으면서 편안한 관계를 유지한다. 더구나 인간관계에 필수적으로 수반되는 갈등도 대화와 타협을 통해 해결하고자 하며, 다른 사람에게 도움을 요청하거나 도움을 주는 상황에 편안하게 반응한다.

일반적으로 부모와 안정애착을 이룬 사람들이 친구, 데이트 상대, 그리고 배우자와도 안정애착을 이루는 것으로 밝혀져 있다. 반대로 부모와 안정애착을 이루지 못한 사람들은 친밀한 관계에서 질투, 갈등, 의존, 불만족을 많이 경험하는 것으로 보고되고 있다(Mikuliner & Shaver, 2007).

부모들은 자녀에게 전달해 줄 가치, 특성, 강점, 신념체계를 가지고 있다. 부모와 안정된 애착을 형성한 자녀는 부모를 역할모델로 선택하게 되고, 부모에 대해 높은 존경심을 가지게 되지만 때가 되면 부모로부터 물리적, 정서적 독립홀로서기을 한다. 또한 부모가 가지고 있는 가치, 도덕, 윤리, 전통을 받아들이게 되며, 부모의 결혼생활을 통해 자신의 미래 배우자 선택이나 결혼의 기대에 긍정적인 영향을 받게 된다.

불안애착

어린 시절 부모가 자녀의 욕구에 일관적으로 반응해 주지 못한 경우 자녀들은 부모와 불안애착을 형성하게 된다. 불안애착은 부모가 아이의 요구에 반응을 해주고 만족시켜 주기는 하는데, 부모의 기분에 따라 어느 때는 아이의 요구에 반응을 해주다가 어느 때는 반응을 해주지 않아 아이들이 부모로부터의 욕구 충족을 매우 힘들게 하는 경우 불안애착을 형성한다.

불안애착을 형성한 사람들은 감정을 과도하게 표출하고, 감정의 기복이 심하다. 또한 혼자 있으면 자신이 없고 불안하기 때문에 다른 사람과 쉽게 관계를 맺으면서 건강하지 못한 관계를 맺을 가능성이 높고, 한 번 맺은 관계에 집착하는 등 대인관계가 불안, 의심, 집착으로 습관화되기 쉽다.

불안애착은 부모와의 관계에서 신뢰할 수 없는 지지의 경험에 의해 형성된다. 이로 인해 불안애착을 형성한 사람들은 부정적인 자기인식을 지니고 있으면서 다른 사람들의 인정에 과하게 집착한다. 또한 조그마한 자극에도 쉽게 불안해 하며, 감정조절 수준이 낮으며, 타인의 신호에 과민하여 다른 사람들의 부정적인 행동을 분개, 분노, 적대감, 자아비난, 두려움, 슬픔, 우울과 같은 복잡한 감정으로 대응한다. 특히, 분리에 대한 두려움으로 인해 부모나 파트너에게 과하게 의존하는 경향도 높아 물리적으로는 독립을 한 것 같지만 심리적으로 독립하지 못해 여러 가지 부작용을 가져온다.

회피애착

부모와의 관계가 무미건조하고, 부모에게 거부나 무시를 당하면서 자란 사람들은 다른 사람과 같이 있으면 불편하고 힘들고 귀찮아서 혼자 있는 게 편안하다. 이러한 회피형 애착은 자녀가 성장하는 데 필요한 부모의 사랑이나 정서적인 위로가 부족해서 형성된다.

회피애착은 다른 사람의 선의를 불신하고 자신의 독립을 유지하기 위해 정서와 행동이 방어적이다. 다른 사람과의 정서적 접촉 욕구를 가지고 있음에도 불구하고 막상 다른 사람들이 가까이 다가오면 거리를 두면서 자신을 방어한다. 스트레스나 위기 상황에 직면하는 경우 정서적 지지가 필요하면서도 자신의 의지를 발휘해 억제하고, 혼자서 처리하고자 한다. 또한 인간관계에 문제가 발생해 분노나 적대감이 생겨도 거리를 두는 방식으로 대처한다.

회피애착의 사람들은 부모 혹은 파트너와 함께 있어도 외로움을 많이 느낀다. 왜냐하면 자신에게 정서적 지지를 제공해 줄 수 있는 사람들과도 쉽게 자신을 열어 보이지 않으며, 친밀감을 불편하게 여기고, 아무리 힘들어도 다른 사람에게 도움을 구하지 않기 때문이다. 부모나 파트너가 아무리 자신을 사랑해도 자신의 독립성을 위협하면 바로 거리를 두면서 회피할 경로를 만든다.

이와 같이 우리는 어린 시절 보살핌 받고, 의존하고 싶고, 사랑 받고 싶은 욕구를 부모로부터 충족 받았을 때 정신적으로 독립할 수 있다. 그러나 많은 사람들이 어린 시절 부모로부터 충족되지 않은 욕구로 인해 몸은 다 자란 어른이지만 마음속에는 공허한 어린아이의 모습을 지니면서 정신적 독립에 어려움을 지니고 있다. 또한 부모와의 관계에서 사랑이 무엇인지 제대로 배우지 못한 사람들은 자신의 현재 관계뿐 아니라 자식 세대까지 부정적인 영향을 대물림하게 된다.

마음속 내면아이

내면아이란 어린 시절을 겪은 아이를 말하는 것으로 우리는 모두 자신 안에 이 어린아이를 가지고 있다. 이 어린아이는 행복하고 아름다운 것뿐 아니라 상처받은 것까지도 기억하고 있다.

어린 시절의 행복하고 아름다운 기억은 성인이 되어서도 천진난만한 어린아이의 기쁨과 즐거움을 누릴 수 있게 해준다. 반면, 어린 시절에 부모의 애정 어린 보살핌과 관심을 받지 못한 경우, 부모가 역할모델을 제대로 해주지 못한 경우, 부모가 방임하여 제멋대로 행동하게 내버려 둔 경우, 과보호하여 인생을 힘들고 고통스럽게 만든 경우, 학대를 한 경우에는 자신을 대하던 부모의 태도를 자연적으로 몸에 익혀 성인이 된 후에도 여전히 상처받은 아이를 마음속에 지니고 있다.

내면에 남아 있는 이 어린아이는 거의 의식하지 못하는 범위 안에서 우리의 인간관계, 일하는 방식, 사회생활, 관심사, 감정처리 방식 등에 영향을 미치지만 보통 때는 별로 문제를 일으키지 않는다. 그러나 어려운 상황이나 위기 상황 혹은 스트레스 상황에 직면하게 되면 이 어린아이는 우리의 행동을 결정짓는 방향키가 된다. 이런 상황에서는 성숙한 어른의 이성적인 사고나 논리가 작용하는 것이 아니라 어린 시절 부모의 비난, 방임, 폭력, 학대, 무시, 분노를 피할 때 자신을 보호하기 위해 사용하였던 미성숙한 생존전략 방식으로 대응하려 한다.

그러므로 스트레스나 위기 상황은 내면아이와 접촉할 수 있는 좋은 기회이다. 바로 그때 내면아이가 눈을 떠 어린 시절에 충족되지 않은 욕구, 불안, 두려움, 자기의심 등을 의식적으로 돌볼 수 있기 때문이다. 의식적으로 자신의 내면아이를 잘 돌보아 주게 되면 어린 시절 절실하게 필요했지만 부모에게서 결코 얻지 못했던 것을 이 아이에게 줄 수 있다.

현 시점에서 자신이 해야 할 일은 어려운 시기에 나타나는 내면아이를 적절히 보살피는 것이다. 그렇게 하지 않으면 어린 시절의 자아상태가 그대로 남아 있어 만성적 불안에 시달리거나 우울해질 위험이 있고, 대인관계에 지속적인 문제가 생기게 된다. 또한 자신이 하는 일에서 보람을 느끼거나 만족감을 느끼지 못해 어떤 일을 하든지 몰입을 하지 못하고, 성공을 거듭해도 자신의 가치감을 느낄 수 없어 공허해 하며, 신체화 증세가 나타나 만성적인 두통이나 위장장애 등의 신체적 건강에 이상을 초래하고, 자신을 부정적으로 보고, 자기 파괴적인 행동을 지속적으로 하면서 과거의 문제에서 벗어나지 못한다.

내면의 그림자 아이에게서 벗어나는 방식 중 하나가 적극적 상상의 대화이다(Stahl, 2015). 적극적 상상의 대화란 자기 자신에게 의도적으로 말을 거는 것이다. 더 정확하게 말하면 자신의 그림자 아이에게 말을 걸어서, 자신의 내적 패턴을 들여다 볼 수 있게 되면, 그 패턴이 반사적으로 자신의 삶에 함부로 끼어드는 것을 막을 수 있다. 예를 들어, 사소한 일에 화를 내고 분노폭발을 한다면, 그 화나 분노폭발에 이름을 지어 그 내면아이와 대화를 한다. '버럭이'라고 이름을 명명하게 되면, 그 버럭이와 적극적으로 대화를 시도해 본다. 혼잣말은 수동적이라서 변화가 없지만 적극적 상상은 자신에게 내적 변화와 성장을 가져온다.

적극적으로 버럭이와 대화하면서 ① 이 문제가 나에게 어떤 의미가 있는가? ② 이 문제에 관해 내 안에 도사린 가장 깊은 욕망은 무엇인가? ③ 이 문제가 나에게 미치는 영향은 무엇인가? ④ 이 문제로 나는 어떤 두려움을 느끼는가? ⑤ 이 문제를 해결하지 않고 내버려 두는 이유가 어디에 있는가? ⑥ 이 문제를 해결하기 위해 나는 무엇을 기꺼이 포기하거나 희생할 것인가?에 대해 버럭이와 대화를 한다. 그리고 마지막으로 ⑦ 이 문제를 해결하는 데 도움이 되는 행동 중 지금 내가 할 수 있는 것은 무엇인가?에 답을 해서 점점 그 도움 행동을 늘려가는 방법으로 내면의 그림자 아이를 다스릴 수 있다.

적극적 상상의 대화는 우리가 스트레스나 문제가 생겼을 때 친구와 대화를 하면서 위로를 받기도 하고, 대화하는 도중 그 문제를 해결할 방법을 찾기도 하는 것과 비슷하다. 단지 친구가 아니라 자신의 내면이 대화의 대상이라는 것에서 차이가 있다.

스트레스 상황이나 위기에 처할 때마다 반복적으로 되풀이되는 마음속의 파괴적인 경험을 점검해서 자신의 문제가 어린 시절의 경험과 어떻게 연관되어 있는지, 그 연관성의 고리를 끊을 수 있는 도움행동이 무엇인지를 적극적 상상대화를 통해 깊이 있게 살펴보자.

① 나는 '왜 외롭다, 절망적이다, 불안하다, 자포자기한 심정이다, 자신감이 없다, 무기력하다, 무가치하다' 등의 감정에 자주 휘몰리는 것일까?

② 나는 왜 사소한 일에 화를 내고 분노폭발을 하는 걸까?

③ 나는 왜 이유도 없이 불안해서 안절부절 못할까?

④ 나는 왜 하찮은 것에도 질투나 시샘을 할까?

⑤ 나는 왜 사람들과 오랜 관계를 유지하지 못할까?

⑥ 나는 왜 아무도 믿지 못하는 것일까?

⑦ 나는 왜 다른 사람과 가까이 지내기를 바라면서도 정작 사람들이 다가오면 피하는 것일까?

⑧ 나는 왜 다른 사람들이 나를 좋아하는지 의심하고, 그 때문에 좋은 사람들과의 관계를 망치게 되는 것일까?

⑨ 나는 왜 내게 중요하지 않은 사람과의 관계에도 연연해 하는 것일까?

⑩ 나는 왜 사람들과 잘 어울리지 못할까?

⑪ 나는 왜 사람들의 인정을 받기 위해 그렇게 매달리는 걸까?

⑫ 나는 왜 혼자 있는 것을 견뎌내지 못하는 것일까?

⑬ 나는 왜 걸핏하면 잘못된 행동을 하고, 그때마다 자책감에 시달리며 실망감을 맛보는 것일까?

⑭ 나는 왜 이렇게 게으르고 할 일을 자꾸 뒤로 미룰까?

⑮ 나는 왜 자주 변명이나 핑곗거리를 찾는 것일까?

⑯ 나는 왜 사소한 일조차도 내 힘으로 하지 못하는 것일까?

⑰ 나는 왜 어떤 일을 해도 몰두하지 못하는 것일까?

⑱ 나는 왜 그렇게 과로, 과음, 과식, 흡연을 하는 것일까?

⑲ 나는 왜 매번 후회하면서도 충동적인 행동을 하는 것일까?

⑳ 나는 왜 두통, 감기, 몸살에 시달릴 때가 많을까? 나는 왜 지치면 몹시 우울해지고, 우울증이 며칠 동안 지속되어 회복이 잘 안 되는 것일까?

㉑ 나는 왜 모든 일을 내 손으로 완벽하게 처리하려고 자신을 강박적으로 몰아칠까?

㉒ 나는 왜 언제나 착한 사람이 되려고 하는 것일까?

㉓ 나는 왜 남을 지배하고 통제하고 간섭해야 직성이 풀리는 것일까?

㉔ 나는 왜 이렇게 사람이나 물건의 소유에 집착하는 것일까?

부모로부터의 독립

어린 시절 아이들은 부모의 인정, 관심, 사랑을 통해 다음과 같은 욕구를 충족시킨다(Nuber, 2009).

① 안정된 관계를 추구하려는 욕구

부모가 규칙적으로 먹여 주고, 입혀 주고, 목욕시켜 주면서 따뜻함, 청결함, 애정어린 관심과 보살핌을 일관적이고 지속적으로 주게 되면, 아이들은 부모와 안정된 관계를 맺으려는 욕구를 충족시켜 대인관계 패턴에 일관성과 안정성을 갖게 된다.

② 사랑받으려는 욕구

부모가 자신의 존재에 대해 아무 조건 없이 기뻐해 주고, 자부심을 느끼게 해 주면 아이들은 사랑받으려는 욕구를 충족시킨다. 부모가 사랑을 조건과 결부시킬 때 아이는 안정된 자아존중감을 발달시킬 수 없어 자신을 믿지 못하는 만큼 다른 사람을 믿지 못한다. 또한 어떤 조건과 결부되지 않으면 사랑받고 있다는 확신을 가질 수 없어 평생 사랑을 갈구한다.

③ 독립하려는 욕구

부모의 요구에 부응하고 자란 아이는 '나는 나다'는 소중한 경험을 하지 못해 독립하거나 자립하기가 어렵다. 부모가 아이에게 스스로 할 수 있도록 충분히 기회를 주고, 자신들의 욕구를 충족시키기 위해 아이를 이용하지 않을 때 아이는 독립의 욕구를 충족시킬 수 있다. 이 욕구를 충족시키지 못한 아이는 자신이 삶의 주체가 되지 못하여 자신에게 만족하는 삶을 살지 못한다.

④ 존중받으려는 욕구

아이들은 부모에게 자신이 특별하고 중요한 사람으로 존중받고 싶어 한다. 그러나 부모가 모욕을 주고, 끊임없이 비난하고, 폭력을 휘두르거나, 비난을 반복하는 경우 자기가치감이 느껴지지 않아 자신의 능력을 불신하게 된다.

⑤ 능력을 인정받으려는 욕구

부모에게 칭찬을 받아 본 경험이 없는 아이들은 스스로 무언가를 성취할 수 있고, 다른 사람에게 인정과 격려를 받을 능력이 있다는 생각을 거의 하지 못한다. 또한 부모에게 지나치게 칭찬을 받으면서 자란 아이들은 자신의 장점과 단점을 있는 그대로 평가하지 못하고, 늘 꾸지람을 듣는 아이처럼 스스로를 신뢰하지 못하고 불안한 반응을 보인다.

⑥ 공감을 얻으려는 욕구

아이의 고통을 살펴보고, 귀담아 들어주고, 위로해 줄 부모의 존재는 아이에게 아주 중요하다. 즉, 아이들은 슬프거나 외롭고 불안할 때 달래주고, 이러한 감정을 일으키는 원인을 없애 줄 수 있는 부모의 공감능력이 필요하다. 부모가 아이의 고통이나 슬픔에 공감해 주지 못하면 아이들은 부모에게 버림받았다고 느낀다.

⑦ 안전한 경계를 확보하고 방향을 설정하려는 욕구

아이들은 세상의 규칙이 유익하다는 것과 옳고 그른 것을 분별하게 해준다는 것을 부모로부터 배워야 한다. 부모의 적절한 훈육은 자녀들에게 혼란된 마음을 질서정연하게 정리해 주는 역할을 하여 세상의 규칙과 질서에 대한 경계를 확보하게 한다.

⑧ 자신의 감정과 견해를 표현하고 싶어 하는 욕구

아이들은 자신의 감정과 생각을 자연스럽게 표현할 수 있을 때 자신의 능력감을 발달시키게 된다. 또한 자신의 감정과 생각을 자연스럽게 표현할 수 있어야 아이들은 또래나 다른 성인과의 관계도 편안하게 받아들일 수 있게 된다.

⑨ 적절히 자극받으려는 욕구

아이들은 홀로 설 수 있는 독립심과 용기를 부모의 적절한 자극을 통해 발달시킨다. 부모의 적절한 자극을 통해 아이는 "스스로에게 지는 것이 다른 사람에게 지는 것보다 더 큰 문제"라는 것을 배울 수 있다.

어린 시절 부모로부터 중요한 기본 욕구를 충족 받은 사람들은 자신과 관계되는 것에 확신을 가질 수 있고, 자신을 안전하게 이끌어 줄 신념체계를 확보하여 자아존중감의 토대를 만든다. 그러나 이러한 욕구를 모두 충족시켜 줄 부모는 매우 희박한 데다가 건강한 삶의 핵심인 사랑을 주고받는 능력을 잃어버릴 만큼 부모로부터 심각한 상처를 당한 사람들도 드물고, 부모로부터 욕구충족을 받지 못한 사람들도 행복한 삶을 살아간다.

슬레이드(Slade, 1999)는 성인을 대상으로 어린 시절을 어떻게 보냈느냐에 따라 안정된 그룹, 극복한 그룹, 불안정한 그룹으로 나누어 연구하였다. 안정된 그룹에 속한 사람들은 행복한 어린 시절을 보냈다고 말하고, 원만하고 친밀한 관계를 맺고 있으며, 자기신뢰가 넘치며, 정신적 증상도 발견되지 않았다. 극복한 그룹에 속한 사람들은 어린 시절이 불행하고 고통스러운 짐이 되었다고 기억하였다. 이들의 어린 시절 기억에는 부모의 끊임없는 다툼과 폭력, 부모의 이혼과 사망, 신뢰할 수 없거나 무관심한 부모의 태도, 부모의 과도한 기대와 강요, 학대 등과 같은 경험이 각인되어 있었다. 이 사람들은 어린 시절에는 불행하고, 다른 사람을 잘 믿지 못하며 불안해했지만 성인기에는 안정된 그룹과 비슷한 긍정적 가치를 획득하였다. 불안정한 그룹에 속한 사람들은 어린 시절의 불행한 경험이 장기간 영향을 미쳐 성장한 뒤에도 대인관계에 어려움을 많이 겪고, 인생에 불만이 많으며, 정신적 문제에 시달리고 있었다.

이러한 연구 결과는 '부모와 나는 다른 존재'라는 것을 인정하는 것이야말로 진정한 독립과 자아정체감의 확립이고, 부모의 영향력에서 벗어나기 위해서는 의식적으로, 그리고 자신의 힘으로 노력해야 함을 보여 준다. 의식적인 노력 없이는 평생 부모로부터 충족받지 못한 욕구에 의존하게 되어 진정한 어른이 될 기회를 잃어버릴지 모른다. 자신의 마음속에 살아남아서 끊임없이 영향을 미치는 '몸에 밴 어린 시절'의 내면아이는 자신에게 일어나는 모든 일에 대한 책임을 부모나 다른 사람에게 전가시켜 자기사랑에 방해가 된다.

그러나 불행한 어린 시절을 극복한 사람들은 부모가 왜 그랬을까, 그 동기가 무엇이었을까를 통찰하여 어린 시절 자체가 인생을 결정하는 것이 아니라 어린 시절을 보는 자신의 태도가 인생을 결정한다는 것을 받아들이면서 자신의 인생을 스스로 책임지는 긍정적 가치를 획득하게 된다. 불행을 극복한 사람들은 어린 시절의 어려움 덕분에 더 독립적이고 강인하고 용감하고 참을성 있는 사람으로 성장했을 가능성이 높기 때문이다.

몸에 밴 어린 시절

우리는 어린 시절에 우리를 대하던 부모의 태도를 자연적으로 몸에 익혀 지금까지 몸에 밴 어린 시절을 지니고 있다. 몸에 밴 어린 시절은 지금도 우리 안에 살아 있으면서 성인이 된 우리의 생활에 여전히 영향력을 행사하고 훼방을 놓는다. 그러나 대부분의 사람들은 자기 몸에 배어 있는 어린 시절을 잘 인식하지 못한다. 어린 시절이 여러 가지 심리적인 문제를 초래한다는 점도 알지 못해 어른답지 못하고 유치하다고 자책하거나 경멸한다. 또한 이러한 문제들이 어렸을 때 자기를 대하던 부모의 지나친 요구와 태도에서 기인한 몸에 밴 어린 시절에서 온다는 것도 모른다.

몸에 밴 어린 시절에서 기인하는 감정과 태도는 친구, 동료, 배우자뿐 아니라 더 나아가 자신의 아이들과의 관계에도 영향을 끼친다. 어린 시절의 감정과 태도는 일하고 사랑하는 데 필요한 우리의 역량에 지장을 초래하기도 한다. 또한 우리가 느끼는 피로감, 안정을 찾지 못하는 태도, 머리를 싸매게 하는 두통과 통증, 위장장애 등의 주 원인이 될 수도 있다.

자신의 어린 시절에 무슨 일이 일어났던가? 많은 사람들이 부모의 지나치게 병적인 몸에 밴 어린 시절의 감정과 태도를 뿌리 뽑아 버리려고 노력한다. 노력의 일환으로 어린 시절의 감정을 부인해 버리거나, 무시해 버리거나, 외면하거나, 일시적으로 극복하고 묻어 버리거나, 유치한 짓이라며 자신을 책망하고 비난하거나, 부모를 탓하면서 그때의 감정을 묻어 버리려 한다. 그러나 감정의 발달은 그 특성상 감정을 묻어 버리고서는 불가능하게 되어 있다. 특별한 노력을 하지 않고는 감정의 건강한 발달을 이루기가 매우 어려워 성인이 된 다음에도 여전히 몸에 밴 어린 시절의 감정과 투쟁하면서 힘들게 살아간다.

몸에 밴 어린 시절은 결혼한 남편과 아내가 성숙한 성인으로 살아가지 못하고 '아버지 같은 남편', '어린아이 같은 남편','어머니 같은 아내', '어린아이 같은 아내'의 모습으로 살아가면서 지배와 복종의 관계를 만든다. 이러한 관계는 한 사람이 다른 사람을 통제하기 때문에 두 사람 간의 사랑과 애정이 오래 가지 않으며, 반복적인 갈등이 해결되지 않고 되풀이된다. 어떤 사람들은 이러한 관계를 참고 견디면서 불행한 결혼생활을 계속하고, 어떤 사람들은 별거나 이혼을 택한다. 어린 시절의 상처받은 감정을 치유하기 전에는 행복한 삶을 살아가기 어렵다. 그러므로 자신의 어린 시절을 통찰하여 부모에게서 받은 몸에 밴 어린 시절의 감정으로부터 스스로 벗어날 수 있는 힘을 길러야 한다.

부모의 지나치고 병적인 태도가 성인에게 미치는 영향을 미실다인(Missildine, 2020)은 다음과 같이 설명하였다.

- **부모의 완벽주의** : 자녀는 물질적 · 지적 · 사회적 성취를 향해 한없고 너무 과도하게 진지한 몰두
- **부모의 강압** : 자녀는 빈둥거리기, 공상, 늑장부리기, 끝없는 반항
- **부모의 유약** : 자녀는 충동적인 행위, 발끈하는 기질, 다른 사람들의 권위에 대한 존중심의 결여
- **부모의 과보호** : 자녀는 권태감, 끈기 부족, 개인적인 노력을 기울이기 어려움
- **부모의 심기증** : 자녀는 활동과 행동을 하지 않기 위한 구실로 건강에 대한 비정상적인 걱정과 우려

• **부모의 체벌** : 자녀는 보복하고자 하는 강한 욕구가 성인생활을 지배
• **부모의 방임** : 자녀는 불안, 고독으로 나른 사람들에게 친밀감을 느끼기 어려움
• **부모의 거부** : 자녀는 다른 사람에게 자신이 받아들여지지 않는다고 느껴 매우 외롭고 공허함
• **부모의 성학대** : 자녀는 성의 인격적인 관계에는 불만족하며 육체적인 측면만 강조

이러한 문제들을 해소하기 위해서는 내재화되어 있는 자신의 과거 경험들을 이해하고 인정하여 감정을 깨우치는 법을 터득하고 마치 자상한 부모가 자녀의 감정을 받아들이듯 자신의 감정을 존중하고 받아들이는 법을 터득해야 한다. 즉, 감정을 억누르고 숨기거나 부인하기 보다는 감정을 확인하고 건강한 방식으로 표현할 수 있어야 한다. 그림 그리기, 춤추기, 만들기, 조깅하기, 책읽기, 운동하기, 반려동물과 식물 키우기, 글쓰기 등의 활동은 과거 자신의 몸에 벤 어린 시절로 인해 야기된 감정을 건강한 방식으로 표현하는 좋은 방법으로 알려져 있다.

우리는 누구나 어렸을 때 어떤 면에서는 부모에게 어느 정도 강압적으로 억눌렸고, 가혹하게 벌 받았고, 과잉보호 받았으며, 완벽을 강요당했으며, 방치되고, 거부당했다. 또한 이러한 부모의 태도를 한 가지만이 아니라 여러 가지를 복합하여 경험하기도 하였다. 문제는 부모의 태도가 어느 정도 지나친가에 달려 있다. 또한 이러한 부모의 태도에 우리가 어떻게 반응하느냐에 달려 있다.

어떤 사람들은 다른 사람들보다 어린 시절의 익숙한 환경에서 벗어나는 능력이 뛰어나다. 그러나 대부분의 사람들은 과거의 생활방식으로 상처를 받을지언정 그 생활이 몸에 베어 좀처럼 떨쳐 버리지 못한다. 몸에 밴 어린아이를 의식적

으로 노력해서 떨쳐버리지 못하면 우리는 과거에 일어난 일에 대한 무거운 짐을 살아가는 내내 져야 한다. 누구나 과거의 영향을 받지만 과거가 전적으로 자신의 인생을 결정하지는 않는다. 과거의 사건이 인생에 결정적인 영향을 미치는 것이 아니라 그 사건에 대해 우리가 어떤 태도를 갖느냐가 사건 자체보다 훨씬 중요하기 때문이다.

형제와의 관계

부모와의 관계는 형제와의 관계에도 영향을 미친다. 형제관계란 출생과 함께 시작되어 한 형제가 죽을 때까지 지속되는 독특한 관계이며, 유전, 문화, 그리고 가정에서의 초기 경험을 공유하는 관계이다. 부모-자녀관계가 수직적 관계라면 형제관계는 비교적 동등한 힘을 가진 수평적 평등관계이다.

권위와 힘을 가진 부모는 일방적으로 자녀를 돌보고 사랑을 주며 요구도 하지만, 형제는 놀이친구이고 협력자이며 지지자다. 동시에 형제는 부모의 사랑과 관심, 그리고 가정의 한정된 자원을 공유하는, 그래서 종종 경쟁해야 하는 상대이다. 즉, 형제관계는 양면성을 지니고 있어 경쟁의식, 질투심, 소외감과 같은 부정적인 정서와 리더십, 협동심과 같은 긍정적인 정서를 동시에 경험하게 한다.

형제간에 어떤 관계를 갖느냐는 개인마다 다르다. 어떤 형제들은 평생 친한 친구처럼 서로를 의지하며 돕고, 어떤 형제는 한쪽이 다른 쪽을 평생 돌보며 살아간다. 또한 어떤 형제는 사사건건 경쟁하며 서로를 공격하고, 어떤 형제는 소원하게 지낸다. 어떠한 관계를 갖든지 형제관계는 우리의 삶에 알게 모르게 영향을 미쳐 왔고, 죽을 때까지 서로 영향을 주고받을 관계이다. 그러므로 형제와의 관계에서 발생할 수 있는 다양한 경험은 자신은 물론 다른 사람과의 관계에 많은 영향을 미친다.

형제간의 경쟁과 질투

형제간의 경쟁은 부모의 애정을 빼앗기는 것에 대한 질투에서 비롯된다. 이러한 형제간의 경쟁은 성장과정에 자연스럽게 일어나는 것으로 모든 아이들은 부모에게 사랑을 독차지하고 싶어 하고, 부모에게 최고가 되고 싶어 한다.

자녀들의 연령, 성, 관심, 능력에 차이가 있기 때문에 부모가 자녀를 모두 공평하게 대하기는 어렵다. 그래서 자녀들은 부모가 차별하지 않아도 차별받는 느낌을 갖게 되는 것이다. 연령이 비슷한 형제간의 질투가 더 심하게 나타난다. 질투는 부러움의 감정이지만 때로는 분노, 의심, 불신의 감정을 동반하고, 경쟁상대에게 좋은 일이 일어나면 분노와 적대감을 과도하게 표출하게 한다.

형제관계에서 해결되지 못한 질투심은 성인이 되어서도 자신과 다른 사람을 끊임없이 비교하게 되고, 자신의 세력이 작거나 지위가 낮다고 느끼면 또 다른 형태로 자신의 숨겨진 질투심을 표현하게 된다. 특히, 자신보다 나이가 적거나 지위가 낮다고 생각하는 사람들이 명성을 얻게 되거나 다른 사람들의 총애를 받으면 더욱 분개한다. 즉, 형제에게 느꼈던 질투심이 성인이 되어서도 여전히 감정의 덩어리로 남아 있어 대인관계에 영향을 미치게 된다.

그러므로 부모의 편애는 자녀들에게 심각한 문제를 일으킬 수 있다. 부모로부터 총애를 받지 못한다는 느낌은 자존감을 감소시키고 적대감을 불러일으켜 좀 더 능력 있고 성공적인 형제와 끊임없이 비교하면서 자신의 능력을 깨닫지 못할 수 있다. 그러한 일이 일어나게 되면 자녀들은 자신의 능력을 발휘하지 못하게 되고, 자아실현에 도달하는 데 많은 어려움을 겪게 된다.

형제순위와 성격발달

자신이 형제관계에서 몇 째이며 부모와의 관계에서 다른 형제와 어떠한 처우를 받았는가는 성격 형성과 이후 사회적 관계에 직 · 간접적인 영향을 주는 요인이 된다. 첫째로 태어난 아이들은 자신감이 있고, 높은 성취감을 가지고 있으며, 조직화되어 있다. 또한 다른 사람들을 즐겁게 하기를 원하기 때문에 거절을 잘 못한다. 이러한 특성은 처음 태어나 오직 어른과 의사소통하고, 어른들로부터만 배웠기 때문이다. 동생이 태어나면 첫째 아이는 자신의 행동에 책임을 져야 하고, 동생을 돌봐주어야 하며, 모범을 보여 주어야 하므로 책임감이 강하고 독립적인 아이로 자란다. 그러나 동생이 태어나면서 지위를 상실하게 된 경험 때문에 화를 잘 내고, 지배적인 위치를 차지하려는 경향이 높다.

중간 아이는 책임을 쉽게 받아들이고 적응을 가장 잘한다. 중간 아이는 더 즉각적이고, 마음이 태평하며, 인내할 수 있고, 적응력이 있으며, 재치가 있다. 중간 아이는 직접적인 것보다 간접적인 경쟁방식을 택하면서 형제간에 중재자, 조정자 역할을 한다. 특히 중간 아이는 가족 외의 사람들에게서 인정을 얻으려 하기 때문에 사회적 관계망이 넓다.

부모는 대개 막내 자녀한테 별 기대를 하지 않으며 애정을 쏟는다. 결과적으로 막내는 수동적이고, 순종적이며, 책임감이 부족한 아이로 자란다. 항상 부드러운 애정을 받아 온 막내는 열등감을 느끼거나 부적합하다고 느낄 때가 많다. 그리고 항상 자기를 돌봐줄 누군가가 있다고 생각하거나, 무언가 잘못을 하면 항상 수용을 받았던 막내는 그 잘못을 인정하기가 매우 어렵다.

외동아는 첫째 아이와 같은 특성을 지닌다. 믿을 만하고, 비판적이며, 진지하고, 양심적이고, 보수적이며, 주의 깊고, 잘 정돈된 완벽주의자이다. 외동아는 일을 완벽하게 성취하지 못하면 결코 만족하지 못한다는 문제점을 지닌다. 또한 경쟁할 형제가 없어 의존심과 자기중심성을 보이며 응석받이가 되기 쉽다.

부모는 출생순위에 따라 자녀들에게 특별한 욕구가 필요하다는 것을 인식할 필요가 있다. 예를 들어, 첫째에게는 많은 관심이 필요하고, 둘째 아이가 태어나도 첫째 아이에 대한 관심을 재확인시켜 주어야 한다. 둘째 아이는 형제들 사이에서 특별해 보이기를 원한다. 부모는 둘째 아이도 독특하고 특별한 존재라는 것을 확신시켜 주어야 한다. 막내 아이의 가장 큰 욕구는 책임에 대해 도전할 수 있는 기회를 제공받는 것이다. 막내에게도 지나친 과잉보호보다는 스스로 도전할 수 있고 자신의 성취에 대해 인정받을 수 있는 환경을 만들어 주어야 한다.

CHAPTER

4

사랑

"사람은 다른 누군가를 통해 자신의 존재를 확인받고 싶어 한다. 사랑은 가장 소중한 사람에게서 자신의 존재 가치를 확인받는 가장 큰 동력이다. 사랑하는 사람에게서 받는 애정, 관심, 인정, 수용으로 세상이 온통 핑크빛으로 보이고, 삶이 행복으로 가득 차 보인다. 그러나 가장 사랑하는 사람이 자신을 가장 괴롭히기도 한다. 이러한 사랑의 역설로 인해 이 세상의 모든 사랑이 우리에게 행복을 가져다주거나 성숙한 관계를 맺을 수 있게 해주지는 않는다. 성숙한 관계의 사랑은 자신과 사랑하는 사람의 성장과 자아실현에 목적을 두기 때문에 사랑으로 인해 두 사람은 더 나은 사람(better person)이 된다. 그래서 사랑에 빠지는 것은 그저 우연히 다가오는 일이지만 사랑을 하는 것은 성장과 자아실현을 향한 자신의 선택이라서 상당한 헌신, 노력, 시간, 에너지가 드는 수고로운 일이다."

사랑은 우리 존재의 핵심이자 생명력이다. 사랑은 사랑하는 사람에 대한 강렬한 감정으로 표현 방식이 개인마다 문화와 시대적 배경에 따라 다르게 나타난다. 사랑은 애정과 증오, 짜릿함과 지루함, 안정과 변화, 연결감과 자유와 같이 양면적이고 역설적인 특성을 지니고 있어 기쁨과 고통의 경험을 동시에 준다. 사랑은 변화될 수도 있고, 사랑하는 사람에 따라 다양한 형태와 색깔을 지닌다. 사랑은 완벽하지도 않고 평탄하지도 않지만 사람들은 사랑을 갈망한다. 왜냐하면 사람들이 행복해지기 위해서는 사랑이 필요하기 때문이다.

사랑의 목적은 자신과 상대방의 성장과 자아실현에 있다. 그러므로 사랑을 하는 것은 자신을 확장시키고 노력해야 하는 수로고운 일이다. 직업이 우리를 일찍 일어나게 하고, 출근해서 늦게까지 일하게 하고, 스트레스를 견뎌내게 하는 것처럼 사랑의 일도 열심히 노력해서 얻어야 하는 것이다. 그러므로 성숙한 사랑은 상대방의 성장과 자아실현을 배양시키는 곳으로 사랑이 향해 있고, 감정과 기분을 넘어선 명백한 사랑의 행동을 보여 주며, 무조건적이고, 지속적으로 이루어져야 한다. 사랑은 지금 막 관계를 시작한 커플에서부터 남편과 아내, 부모와 자녀, 친구, 친척 간의 관계를 연결해 준다. 특히, 사랑은 평생의 동반자를 선택하는 결혼의 결정에 바탕이 되기 때문에 그 중요성이 더욱 강조된다.

사랑의 정의

사랑은 개인에 따라, 시대에 따라, 문화적 공간에 따라 다르게 정의된다. 한 개인에게 주는 사랑의 의미도 시간의 흐름과 성숙의 정도에 따라 변화한다. 또한 사랑은 정서, 태도, 인지, 행동의 다양한 형태로 정의되고, 문학이나 예술 세계에서 다양하게 표현되기 때문에 더욱더 일관된 정의를 내리기가 어렵다.

에리히 프롬Erich Fromm은 누군가를 사랑한다는 말은 '나는 그 사람에게 관심을 갖고 있고, 그 사람을 잘 알며, 그 사람을 존중하고, 나 자신과 그 사람의 관계에 책임을 지는 것'라고 하였다. 또한 '사랑은 가지고 태어나는 능력이 아니라 목공기술이나 기계기술'처럼 배워서 얻는 능력이기 때문에 사랑의 능력을 잘 습득하여 익히지 못한 사람은 사랑을 잘할 수 없다고 하였다.

스턴버그(Sternberg, 1986)는 사랑의 정의를 구성하는 내용에 약간의 차이가 있지만 사랑에는 네 가지 공통적인 특성이 있다고 하였다. 사랑 안에는 사랑하는 대상에 대한 태도가 있고, 사랑의 감정이 있으며, 사랑에 대한 생각과 일련의 행동이 포함된다고 하였다. 헬렌 피셔(Helen Fisher, 2005)는 사랑에는 정서적 의존과 결합을 향한 갈망도 크지만 성적 갈망과 욕망도 내포되어 있다고 하였다. 메이(May, 1975)는 사랑은 자신의 가치와 성장을 위해 최대한 기뻐할 수 있는 사람과 영적 성장을 가져오는 사람을 갖는 것이라고 하였다. 또한 러브(Love, 2001)는 사랑이 우정과 헌신과도 밀접한 관계를 가지고 있어 사랑에는 우정과 헌신의 개념도 포함된다고 하였다.

사랑에 대한 개념 정의가 다양한데다가 지금까지 수많은 사람들이 사랑앓이를 하고 있으며, 문학작품, 예술품, 드라마, 영화 등에서 다양한 사랑을 다루고 있는 것에 비해 사랑에 대한 학문적 발전이 늦다. 그 이유는 첫째, 사랑을 신비화하려는 인간의 미신적 또는 낭만적 성향을 들 수 있다. 즉, 사랑이 과학적으로 해부되어 버리면 삶이 너무 무미건조해지지 않겠느냐는 두려움과 사랑이 과학적으로 연구되어 그 신비성이 사라지면 사랑의 가치가 상실될 것만 같은 미신적인 불안감 때문이다. 둘째, 인간은 사랑을 가르치려 하지도 않고 배우려 하지도 않기 때문이다. 사람들은 사랑 자체가 자연스럽게 이루어지는 것이라 생각하고 또 그랬으면 하는 바람이 크기 때문에 사랑도 다른 것처럼 배우고 학습하는 것이라는 생각을 하지 못한다.

그러나 사랑에 대한 연구를 지속적으로 하는 이유는 다음과 같다.

첫째, 자신이 바라는 이상형을 현실에서 만나기 위해서이다. 즉, 사랑에 대해 정확히 안다면 자신의 이상형에 적합한 사람을 보다 쉽게 만날 수 있다.

둘째, 사랑에 대한 무지는 사랑에 대한 환상이나 신비감을 증가시킬지는 모르나 사람들을 미성숙하고 파괴적인 사랑으로 이끌어 불행과 고통 속에 빠지게 한다. 불행한 사랑이 진정한 사랑이라고 착각하는 사람도 많다. 그러나 삶을 파괴하면서 자신과 상대방을 불행하게 하는 사랑은 진정한 사랑이 아니다. 사랑은 서로에게 충족감과 만족감을 주어 삶의 에너지를 주고받으면서 서로를 성장시킬 수 있어야 한다.

셋째, 성숙한 사랑은 배워야 한다. 성숙한 사랑을 위해서는 사랑에 대한 이해가 먼저 선행되어야 한다. 성숙한 사랑은 저절로 이루어지는 것이 아니라 노력으로 얻어질 수 있기 때문이다.

사랑의 특성

사랑의 의미와 기대는 개인마다 다르고, 다양한 방식으로 표현되지만 사랑의 본질적인 특성은 거의 같다. 사랑은 다음과 같은 특성을 지니고 있다.

- 사랑은 현실 생활에 존재하기 때문에 사람들은 사랑을 실제로 경험할 수 있다. 특히 사랑은 여러 가지 방법으로 표현될 수 있어 현실 생활에서 쉽게 관찰될 수 있고, 경험할 수 있다.
- 사랑의 능력은 개인의 문화와 환경에 의해서 학습되기 때문에 사랑은 부모, 친구, 대중문화 등의 영향을 받는다.
- 사랑은 발달단계가 있으므로 다른 사람에게 사랑을 줄 만큼 성숙하기 전에 사랑을 받아 보아야 하고, 한 사람을 사랑하기 전에 부모, 동성 친구, 이성 친구 등의 사랑을 경험할 수 있으며, 사랑하는 그 사람에 대한 사랑의 힘으로 자녀를 키우고 주위에 있는 사람들까지 사랑할 수 있는 단계까지 발전할 수 있다.

- 사랑에는 여러 다른 형태가 존재하는데, 학자들은 다양한 형태의 사랑을 이론적으로 설명하고 있다.
- 사랑은 많은 경험과 학습을 통해 성장한다.

현실 생활에서 경험할 수 있는 사랑의 태도

현실에서 경험할 수 있는 사랑의 긍정적인 태도는 다음과 같다.

- 상대방에 대한 배려 : 상대방을 편안하게 해주기 위해 기꺼이 베풀고 도우려 함
- 상대방에 대한 필요성 : 상대방을 보고 싶어 하고 상대방과 함께하고 싶은 강렬한 마음
- 상대방에 대한 신뢰감 : 상대방을 믿고 서로의 비밀을 나눔
- 상대방에 대한 인내심 : 상대방의 결점이나 모순점을 받아들임

현실 생활에서 관찰되는 사랑의 행동

- '난 당신을 사랑해'와 같은 언어적 애정표현
- 자신에 관해 비밀스러운 것을 말로 나타낼 수 있는 자아노출과 개방
- 상대방의 의견을 존중하거나 상대방에게 정서적이고 도덕적인 지지가 필요할 때 정서적인 지지를 제공
- 상대방과 같이 있을 때 느끼는 행복감, 만족감, 안정감과 같은 비언어적인 감정을 표현
- 선물을 하거나 사랑하는 사람을 위해 무언가를 해주는 것 등을 통해 실질적인 것을 제공
- 안아주기, 키스하기, 사랑 만들기 등의 신체적 표현
- 상대방의 모순점, 이상한 습관(치약 뚜껑 닫는 것을 잊어버리는 것) 등 사소한 것들에 대해 인내심 가지기

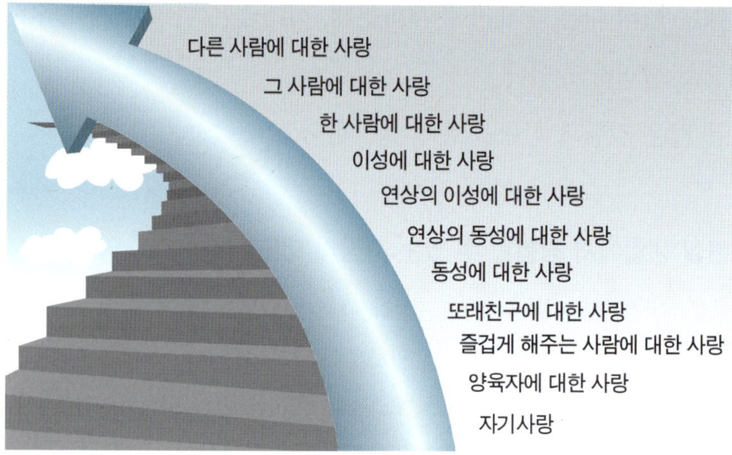

보편적인 사랑의 발달과정

사랑의 발달단계

보편적인 사랑의 발달과정은 연속적으로 이루어진다. 자기사랑에서 시작하여 다른 사람에 대한 사랑으로까지 발달과정이 이어진다. 그런데 이전 단계의 사랑이 원활히 이루어지지 않으면 다음 단계의 사랑에 지장을 초래할 수 있다.

자기사랑

사랑의 첫 번째 단계는 기본적인 욕구가 충족되었을 때 달성된다. 아기는 배가 고플 때 먹여 주고, 목이 마를 때 물을 주고, 기저귀가 젖었을 때 갈아 주고, 자세의 변화가 필요할 때 흔들어 주고, 외로울 때 안아줌으로써 기본적인 욕구를 충족시키게 된다. 이러한 과정 속에서 사람은 자기를 온전히 사랑하는 법을 배운다. 어린 시절에 기본적인 욕구를 충족시키지 못한 사람들은 사랑의 관계에서 주려고 하기보다 받으려고 하기 때문에 사랑을 제대로 하지 못한다. 불행하게도 많은 사람들이 이 첫 번째 단계를 벗어나지 못한다.

양육자에 대한 사랑

우리는 양육자를 통해 처음으로 사랑을 배운다. 아이들은 자신의 욕구가 충족됨에 따라 그 욕구를 충족시켜 주는 사람과 자신을 동일시한다. 양육자가 입맞춰 주고, 안아 주고, 웃어 주고, 토닥거려 주고, 위안해 주면 아이들은 이런 반응을 모방하게 된다. 또한 사랑의 신호를 구분할 수 있어서 자신을 양육시켜 주는 사람에게 사랑을 보여 줄 수 있다. 즉, 아기들은 자신을 양육시키는 사람들에게서 사랑하는 것을 배워서 그 사람들에게 사랑을 보여 줄 수 있다.

즐겁게 해주는 사람에 대한 사랑

아이들은 두 번째 사랑의 단계에 도달한 후 자신을 즐겁게 해주는 사람의 중요성을 깨닫기 시작한다. 즐겁게 해주는 사람이란 아이에게 이야기책을 읽어 주고, 노래 부르고, 까꿍 놀이를 하고, 게임을 하면서 놀아 주는 사람을 말한다. 즉, 아이들은 자기와 놀면서 즐거움을 주는 사람을 사랑하고 자신을 행복하게 해주는 사람을 사랑하게 된다.

또래 친구에 대한 사랑

아이들은 같은 성의 또래 아이들과 함께 놀기를 좋아한다. 이 단계에서 친한 친구가 없으면 아이들은 가상의 친구를 만들거나 사랑하는 물건을 가지게 된다. 아이들은 이 단계에서 아름다운 사랑이 이루어지는 상상의 모험을 한다.

동성에 대한 사랑

이 단계에 있는 아이들의 가장 친한 친구는 같은 성의 친구이다. 이 발달단계에 있는 아이들은 서로 손을 잡기도 하고, 어깨동무를 하기도 하면서 서로에 대한 사랑과 존중을 표현한다.

연상의 동성에 대한 사랑

이 단계의 아이들은 나이가 더 많은 같은 성의 사람을 사랑한다. 이 단계에 있는 아이들은 연상의 동성을 우상화하여 그 사람과 같은 옷을 입으려 하고, 일상생활에서 그 사람의 말이나 행동 등을 모방하면서 사랑과 존중을 표현한다.

연상의 이성에 대한 사랑

이 단계에서는 자신과 반대 성의 어른들에게 사랑을 느낀다. 어떤 아이들은 친구의 누나 혹은 오빠에게 사랑을 느끼는가 하면, 가족관계가 좋을 때는 딸이 아버지에게, 아들이 어머니에게 사랑을 느낀다. 어떤 아이들은 교사에게 사랑을 느끼기도 한다. 이러한 사랑은 자연스러운 현상이지만 어른들이 아이들의 이러한 상황을 잘못 이해할 경우에는 문제를 야기하기도 한다.

이성에 대한 사랑

이 단계의 남자아이들은 모이면 여자 이야기만 하고, 여자아이들은 남자 이야기만 한다. 남자아이는 혼자 있을 때 여자아이에 대해 몽상을 하고, 여자아이는 남자아이에 대한 몽상을 한다. 이때 아이들은 이성의 사진을 모으고 좋아하는 이성의 포스터를 여기저기에 붙인다. 연예인의 우상화가 나타나기도 한다. 이 단계의 아이들은 그 연예인을 실제로 만나지 못한다는 것을 알고 있지만 정신적인 역할모델로 삼는다. 이 단계는 실제로 다음에 다가올 관계에 대한 연습을 하게 해준다.

한 사람에 대한 사랑

이 단계는 이성에 대한 이야기와 몽상들이 실제로 이루어지는 시기이다. 사랑하는 사람에 의해 자신이 받아들여진다는 기쁨과 즐거움으로 자신이 사랑에 빠진 것처럼 느끼게 해준다. 이 단계에서는 상대방의 부정적인 면은 거의 보지 못하고 긍정적인 면만 보게 된다핑크렌즈 효과. 이성에 대한 모든 긍정적 특성들이 한 사람에게로 쏠리면서 현실과는 매우 다른 낭만적인 시각으로만 상대방을 본다. 이 단계의 사랑을 '강아지 사랑puppy love', '사랑을 위한 사랑'이라고 부르는 이유가 여기에 있다. 사람들은 처음에 서로 어떻게 사랑에 빠지게 되었는지를 매우 자세하게 기억하고 있다. 이는 사랑에 빠지게 되면 사소한 것도 매우 중요하고 의미 있는 사랑의 단서로 여겨지기 때문이다. 그러므로 사랑에 빠진 이 단계에서 관계를 끝내게 되면 상처와 상실감이 매우 크다.

그 사람에 대한 사랑

성숙한 사랑의 관계는 좀 더 현실적이 되어 상대방의 긍정적인 특성뿐 아니라 부정적인 특성도 같이 볼 수 있는 것을 말한다. 이 단계에서는 '이 사람이 바로 그 사람이다'라는 생각을 하게 되면서 안정적인 두 사람만의 관계를 갖는다. 사랑에 빠진 상태가 최고조에 달할 때는 자신과 사랑하는 사람 간의 경계가 없어져 자아를 상실할 위험이 있다. 즉, 사랑하는 사람은 영원히 자기만을 위해 존재할 것이라고 믿으며, 두 사람의 사랑의 열정이 영원히 지속될 것이라고 생각한다.

그러나 사랑의 열정에서 빠져나온 그 사람에 대한 사랑의 단계에서는 사랑하는 사람으로부터 기대한 것들이 모두 충족되지 않는다는 것을 알게 된다. 상대방이 자신이 원하는 것을 충족시켜 주지 못할 때에 분노, 실망, 좌절감을 느끼지만 두 사람의 관계를 지속할 수 있는 친밀감은 여전한 상태이다.

이 단계에서는 두 사람이 관계 내에서 충족될 수 있는 욕구와 자신이 스스로 충족시켜야 하는 욕구가 있다는 것을 받아들이게 된다. 즉, 사랑한다 하더라도 상대방이 내게 해줄 수 있는 것과 없는 것이 있다는 것을 알게 된다. 또한 자신과 그 사람이 서로 사랑하는 사이지만 서로의 욕구나 관심에 차이가 있는 독립된 존재라는 것도 볼 수 있게 해준다. 이것이 바로 데이트의 목적이기도 하다. 바로 그 사람을 찾게 되면 지속적이고 계속 성장하는 사랑의 관계가 이루어져 사랑의 발달단계의 정점에 이르게 된다.

다른 사람에 대한 사랑

사랑의 발달단계에서 성공적으로 최상의 목표를 달성한 사람들은 결국 가까이 있는 사람들에게 애정을 나눌 수 있는 사랑에 도달한다. 이 단계에 있는 사람들은 두 사람의 사랑관계에 대해 더 이상 불안해하거나 마음 졸이거나 조급해 하지 않는다. 주변 사람들에게 형제애와 동료애를 느끼면서 두 사람 사이의 사랑을 나누어 준다. 이 단계에서는 사랑의 힘으로 자식을 키울 수도 있고, 인간애를 증진시킬 수도 있다. 자신이 만나는 모든 사람과 자연스럽고 편안하게 상호작용을 하면서 인류애를 갖게 되는 것도 사랑의 맨 꼭대기 발달단계에서 이루어진다.

사랑의 이론

사랑에는 여러 가지 다른 형태가 존재하는데, 학자들은 사랑의 복합적인 형태를 요소별, 유형별, 발달단계별로 나누어 이론으로 정립하였다.

사랑의 삼각이론

스턴버그와 그레이크(Sternberg & Grajek, 1984)는 '사랑의 본질'이라는 과학적 접근 방식의 연구 논문에서 사랑의 기본 구성요소를 밝혀냈다. 스턴버그는 사랑의 기본 구성요소를 친밀감, 열정, 헌신**결심과 행동 수행** 등의 3요소로 분류하여 사랑의 삼각이론을 만들었다. 그는 사랑의 구성요소에 따라 사랑의 유형을 분류하고, 삼각형의 크기와 형태에 따라 사랑의 깊이와 균형을 알 수 있다고 설명하였다. 사랑의 3요소가 균형을 이룬 사랑은 완전한 사랑으로 정삼각형으로 표현된다. 또한 삼각형이 크면 클수록 사랑의 크기와 깊이가 크다는 것을 의미한다.

사랑의 3요소

① 친밀감

친밀감은 두 사람이 서로에게 느끼는 정서적 일체감이다. 즉, 사랑하는 사이에서 나타나는 가깝고, 연결되어 있고, 결합되어 있다는 느낌을 말한다. 사랑하는 사람 사이에서 경험할 수 있는 행복, 긍정적 존중, 공유, 지지, 상호 이해, 친밀한 의사소통 등의 감정을 포함한다. 친밀감을 사랑의 정서적 접촉제라고도 한다.

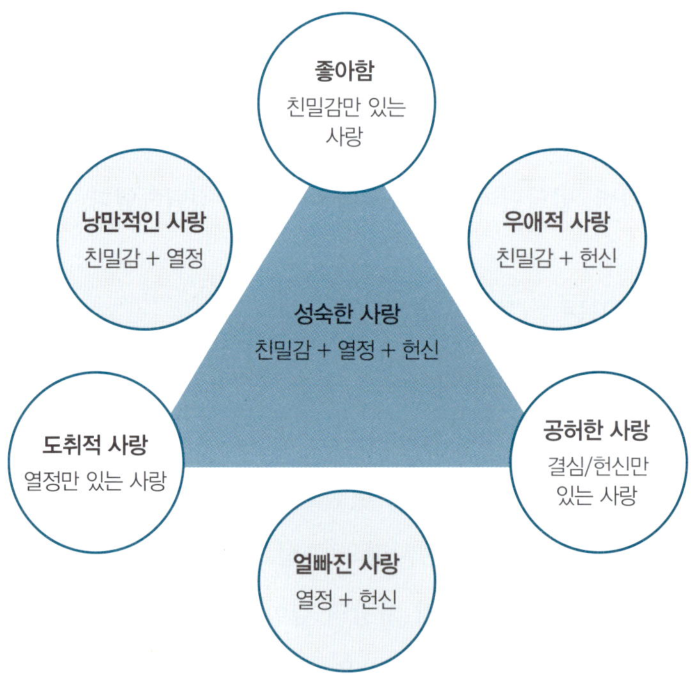

조화로운 사랑

② 열정

열정은 사랑하는 관계에서 낭만적 감정, 신체적 매력, 성적인 몰입 등과 관련된 낭만적 · 육체적 측면의 흥분arousal을 가리킨다. 성적 욕구를 열정이라고 단적으로 말할 수도 있지만 자존감, 소속감, 타인에 대한 지배나 복종 같이 몰입하는 욕구들이 열정을 일으키기도 한다.

③ 헌신

헌신commitment은 어떤 사람을 사랑하기로 하는 단기적 결심decision과 그 사랑을 지속시키겠다는 장기적 헌신, 즉 의지의 두 가지 측면을 가리킨다. 이는 인지적 요소라고도 하고 사랑을 지속시키고 성장하도록 해주는 요소이다. 헌신은 관계의 초기부터 빠르게 발달하지만 시간이 지날수록 그 비중이 더 커진다. 자녀에 대한 부모의 사랑이나 오랜 기간에 걸친 부부간의 사랑도 헌신에 해당한다.

스턴버그가 말하는 친밀감의 열 가지 징표

- 사랑하는 사람의 행복을 증진시키고자 열망
- 사랑하는 사람과 함께 있을 때 느끼는 행복
- 사랑하는 사람을 존중하는 마음
- 어려울 때 사랑하는 사람에게 기댈 수 있는 것
- 사랑하는 사람을 서로 이해해 주는 것
- 자신과 자신의 소유물을 사랑하는 사람과 함께 나누어 갖고 싶은 것
- 사랑하는 사람으로부터 정서적 지지를 받는 것
- 사랑하는 사람에게 정서적 지지를 주는 것
- 사랑하는 사람과 친밀한 의사소통을 하는 것
- 자신의 생활에서 사랑하는 사람의 가치를 높이 평가하는 것

출처 : 김명자 외(2009).

사랑의 종류

사랑의 삼각형에 나타난 사랑의 종류는 다음과 같이 다양한 형태를 보인다. 이는 사랑하는 사람들 간에도 다양한 형태의 사랑이 존재한다는 것을 보여 준다.

① 사랑의 부재(non-love)

사랑이 없다는 것은 일상생활에서 친밀감, 열정, 헌신의 감정이 없는 사람과 관계를 맺고 있다는 것이다.

② 좋아함(liking)

진정한 친구와의 관계에서 경험하는 것과 같은 감정들로 강한 열정이나 장기적인 헌신 없이도 상대방에 대한 따뜻함 같은 것을 느낄 수 있는 관계이다. 이 관계에서는 슬프거나 힘들 때 서로 위로해 주고 힘이 되어 줄 수는 있다. 애정관계에서는 친구 이상도 이하도 아닌 사이를 말한다.

③ 도취적 사랑(infatuated love)

열정만이 존재하는 사랑으로 '첫눈에 반한 사랑' 또는 상대를 있는 그대로가 아니라 이상화시켜서 보는 사랑이다. 도취적 사랑은 망상으로 치우치는 경향이 있어 문제가 되기도 한다.

④ 공허한 사랑(empty love)

친밀감이나 열정이 없이 헌신만이 존재하는 사랑으로 몇 년 동안 서로 감정적 몰입이나 육체적 매력을 전혀 느끼지 못하는 정체된 관계에서 발견되는 사랑이다. 그러나 공허한 사랑이 반드시 관계의 종결을 의미하는 것은 아니다. 상대방에 대한 매력이나 친밀감은 없지만 서로 간에 헌신하겠다는 결정으로 관계를 시작하는 중매결혼의 경우도 이에 속한다. 또한 결혼생활 내내 이혼을 결심하고 사는 부부들이 이에 해당된다.

⑤ 낭만적 사랑(romantic love)

친밀감과 열정이 존재하는 사랑으로 친밀감에 육체적 매력이나 그 밖의 매력이 첨가되어 서로에게 감정적, 육체적으로 밀착되어 있는 사랑이다. 그러나 관계의 지속성에 대해서는 미래에 다루어야 할 문제이고 지금 당장은 사랑의 느낌이 중요하다고 단순하게 생각해 버린다.

⑥ 우애적 사랑(companionate love)

낭만적인 사랑에서 차츰 열정이 없어지기 시작하지만 친밀감이 여전히 남아 있고 열정은 장기적이고 깊은 애정으로 대체되면서 우애적인 사랑으로 변화한다. 어떤 사람들은 편안하고 평온한 우애적 사랑을 기반으로 하여 오랜 동반자 관계로 정착하고, 어떤 사람들은 낭만적 요소가 결여된 사랑으로 행복하지 않다고 여겨 새롭고 신선한 낭만을 찾아 사랑의 순환에 들어간다.

⑦ 얼빠진 사랑(fatuous love)

친밀감은 없고 열정이나 헌신만이 존재하는 사랑으로 이 사랑의 유형은 상대에 대한 친밀감을 형성할 겨를도 없이 열정에 근거하여 관계가 이루어지거나 결혼하는 경우의 사랑이다. 이 사랑은 상대에 대한 몰입이라는 열정에 근거하여 이루어지는 경우가 많아 어느 정도 도취적이다. 열정이 사라지기 시작하면 실망감과 좌절감이 느껴져 관계에 투자하거나 헌신하는 정도가 점점 약화되고 성숙한 관계의 지속이 어려워진다.

⑧ 성숙한 사랑(comsummate love)

낭만적인 관계에 있는 사람들이 도달하려고 노력하는 종류의 사랑이 바로 성숙한 사랑이다. 성숙한 사랑은 도달하기도 어렵지만 그것을 지키기는 더욱 어렵다.

사랑의 삼각형에 대한 강도와 균형

사랑의 삼각형 이론은 사랑의 강도와 균형에 따라 그 모양이 달라진다. 사랑의 강도는 상대에 대한 사랑의 크기이다. 즉, 어떤 사람이 사랑하는 이에 대해 사랑의 강도가 클수록 파트너를 향한 그 사람의 사랑 삼각형의 면적이 더 커진다. 사랑의 균형 정도에 따라 삼각형 모양을 결정한다. 즉, 사랑의 세 요소의 무게가 균등하다면 균형 잡힌 정삼각형이 되지만 세 요소 중 어느 한 요소에만 비중을 더 준다면 불균형적인 삼각형으로 변화될 것이다. 따라서 사람마다 사랑의 강도와 균형이 다르듯 사랑의 삼각형 크기와 모양도 다양하다.

사랑하는 사람은 상대에 대해 하나의 사랑 삼각형만을 가지는 것이 아니라 상대방에게 바라는 이상적인 삼각형도 가지고 있다. 또한 자신의 사랑 삼각형과 상대방의 삼각형 크기와 모양을 비교해 사랑의 조화를 이룰 수 있는 방법을 생각해 볼 수 있다. 사랑의 삼각형은 자신이 인식한 삼각형과 상대방이 인식한 삼각형을 구분해 보아 사랑에 대한 인식의 차이를 탐색해 볼 수 있다. 또한 사람들은 자신의 사랑을 행동으로 표현하지 못할 경우가 있는데 삼각형을 통하여 사랑을 행동으로 표현할 수 있는 방법을 찾아볼 수도 있다.

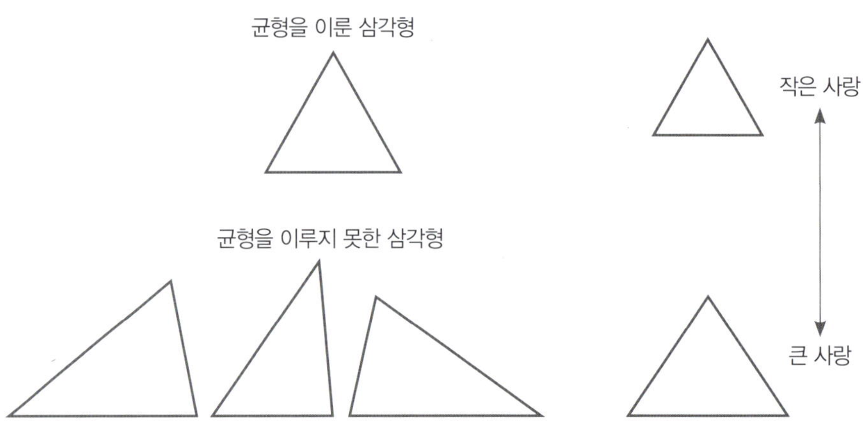

출처 : Sternberg(1986).

나의 사랑 삼각형은 어떤 모양일까?

체크 요령 자신이 지금 현재 사랑하고 있다고 생각하는 사람이나 과거에 사랑했다고 생각하는 사람을 떠올리면서 아래 문항에 체크하시오.

각각의 문항에 '전혀 그렇지 않다'는 1점, '대체로 그렇지 않다'는 2점, '그럴 때도 있고 그렇지 않을 때도 있다'는 3점, '대체로 그렇다'는 4점, '매우 그렇다'는 5점으로 표시해 주세요.

번호	내용	전혀 그렇지 않다	대체로 그렇지 않다	보통이다	대체로 그렇다	매우 그렇다
1	나는 그(녀)와 함께 있으면 따뜻하고 편안하게 느껴진다.	①	②	③	④	⑤
2	나는 그(녀)와 함께 있을 때 가장 행복하다.	①	②	③	④	⑤
3	우리의 관계는 영원할 것이다.	①	②	③	④	⑤
4	나는 그(녀)에게 모든 것을 고백할 수 있다.	①	②	③	④	⑤
5	내게는 그(녀)와의 관계가 그 어떤 사람과의 관계보다 중요하다.	①	②	③	④	⑤
6	나는 어떤 어려운 일이 있어도 우리 관계를 유지할 수 있다.	①	②	③	④	⑤
7	나는 그(녀)를 행복하게 해주고 싶다.	①	②	③	④	⑤
8	우리의 관계는 매우 낭만적이다.	①	②	③	④	⑤
9	나는 그(녀)에게 정서적으로나 성적으로 충실하다.	①	②	③	④	⑤
10	우리는 서로를 잘 이해하고 존중한다.	①	②	③	④	⑤
11	지금의 그(녀)가 없는 나의 삶을 상상도 할 수 없다.	①	②	③	④	⑤
12	나는 그(녀)에 대한 나의 사랑을 백퍼센트 확신한다.	①	②	③	④	⑤
13	그(녀)는 나를 정서적으로 상당히 지지해 준다.	①	②	③	④	⑤
14	나는 그(녀)를 열렬히 사랑한다.	①	②	③	④	⑤
15	나는 그(녀)를 영원히 사랑하기로 마음먹었다.	①	②	③	④	⑤

번호	내용	전혀 그렇지 않다	대체로 그렇지 않다	보통이다	대체로 그렇다	매우 그렇다
16	내가 도움이 필요할 때 그(녀)는 기꺼이 최선을 다해 나를 도와줄 것이다.	①	②	③	④	⑤
17	나는 하루에도 여러 번 수시로 그(녀)를 생각한다.	①	②	③	④	⑤
18	나는 그(녀)와 관계를 계속 유지하기로 마음먹었다.	①	②	③	④	⑤
19	그(녀)가 도움을 필요로 할 때면 나는 언제든지 달려가 도와준다.	①	②	③	④	⑤
20	그(녀)를 보는 것만으로도 가슴이 설렌다.	①	②	③	④	⑤
21	우리의 관계는 서로가 신중하게 결정한 것이다.	①	②	③	④	⑤
22	지금의 그(녀)는 내 삶에서 매우 중요하다.	①	②	③	④	⑤
23	그(녀)는 신체적으로 매우 매력적이다.	①	②	③	④	⑤
24	어떤 일이 있어도 나는 그(녀)를 책임질 것이다.	①	②	③	④	⑤
25	내 삶과 그 모든 것을 그(녀)와 기꺼이 나누고 싶다.	①	②	③	④	⑤
26	지금의 그(녀)가 바로 내가 찾던 이상형이다.	①	②	③	④	⑤
27	나는 우리의 관계가 안정되어 있다고 확신한다.	①	②	③	④	⑤
28	나는 그(녀)와 함께 있으면 매우 행복하다.	①	②	③	④	⑤
29	우리의 관계에는 이상한 힘 같은 것이 있다.	①	②	③	④	⑤
30	앞으로도 늘 그(녀)에게 강한 책임감을 느낄 것이다.	①	②	③	④	⑤
31	나는 그(녀)와 정서적으로 가깝다고 느낀다.	①	②	③	④	⑤
32	우리의 관계는 매우 활력이 넘친다.	①	②	③	④	⑤
33	평생토록 그(녀)만을 사랑할 것이다.	①	②	③	④	⑤
34	나는 그(녀)를 정서적으로 상당히 지지해 준다.	①	②	③	④	⑤
35	나는 그(녀)에게 선물을 주는 것을 좋아한다.	①	②	③	④	⑤
36	내가 그(녀)와 헤어지는 것은 상상할 수도 없다.	①	②	③	④	⑤

채점법 : 각 문항을 합친 후 평균 점수를 내어 삼각형으로 그린다.

문항 1 + 4 + 7 + … + 34 → 친밀감

문항 2 + 5 + 8 + … + 35 → 열정

문항 3 + 6 + 9 + … + 36 → 헌신/책임감

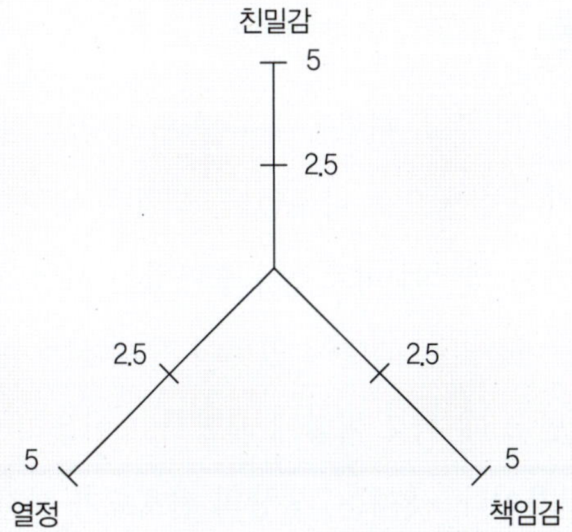

출처 : Sternberg(1999); 류소 · 이상원 역(2002).

사랑의 유형 이론

리(Lee, 1977)는 사랑의 주요 개념을 분류하여 사랑의 가장 보편적 형태를 색깔에 비유하여 여섯 가지 유형으로 나누었다. 색깔은 두 가지 의미를 갖는다. 첫째는, 개인마다 좋아하는 색깔이 다르듯이 좋아하는 사랑의 유형도 다르다는 의미이다. 둘째는, 서로 어울리는 색깔이 있듯이 각자 선호하는 사랑의 유형을 가진 두 사람이 함께 만났을 때 서로 어떻게 배합되고 어울리며, 또 어떻게 서로 어울리도록 배합할 것인가이다. 셋째는, 색상의 선호도가 시간이 지남에 따라 변하는 것처럼 사랑의 유형에 대한 선호도 또한 나이가 들면서 변한다는 것이다.

색깔에 삼원색이 있고, 이 색들을 배합하여 다양한 색깔이 만들어지듯이 사랑에도 일차적으로 세 가지 유형eros, ludus, storge이 있고, 이 세 가지 유형이 혼합되면 이차적인 사랑의 유형mania, pragma, agape이 만들어진다.

사랑의 유형 이론은 사랑의 색깔이 잘 어울리는 사람을 찾도록 도와준다. 또한 서로 같은 색깔을 가진 똑같은 사랑을 하는 것이 아니라 두 사람의 색깔은 다르지만 다른 색이 어울려 아름다운 배합이 되도록 도와준다.

사랑의 유형

① 낭만적/열정적 사랑(eros, romantic/passionate love)

이 유형의 사랑을 하는 사람은 이상적인 연인을 만나서 함께 사는 것이 매우 중요하다고 생각한다. 또한 이상적인 연인과의 만남을 대비하여 언제나 사랑할 준비가 되어 있다. 자신이 이상적으로 생각하는 연인의 외모가 어떠한 조건을 갖추어야 하는지를 정확히 알고 있어 자신의 이상형에 맞는 상대를 만나게 되면 마치 전류에 감전된 것처럼 첫눈에 반해 버린다. 황홀한 사랑에 빠지면 한순간의 이별도 견딜 수 없게 되고, 온몸과 마음으로 두 사람이 하나가 되기를 원한다. 낭만적 사랑의 유형에 속하는 사람들은 상대방에 대해 모든 것을 알고 싶어 하고, 자신의 모든 것을 알리고 싶어 한다. 또한 말이나 행동은 물론 신체적 접촉을 통해 사랑을 표현하려 하고, 서로를 즐겁게 하는 말이나 선물을 주고받으며, 같은 옷을 입거나 물건에 자신들의 이름을 새겨 넣으면서 서로를 동일시하려 한다.

② 유희적 사랑(ludus, playful love)

이 유형의 사람들은 사랑을 즐거운 놀이라고 생각하여 진지하고 깊게 사랑에 빠지기보다는 사랑의 즐거움을 누리면서 한 사람에게 전념하지도 않고, 어디에도 얽매이지 않는다. 마음속에 그리는 이상형도 없고, 한꺼번에 여러 사람을 사랑할 수도 있으며, 삶에서 사랑이 중요하다고 여기지도 않는다. 상대방이 관계에 너무 몰입하지 않도록 자주 만나는 것을 피하며, 질투도 극도로 싫어한다. 오직 즐거운 현재가 중요하기 때문에 상대방이 미래 계획을 세우기 시작하면 떠날 준비를 한다. 이 유형은 독신을 유지하기 위한 사람들이 선호한다.

③ 우애적 사랑(storge, friendship/companionate love)

이 사랑은 대개 친구관계에서 시작하여 사랑으로 발전된 유형으로 의도적으로 상대방을 고르기보다 우연히 뜻이 통해 사랑을 하게 되는 경우가 많다. 함께 가까이 지내다 보니 서로 편하고, 좋고, 취미도 비슷하고, 말을 하지 않아도 통하고, 서로 감추는 것 없이 털어 놓을 수 있고, 갈등이 생겨도 서로 양보하거나 평화롭게 타협하며, 갈등으로 인해 사랑의 손상이 생기거나 끝나는 예가 극히 드물다(김중술, 2007). 이 유형의 사람들은 사랑 자체가 인생의 목표가 아니라 우정과 안정된 가정이라는 보다 큰 목표가 더 중요하다고 여긴다.

④ 실용적(논리적) 사랑(pragma, practical/logical love)

이 유형의 사람들은 자신이 어떤 유형의 상대를 좋아하며 필요로 하는지를 알고 있는 현실적인 사람들이다. 자신이 원하는 외모, 교육 수준, 직업, 성격, 종교, 취미, 가정배경 등에 관해 구체적인 판단기준을 정해 놓고, 그 조건을 충족시키는 사람이 나타날 때까지 사랑의 선택을 미룰 수 있다. 그렇기 때문에 상대방을 제대로 알기 전까지는 헌신을 하거나 미래의 계획을 세우지 않는다. 파트너를 찾기 위해 싱글 클럽과 같은 조직에 가입하는 것을 선호한다. 자신의 선택을 더 확인하는 방식으로 부모나 친구, 혹은 주변에 믿을 만한 사람과 자주 상의한다.

⑤ 소유적/중독된 사랑(mania, possessive/dependent love)

이 유형의 사람들은 사랑한다는 것은 상대방을 완전히 소유하는 동시에 상대방에게 자신이 소유당하는 것이라고 생각한다. 사랑할 필요를 강하게 느끼면서도 사랑은 힘들고 고통스럽다는 생각에 사랑을 두려워하기도 한다. 또한 자신이 사랑하는 만큼 사랑받지 못할까 봐 불안해하고 마음을 졸인다. 이 유형의 사람들은 극도로 의존적이고 질투심이 강하여 상대방에게 항상 더 많은 애정과 헌신을 요구하고, 자신이 원하는 만큼의 사랑을 얻지 못하면 사랑을 분노와 증오로 바꾸어 버린다. '당신이 나를 진정으로 사랑한다면 어떻게 나한테 그럴 수 있어'라는 말을 자주 하면서 자신의 사랑을 증명하기 위해 극단적으로 행동할 때도 있다. 또한 어린 시절이 불행했다고 생각하며, 어른이 되어서도 외로워하고, 자신이 하는 일에 만족하지 못하는 경우가 많다.

⑥ 의지적/이타적 사랑(agape, all-giving, selfless love)

이 유형의 사람들은 상대방을 아무 조건 없이 좋아하고, 돌봐주며, 용서하고, 베푸는 자기희생적인 사랑을 한다. 헌신적이고, 이타적이며, 자신을 드러내지 않고 자신을 내 주는 유형의 사랑이다. 이들에게 사랑이란 필요로 하는 사람에게 무조건적으로 베풀어 주어야 할 의무이며, 감정보다는 의지로 사랑을 한다. 심지어 자신이 사랑하는 사람이 다른 사람과 더 행복할 수 있다면 기꺼이 그 관계를 포기할 수도 있다. 배우자도 자신의 희생과 배려를 필요로 하는 사람으로 선택한다. 성인의 낭만적인 관계에서는 가장 흔하지 않은 사랑의 유형이다. 부모가 자녀에 대해 가지고 있는 사랑을 설명해 줄 수 있는 유형이다.

내 사랑의 색깔은 어떤 유형일까?

체크 요령 자신이 지금 현재 사랑하고 있다고 생각하는 사람이나 과거에 사랑했다고 생각하는 사람을 떠올리면서 아래 문항에 체크하시오.

각각의 문항에 '전혀 그렇지 않다'는 1점, '대체로 그렇지 않다'는 2점, '그럴 때도 있고 그렇지 않을 때도 있다'는 3점, '대체로 그렇다'는 4점, '매우 그렇다'는 5점으로 표시해 주세요.

번호	내 용	전혀 그렇지 않다	대체로 그렇지 않다	보통이다	대체로 그렇다	매우 그렇다
1	나와 그 사람은 서로 첫눈에 감전되어 반하였다.	①	②	③	④	⑤
2	그 사람은 나에 대해 모르는 것이 있어도 그것이 그 사람에게 상처를 주지는 않을 것이다.	①	②	③	④	⑤
3	가장 최선의 사랑은 오래된 우정으로부터 발전되는 것이다.	①	②	③	④	⑤
4	내가 사랑하는 사람을 선택할 때 가장 고려하는 점은 그 사람이 우리 가족에게 어떤 영향을 미칠 것인가이다.	①	②	③	④	⑤
5	내 파트너가 내게 관심을 주지 않으면 나는 몸이 아프고 병이 난다.	①	②	③	④	⑤
6	내 파트너가 고통을 당하는 것을 보는 것보다 차라리 내가 그 사람 대신 고통을 당하겠다.	①	②	③	④	⑤
7	나와 그 사람은 하늘이 정해준 짝이라고 생각한다.	①	②	③	④	⑤
8	나는 내 파트너 몰래 다른 사람을 만날 때가 있다.	①	②	③	④	⑤
9	우리는 우정이 점차 사랑으로 발전된 경우이다.	①	②	③	④	⑤
10	사랑하는 사람과 사귈 때는 그 사람이 훌륭한 부모가 될 수 있는지의 여부를 충분히 고려해야 한다.	①	②	③	④	⑤
11	나는 사랑을 하고 있을 때는 다른 것에 집중하기가 어렵다.	①	②	③	④	⑤
12	내 연인의 행복이 내 행복보다 우선되지 않는다면 나는 행복할 수가 없다.	①	②	③	④	⑤
13	나와 내 파트너는 서로를 잘 이해한다.	①	②	③	④	⑤

번호	내 용	전혀 그렇지 않다	대체로 그렇지 않다	보통 이다	대체로 그렇다	매우 그렇다
14	내 파트너는 실제로 내가 다른 사람과 사랑한 적이 있다는 것을 알면 굉장히 화를 낼 것이다.	①	②	③	④	⑤
15	사랑은 알 수 없고, 신비스러운 것이 아니라 실제로는 깊은 우정과 같은 것이다.	①	②	③	④	⑤
16	사랑하는 사람과 사귈 때는 그 사람이 내 미래와 경력에 어떠한 영향을 미칠지를 충분히 고려해야 한다.	①	②	③	④	⑤
17	내 파트너가 다른 여자(남자)와 함께 있다는 생각만으로도 나는 몸둘 바를 모르고 가만히 있을 수가 없다.	①	②	③	④	⑤
18	내 파트너의 행복을 위해서라면 나 자신의 소망은 기꺼이 포기할 수 있다.	①	②	③	④	⑤
19	내 파트너의 신체적 매력은 내 이상형과 일치한다.	①	②	③	④	⑤
20	나는 한 사람을 정해 놓고 만나기보다 여러 사람을 한꺼번에 만나는 것을 더 선호한다.	①	②	③	④	⑤
21	좋은 우정으로부터 발전된 관계가 가장 만족스럽고 지속될 수 있는 사랑의 관계이다.	①	②	③	④	⑤
22	나는 사람과 깊은 관계를 갖기 전에 그 사람의 유전인자가 훗날 자식에게 미칠 영향을 생각해 본다.	①	②	③	④	⑤
23	내 파트너가 나를 등한시한다는 생각만 들어도 나는 그 사람의 관심을 끌기 위해서는 어떤 짓도 할 수 있다.	①	②	③	④	⑤
24	내 파트너를 위해서라면 기꺼이 모든 것을 참아낼 수 있다.	①	②	③	④	⑤

채점법 : 각 문항을 합친 후 가장 높은 점수를 보인 것이 자신의 사랑 색깔임

문항 1 + 7 + 13 + 19 → 낭만적/열정적 사랑

문항 2 + 8 + 14 + 20 → 유희적 사랑

문항 3 + 9 + 15 + 21 → 우애적 사랑

문항 4 + 10 + 16 + 22 → 실용적(논리적) 사랑

문항 5 + 11 + 17 + 23 → 소유적/중독된 사랑

문항 6 + 12 + 18 + 24 → 의지적/이성적 사랑

출처 : Hendrick, C., Hendrick, S., & Picke, A.(1998).

우정과 사랑의 수레바퀴 이론

레이스(Reiss, 1971)는 사랑과 친밀감이 한번 형성되면 영원히 지속되는 것이 아니라 바퀴처럼 순환하는 특성이 있다고 하였다. 서로에 대한 친근감이 느껴지면 자기개방을 더 잘하게 되고, 그 결과 상호의존성이 증가하면서 친밀감 욕구충족이 이루어진다. 이는 다시 친근감이 더 증가하는 쪽으로 영향을 미치게 되어 계속 다음 단계로 진행되면서 사랑이 극대화된다. 그러나 서로에 대한 친근감이 약화되면 자기개방이 감소하고, 그 결과 상호의존성도 약화되어 친밀감 욕구충족도 감소된다. 이는 다시 친근감이 더 감소되는 쪽으로 영향을 미치게 되어 회전이 멈추면서 사랑이 식고 관계가 종료된다.

사랑의 수레바퀴를 구체적으로 살펴보면, 첫 번째 발달단계가 라포 형성 단계이다. 이 단계는 조화 혹은 일치의 단계라고 한다. 두 사람이 같이 있는 것을 즐거워하고, 친밀감을 형성해 나가면서 함께 사랑을 만들어 가는 것이다. 두 번째 단계는 자기노출과 개방의 단계이다. 이 단계에서는 사랑하는 사람에게 자신의 생각이나 느낌, 미래 계획, 비밀, 환상을 솔직하게 노출하고 개방하여 상대방에게 자신을 알리고, 상대방에 대해서도 알아간다. 서로에 대해 알고 이해하는 사랑의 단계이다.

세 번째 단계는 상호의존의 단계로 서로 강하게 밀착되어 있고, 서로 의존하면서 끝없는 사랑의 욕구를 충족시키고자 한다. 서로가 원하는 만큼의 사랑의 욕구를 충족시키기 못하면 갈등을 심하게 겪으면서 헤어졌다 다시 만났다를 되풀이한다. 이 단계의 특징은 언제든, 어디서든 두 사람이 함께하여 사랑의 밀착이 절정에 이르기도 하지만 헤어질 가능성도 매우 높다는 점이다. 그러나 갈등을 긍정적인 방법으로 해결하는 과정을 통해 서로를 있는 그대로 받아들이고, 서로에게

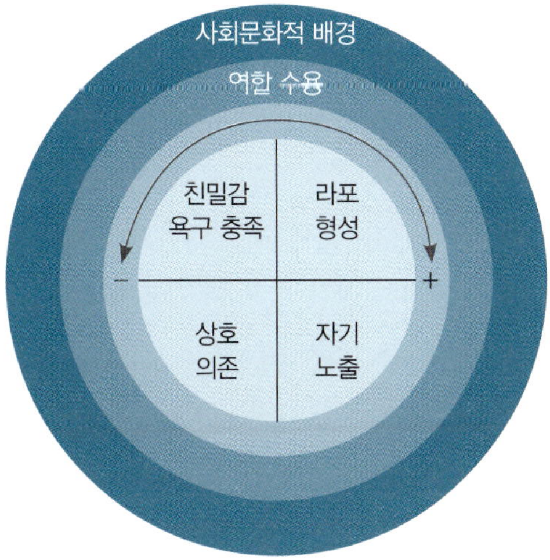

사랑의 수레바퀴

출처 : Strong, B., & Devault, C.(1995).

편안함을 느끼게 되고, 서로를 존중해 주며, 서로 사랑의 친밀감을 주고받는다는 느낌을 가지게 된다. 이 단계에서는 누군가에게 필요한 사람이 되는 경험을 함으로써 기본적 인간의 욕구인 인정과 사랑의 욕구를 충족시키게 된다.

사랑의 마지막 단계는 시간의 변화에 따라 보다 더 두 사람의 사랑이 확고해지는 자아충족을 가져오게 된다. 그러나 사랑은 움직이는 것이라서 어느 한 단계에만 머물러 있을 수 없다. 그래서 사랑은 회전을 지속하면서 더 성숙해질 수도 있고, 어느 한 단계에 고정될 수도 있고, 사랑이 식어 퇴행할 수도 있다.

사랑과 우정, 그리고 성

사랑과 우정

우정은 사랑의 관계에 기초가 될 수 있다. 관심과 흥미, 가치, 수용, 존중, 신뢰, 이해, 즐거움 등이 우정의 뿌리가 되면서 사랑의 기본을 형성하기 때문이다. 이러한 특성을 지닌 우정이 바탕이 되어 열정과 정서적인 친밀감이 더해지면 사랑으로 변화된다.

우정과 사랑은 사람들을 연결시켜 주고, 정서적인 버팀목이 되며, 스트레스를 완충시켜 줄 뿐만 아니라 신체적 · 정신적으로 안정감을 제공해 준다. 우정과 사랑은 공통적인 특성이 많아 학자들은 진실한 사랑을 발견하기 위해서는 먼저 상대방에게 진정한 친구가 될 필요가 있다고 주장한다.

사랑과 우정의 공통점과 차이점을 살펴보면 다음과 같다(Davis, 1982).

(1) 우정과 사랑은 공통적인 특성이 많다. 우정과 사랑 모두 서로에게 시간을 내어 주고, 함께 있을 때 즐거우며, 서로를 인정해 주며, 서로를 신뢰하고, 서로에게

관심을 보여 주며, 서로의 판단을 존중하고, 서로 지지해 주며, 서로의 경험과 감정을 나누고, 서로의 감정과 생각을 이해해 주며, 솔직하게 자신을 드러낼 수 있어 편안함을 느끼게 해 준다.

(2) 사랑이 우정보다 더 보상을 주고, 더 변화되기 쉽다. 사랑하는 사람에게는 자신이 가지고 있던 조건이 충족될 때 더 많은 보상을 느끼는 반면 자신이 상대방에게 기대했던 것들이 충족되지 않으면 더 실망하고, 좌절하면서 우정보다 변화의 폭을 크게 겪는다.

(3) 사랑이 우정보다 더 황홀감을 주고 사랑하는 사람이 친구보다 더 독점적이다. 사랑에 빠지면 흥분과 열정으로 황홀감을 느끼게 된다. 또한 그 사람 없이는 살 수 없을 것 같은 기분이 들고, 그 사람과 같이 있을 때 가장 황홀하며, 그 사람에 대한 생각에 빠져 지내면서 무슨 일이 있어도 사랑하는 사람과 헤어지지 않으리라 생각한다. 또한 그 사람하고만 시간을 보내고 싶고, 그 사람을 독점하고 싶어 한다.

(4) 사랑이 훨씬 스트레스를 주고 갈등을 겪으며 상호 비난을 많이 한다. 사랑의 열정은 기쁨과 고통을 반복하면서 스트레스를 겪게 되고, 자신이 원하는 것을 상대방이 주지 못할 때 그것을 얻으려고 갈등을 겪으며, 상호 비난을 하게 된다.

(5) 사랑을 유지하기 위해서는 헌신이 필요하다. 헌신이란 관계가 지속되기를 원해서 관계에 대해 책임지는 것을 말하는 것으로 사랑을 안정적으로 정착시키게 한다. 즉, 사랑에 내포되어 있는 헌신은 시간이 경과해도 관계를 유지하게 만드는 기제가 된다.

(6) 사랑은 질투나 집착과 같은 병리적인 현상을 야기시킬 수 있다. 첫눈에 사랑에 빠지는 경우는 사랑이라기보다 집착일 가능성이 더 높다. 집착은 자아중심적이라서 사랑한다고 여기는 상대방이 단지 자기만족을 위한 대상일 뿐이고, 사랑

을 위한 사랑을 하기 쉽다. 또한 집착은 상대방을 이상화하기 때문에 현실에 직면하게 되면 지속적으로 관계를 유지하기 어렵게 만든다.

질투는 사랑의 열정을 경험할 때 가장 흔하게 나타나는 감정이라서 사랑의 그림자라고 불리고, 애착형태와 밀접한 관계가 있다(Tresidder, 1997). 질투에는 망상적인 것, 투사적인 것, 경쟁적인 것 등이 있다. 망상적인 질투는 사소한 오해가 큰 문제로 발전하는 것으로 오해가 반복되면 관계에 위협을 준다. 투사된 질투는 악의 없이 한 말이나 행동을 배신행위라고 여기는 것으로 역시 사랑을 파괴할 수 있다. 경쟁적 질투는 사랑하는 사람도 자신이 느끼는 질투를 같이 느끼게 하는 것으로 때로는 정당화되기도 하지만 지속적인 관계에는 위협을 준다. 그러므로 건강한 사랑을 하기 위해서는 집착이나 질투와 같은 병리적인 사랑에서 벗어나는 것이 필요하다.

사랑과 성

우정과 마찬가지로 사랑과 성도 불가분의 관계이다. 일반적으로 사랑과 성은 차이점에 비해 유사점이 많다. 사랑과 성에 대한 유사점과 차이점은 아래와 같다.

사랑과 성(섹스)의 유사점과 차이점

유사점	차이점
• 격렬한 감정 수반 • 생리적 변화 수반 • 인지적 요소를 가짐 • 다양한 방식으로 표현 가능 • 결핍에 비례해서 욕구 증가	• 사랑은 인간의 행복에 필수적. 성은 선택적 • 사랑은 전면적이나 성은 부분적 • 사랑은 성보다 더 상대 선택의 조건이 까다로움

사랑의 화학작용

과학자들은 사랑을 두뇌의 화학작용으로 보고 있다. 사랑의 감정을 조절하는 기관은 뇌의 시상, 시상하부, 해마, 뇌하수체로 이뤄진 대뇌변연계로 알려져 있다. 그래서 사랑에 빠지는 것은 저절로 우연히 다가오는 뇌의 화학작용인 것이다.

처음에 상대방에게 호감을 느끼는 단계에서는 미상핵이라는 부위에 도파민이 분비되고 이것이 뇌의 다양한 부위로 흩어지게 된다. 이후에 열정적인 사랑에 빠졌을 때 페닐에틸아민이라는 호르몬이 나오고, 이후에 신체적 접촉을 통해 사랑의 완성 단계에서 옥시토신이 평상시의 5배나 증가하기도 한다. 이후에 안정된 사랑을 하는 단계에서 행복 호르몬이라고 부르는 엔돌핀이 나온다. 처음 분비되는 호르몬인 도파민이 만드는 감정은 낭만적 사랑의 감정, 구애하고 싶은 욕망 등의 감정을 느끼게 한다. 사랑에 빠진 사람들에게 불가능이 없게 하는 호르몬도 바로 이에 해당되고, 밤새 이야기를 나눌 수도 있고 평소에는 상상하기 힘든 정도의 힘이 솟아나게 하는 것도 이 호르몬이다.

페닐에틸아민(PEA)은 천연 각성제라고도 부르기도 한다. 이성적으로 제어하기 힘든 열정을 분출시켜서 사람을 몽롱하게 만들기도 한다. 온통 사랑에 집중하게 만드는 호르몬이다. 사랑하는 사람에게 다가가 끌어안고 자기 소유로 하고 싶은 충동과 집착도 바로 이 호르몬과 관련되어 있다. 이들의 지속기간은 2~3년이며, 그 후로 감소하는 걸 볼 때 불같은 사랑이 잠시 타오르다가 식어 버리는 현상을 설명해 준다.

그리고 옥시토신과 엔돌핀은 쾌감 호르몬이라고도 하는데, 육체적인 사랑을 나눌 때 많이 분비되면서 행복감과 쾌감을 느끼게 한다. 그러나 평소에는 적당한 양이 분비되어 장기간의 사랑 감정을 이어갈 수 있도록 도와주기도 한다.

출처 : YTN 사이언스(사랑은 화학작용이다? 뇌과학과 사랑)

성숙한 사랑

프로이트Freud는 성숙하고 건강한 성격 특징에 대해 크게 세 가지를 강조하였다. 즉, 일할 줄 알고, 사랑할 줄 알며, 즐길 줄 아는 사람이 가장 성숙하고 건강한 성격을 지닌 사람이라는 것이다. 어떤 사람은 일에 너무 집착함으로 인해 일중독을 초래하기도 한다. 또 어떤 사람은 사랑에 너무 집착한 나머지 사랑중독 현상을 보이기도 한다. 그리고 어떤 이는 지나치게 쾌락을 추구함으로써 다른 삶과의 조화를 파괴하기도 한다. 삶에서 이 세 가지 영역의 균형이 깨지게 되면, 그 파장이 두 사람 간의 사랑관계에는 물론 전반적인 삶에 영향을 미친다.

사랑을 주지 못하는 이기적인 사람이나 사랑을 받을지 모르는 오만한 사람도 문제이지만 사랑을 과도하게 주는 사랑중독증은 자신의 삶을 가장 파괴적으로 이끌게 한다. 사랑중독증에 걸린 사람은 혼자 있는 것을 참지 못하고, 사랑을 주고받을 누군가가 반드시 있어야 하며, 혼자 있으면 불안해한다. 이러한 상태에서 사랑의 상대를 결정하기 때문에 흔히 그 선택이 잘못될 가능성이 높고, 사랑으로 인해 불행에 빠지기 쉽다.

그러므로 성숙한 사랑은 성숙한 사람만이 경험할 수 있다. 그리고 성숙한 사랑은 저절로 일어나는 것이 아니다. 성숙한 사랑으로 발전시켜 나가기 위해서는 효과적인 의사소통 기술, 자기개방의 자세, 효율적인 갈등해결 기술 등을 학습해야 한다(김정옥 외, 2009).

성숙한 사랑을 가꿀 수 있는 조건을 제시해 보면 아래와 같다.

첫째, 사랑의 진정한 의미와 가치를 깨달아야 한다.

둘째, 삶에 대한 좌절감이나 고난에 인내력을 발달시켜야 한다.

셋째, 긍정적인 자아관을 바탕으로 자신을 사랑할 수 있어야 한다.

넷째, 타인을 이해할 줄 알고 상호관계에 대한 합리적이고 현실적인 기대를 가져야 한다.

다섯째, 부모로부터 독립하고 자신의 생활에 책임을 질 수 있어야 한다.

사랑에 대한 신화**잘못된 생각**도 성숙한 사랑에 방해가 된다.

첫째, 진실한 사랑은 모든 것을 극복하게 한다.

둘째, 진실한 사랑은 오직 한 사람하고만 가능하다.

셋째, 진실한 사랑은 첫눈에 알아본다.

넷째, 성적으로 잘 맞으면 사랑이 틀림없다.

다섯째, 이렇게 황홀해지는 것을 보니 사랑임에 틀림없다.

여섯째, 사랑만 있으면 영원히 행복할 것이다.

스몰리(Smalley, 2000)는 성숙한 사랑은 진솔한 사랑을 말하는 것으로, 진실한 사랑은 행복할 때나 슬플 때나 서로 도와주고 함께 나누며, 너무 성급한 기대나 황홀한 낭만적 환상, 특히 성적인 몰입을 자제할 수 있으며, 상대방을 너무 이상화하지 않으며, 상대방의 생각이나 감정을 있는 그대로 받아들이는 상태라고 하였다. 성숙한 사랑에는 헌신이 필수적이다. 즉, 사랑하는 사람을 위해 자신을 내놓을 수 있어야 한다. 예를 들어, 사랑하는 사람의 이야기를 주의 깊게 들어주려면 자신이 좋아하는 TV 프로그램, 책 읽기, 운동, 좋아하는 활동을 바로 멈출 수 있어야 하기 때문에 상당한 노력과 시간이 든다.

또한 성숙한 사랑은 두 사람 사이에 명확한 독립성과 개별성의 경계가 있어야 한다. 자아의 명확한 경계는 사랑의 의존이나 희생으로부터 자아를 상실하지 않도록 해주고, 자신의 의무와 책임은 스스로 지게 해준다. 우리는 모두 의존의 욕구를 가지고 있다. 그러나 의존의 욕구가 우리를 지배하게 하거나 관계의 주목적이 되어서는 안 된다. 극도로 의존하는 관계는 표면적으로 사랑으로 보이지만 사실은 병이다. 희생이나 과도한 돌봄도 미성숙과 의존성을 강화시켜 줄 뿐이라서 건강한 성장을 방해하는 사랑의 병이다(Lehman, 2005).

자아의 경계boundary란 두 사람의 관계에서 '개인으로서의 나'와 '관계에서의 나'를 명확하게 구분짓는 규칙이다. 자아의 경계에는 물리적인 경계와 심리적인 경계가 있다. 물리적 경계란 상대방의 사생활 영역을 존중해 주는 것이다. 아무리 사랑하는 사이라 하더라도 허락 없이 상대방의 물리적 공간을 침범하거나 물건을 사용하지 않아야 하는 규칙이다. 심리적 경계란 정서적 교류를 구분 짓는 규칙으로 관계가 너무 과하게 밀착되어 숨 막히게 하거나, 너무 분리되어 있어 외롭게 하지 않도록 서로의 친밀감과 연결감의 교류를 조화롭게 하는 것을 말한다.

사랑하는 사람은 가까워지기를 원하면서도 너무 가까우면 숨이 막히고, 또 멀어지면 외로워한다. 고슴도치는 추운 겨울에 둘이 껴안고 있지만 아무리 추워도 너무 가까이 붙어 있지 않는다. 둘이 가까이 다가갈수록 따뜻함을 나눌 수 있지만 날카롭고 빳빳한 털이 서로를 찔러 아프게 하기 때문이다. 그래서 고슴도치들은 따뜻함이 있으면서도 고통을 적게 하기 위해 편안한 상태를 만든다. 이와 같이 심리적 경계란 함께 있어 숨 막히지 않고, 분리되어 있어 외롭지 않게 서로를 편안한 상태로 만들게 해주는 관계의 규칙이다.

사랑하는 사람과의 경계는 두 사람이 관계 내에서 충족될 수 있는 욕구와 자신이 스스로 충족시켜야 하는 욕구가 있다는 것을 받아들이게 한다. 아무리 사랑한다 하더라도 상대방이 내게 해줄 수 있는 것과 없는 것이 있다는 것을 알게 해준다. 또한 아무리 사랑하는 사람이라도 서로의 욕구나 관심은 물론 성격에 차이가 있는 독립된 존재라는 것도 알 수 있게 해준다. 이러한 심리적 경계는 사실 일상생활을 기초로 이루어진 부모와의 관계로부터 배우는 것이라서 부모와의 관계를 점검하는 것도 성숙한 사랑을 향한 발걸음이다.

성공적인 사랑의 방법

성공적인 사랑을 위해서는 사랑에 대해 정확하게 배우고, 건강한 사랑의 실천을 위한 노력이 동반되어야 한다.

① 가능한 정확하게 자신이 선호하는 사랑의 양식과 상대방이 선호하는 사랑의 양식을 구체적으로 파악한다.

② 두 사람이 서로 다르거나 상반된 사랑의 양식을 가지고 있다 하더라도, 어느 한쪽만이 전적으로 옳거나 진실한 것은 아니라는 사실을 받아들여야 한다.

③ 지금까지 자기가 해오고 있던 사랑의 표현방법을 상대편의 사랑 양식과 어울리게 변화시킬 수 있는 능력과 변화시키려는 의지가 있어야 한다.

사랑을 자신의 관계 속에서 실천하는 10가지 법칙

1. 내 요구만이 아니라 상대의 요구에 대해서도 생각하라.
2. 자기 자신과 상대를 존중하는 법을 배워라. 나 자신의 존중할 만한 점은 무엇인가, 내 파트너의 존중할 만한 점은 무엇인가를 찾으려고 노력하라.
3. 서로의 관계에서 내가 줄 수 있는 것에 초점을 맞춰라. 무엇을 얻을 수 있을까보다는 무엇을 줄 수 있을까를 먼저 생각하라.
4. 상대와 좋은 친구가 되어라. 우정이 사랑의 바탕임을 기억하라.
5. 정열적으로 포옹하고 접촉하면서 열정을 가져라. 그리고 상대방을 열정적으로 대하라.
6. 과거를 놓아 버리고 용서하라. 특히, 부모나 상대방에게 받았던 상처와 실망을 버리고 용서하면서 새로운 시작을 하라.
7. 개방적이고 솔직하게 감정을 교류하라.
8. 서로의 관계를 인정하라. 그리고 상대를 그 무엇보다 가장 우선순위에 놓아라.
9. 서로의 관계에서 열정을 재창조하라.
10. 상대를 신뢰하는 법을 배우고, 서로의 관계를 신뢰하고 그 관계가 결코 끝나지 않을 것처럼 행동하라.

CHAPTER

5 성

"섹스는 사랑의 신체적 대화로 사람들은 섹스 자체를 원하는 것이 아니라 섹스를 통해 '서로를 아낀다'라는 몸과 마음의 대화를 원한다. 섹스는 강렬한 감정을 동반하기 때문에 일시적인 신체적 욕망에 의해 이루어질 수 있다. 그러나 섹스를 통해 서로를 아끼는 몸과 마음의 대화를 하기 위해서는 서로 간의 신뢰와 책임을 바탕으로 인정, 존중, 애정, 결속감 등의 정서적 의사소통이 필요하다."

친밀한 애정관계에는 사랑, 성적 친밀감, 진실한 우정이 기본적인 요소이기 때문에 사랑에는 성적 요소가 포함된다. 사랑이 양면적이고 역설적인 특성을 지니는 것처럼 성도 양면적이고 역설적인 특성이 있어 건강한 성과 건강하지 못한 성으로 구분된다. 건강한 성이란 즐겁고, 행복하고, 충족감을 주는 성을 말한다. 많은 사람들이 성과 섹스를 혼용하거나 섹스를 신체적인 부분에만 국한시키는 경향이 있다. 그러나 성과 섹스는 마음과 몸을 총합하여 이루어지는 신체적 애정표현의 상호작용으로 두 사람의 몸과 마음의 교류가 필요하고, 책임이 뒤따르는 행동이다.

사람들은 성과 섹스의 테크닉에 더 관심을 두지만 성의 테크닉은 성문제와 거의 관련이 없다. 대부분의 성문제는 성에 대한 부정적인 태도, 부정적인 신체 이미지, 어렸을 때 경험한 성적 트라우마, 서투른 상호작용, 상대방으로부터의 거절, 성에 대한 부적절한 표현 등과 같이 마음에서 기인하는 것으로 알려져 있다.

더구나 섹스는 눈 마주침, 키스, 간단한 신체적 접촉 등의 비언어적 신호에 크게 의존하는 경향이 있어 서로 간의 성적 의도나 성적 상징을 잘못 해석해서 문제가 생길 수 있다. 특히, 데이트 커플에 대한 연구에서 남성이 여성의 성적 의도를 과도하게 인식하는 경향이 있어 남성이 성관계를 먼저 시작할 가능성이 높은 데 비해 여성은 관계에 진전이 있을 때 성관계를 시작하는 것을 더 편안해 한다는 결과를 보인 것은 성관계는 성별에 따라 데이트 기간에 따라 현저한 차이가 있음을 보여 준다.

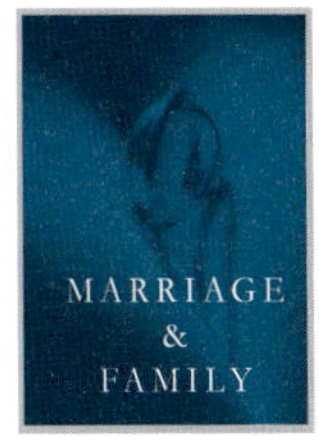

성과 성관계

성

성性이란 心마음과 生몸이라는 말의 합성어로 마음과 몸의 조화를 필요로 한다. 우리의 몸과 마음은 따로 구분되어 있는 것이 아니라 필연적으로 연결되어 있다. 그러나 현실 상황을 보면 마음보다는 몸과 관련된 성이 지나칠 정도로 과하게 포장되어 묘사되고 있다. 중요한 것들이 그렇듯이 인간의 성에서도 조화와 균형을 이루지 못하면 어려움이 뒤따른다. 즉, 성은 성적인 쾌락이나 성행동 등의 생물학적 측면을 가지고 있을 뿐 아니라 성에 대한 가치관, 태도 등 정신적인 측면도 포함하는 전체적인 인간 그 자체를 뜻한다.

성관계

성이 마음과 몸의 조화를 필요로 하는 것이라면, 성관계는 마음과 몸의 조화를 이루는 상호관계라고 할 수 있다. 즉, 성관계란 두 사람의 몸과 마음이 서로 연관성을 지니고 조화를 추구하는 관계라고 볼 수 있다. 두 사람이 관계적인 측면에서 성관계를 가질 때 건강한 성이 이루어질 수 있다. 그러므로 건강한 성관계를 가지기 위해서는 좋은 상호관계를 바탕으로 마음의 준비, 서로의 교감을 극대화하기 위한 전희, 배려와 존중이 함께하는 사랑 만들기making love, 서로의 교감을 공유하며 마무리하는 단계까지 배려와 존중이 필요하다. 그러므로 마음의 정신적 교류가 없이 단순한 육체적 접촉의 성과 섹스는 일시적인 성적 욕망은 채울 수 있지만 관계로부터 얻는 만족감이나 충족감을 얻을 수 없어 성문제의 근본 원인이 될 수 있다.

건강한 성이란 무엇인가?

건강한 성에는 성행동의 도덕적인 측면을 포함하고 있다. 성행동에 대한 도덕성은 시대에 따라 변화되어 킨제이 보고서나 마스터스와 존슨의 보고서가 나왔을 때 자위행위, 남녀의 성욕구, 혼외관계에 대해 사람들의 반응은 냉담했지만 지금은 그에 대한 수용도가 높아져 있다. 그러나 시대가 변하여도 온 · 오프라인에서 성행동의 도덕적인 측면은 변함이 없다. 두 사람이 합의하에 성관계를 하였는지, 성관계에 인간적인 착취나 대가를 조건으로 한 거래는 없었는지, 성관계로 인해 자신이나 상대방을 파괴적으로 이끌었는지 등과 관련하여 합리적인 도덕성을 추구한다는 점에서는 시대의 변화와 디지털 기술의 발달에도 변함이 없다. 결론적으로 성행동은 책임져야 하고, 적극적인 동의가 전제된 성적 자기결정권의 문제이다.

대화로서의 성관계

성관계는 가시적이고 육체적인 활동으로 보이지만 그 과정에 있어서는 정서적이고 감정적인 상호작용이 중요하게 작용하는 몸과 마음의 대화이다. 몸과 마음의 대화를 신체적으로 표현하는 의사소통 즉, 신체적으로 표현하는 대화로서의 성관계는 다음과 같은 특성을 지닌다.

(1) 인간의 성생활은 종족본능의 기능보다 사랑의 표현이라는 기능이 강화되고 있다.

(2) 성관계는 권리와 의무가 수반되고, 책임이 뒤따르는 인간의 선택이다.

- 생명에 대한 권리와 의무 : 생명은 수정을 통해 이루어지는 임신과 출산의 의미뿐 만 아니라 성관계를 갖는 두 사람에 대한 배려와 존중을 포함한다.
- 사랑에 대한 권리와 의무 : 성관계는 사랑을 하는 것과 사랑 받는 것을 건강하게 표현하고 더 성숙한 방식으로 사랑을 이끌어 가는 것을 포함한다.
- 즐거움쾌락에 대한 권리와 의무 : 성관계는 우리 인간의 본능적 욕구를 가장 명확하게 충족시킬 수 있는 즐거움과 쾌락을 준다. 그러므로 대화로서의 성관계는 두 사람 모두에게 즐거움과 쾌락을 제공해 주어야 할 권리와 의무가 따른다.
- 책임에 대한 권리와 의무 : 개인은 누구나 자신의 성행동을 선택할 수 있다. 선택의 자유는 개인의 권리이지만, 그 후의 결과에 대한 책임 또한 개인의 몫이다.

(3) 성은 자연적인 기능이므로 인위적으로 상품화된 성은 왜곡된 성문화를 양산시켜 건강하지 못한 성관계와 성문제를 야기한다. 대중문화와 사이버 공간에서 상품화된 성은 인간의 몸을 상품화하는 것으로 대화로서의 성관계가 아니라 거래로서의 성관계이고, 성의 도덕적인 측면을 위반함에 따라 많은 성문제를 일으킨다.

(4) 성관계를 통해 효과적인 의사소통을 하기 위해서는 시간과 노력이 필요하다. 사람들이 섹스를 하는 이유가 신체적인 것에서 벗어나 사랑과 헌신을 표현하는 정서적 이유라고 밝힌 연구 결과에서도 섹스는 두 사람의 관계에 정서적 투자 emotional investment의 대화라서 많은 노력이 요구된다고 강조하고 있다(Meston & Buss, 2007).

(5) 여성과 남성은 신체적인 구조나 생리적인 기능이 달라 성적 반응 사이클은 다르지만 성관계는 남녀 간의 평등함과 동등성이 전제되어야 한다. 두 사람의 평등함과 동등성이 남녀 모두의 성적 만족도를 예측해 주는 것으로 밝혀져 있다(Schwartz & Young, 2009).

파트너와 부부관계에서의 성생활

파트너와 부부간에 조화로운 성생활은 두 사람의 사랑을 말보다 더 분명하게 표현해 주고 강렬한 유대감을 형성해 준다. 성관계를 통해 두 사람이 같이 나누었던 에로틱한 경험, 함께 만든 추억, 감정이 교류되는 대화 등의 상호작용은 서로에 대해 자긍심을 갖게 하고, 두 사람이 하나 됨과 서로 헌신하고 있다는 것을 확인시켜 준다(김영희 · 최규련 · 홍숙자, 2005). 결국 애정관계를 맺고 있는 파트너와 부부는 성을 통하여 일체감, 감사, 긴장 완화, 사랑의 표현, 합의, 기분 전환 등을 경험하며 더 나아가 관계를 더 발전시키고 성숙시키며 안정적으로 만든다(Hicks et al., 2016).

성생활은 관계만족도를 평가할 수 있는 좋은 지표이다. 두 사람이 서로에게 애정과 성적인 매력을 느끼고, 사랑을 육체적으로 표현하는 정도가 관계에서 얻는 만족을 반영해 줄 수 있다. 또한 성생활은 여러 가지 요인에 의해 변화된다. 연령의 증가에 따른 신체적 · 심리적 변화, 발달과업의 변화, 대화 부족이나 갈등과 같은 요인들이 성생활을 방해하기도 한다. 이러한 요인들을 두 사람이 어떻게 인식하고 받아들이며, 대처하느냐에 따라 성생활 만족도가 달라진다.

두 사람이 만족하는 성생활을 하기 위해서는 첫째, 솔직하게 자신의 욕구를 표현할 수 있는 개방적인 대화가 필요하다. 성은 솔직하게 표현하기가 매우 어렵다. 성적 욕망을 표현했을 때 상대방으로부터 거절당할 수 있다는 두려움과 불안으로 인해 성을 개방적으로 이야기하지 못한다. 자신의 성행동에 문제가 있어 상대방이 만족하지 못할까 하는 두려움 혹은 임신에 대한 두려움과 불안도 만족스러운 성생활에 방해요소가 된다. 그러나 성에 대한 두려움과 불안으로 자아방어기제를 계속 사용하게 되면 결국 거짓에 기초한 사랑과 마찬가지로 관계를 지속해 나가기 어렵다.

둘째, 성에 대해 진솔성을 지녀야 한다. 진솔성은 말과 행동이 일치하는 것으로 신뢰를 바탕으로 한다. 진솔성이 부족한 이중적인 메시지는 두 사람 간의 신뢰를 무너뜨린다. 예를 들어, 가식적인 만족감이나 오르가즘은 일시적인 자아방어기제로 사용될 수 있지만 장기적으로는 상호관계에 걸림돌로 작용한다.

셋째, 상대방에 대한 배려와 존중이 필요하다. 상대방의 성적 욕망이나 원하는 것을 이해하고, 상대방의 성반응을 조정하거나 통제하지 않으며, 상대방을 배려하고 존중하는 분위기를 형성하도록 노력해야 한다.

넷째, 사랑을 주고받는 능력이 필요하다. 사랑과 마찬가지로 성생활도 서로를 인정해 주고, 서로에게 만족하며, 서로의 기분을 좋게 하고, 서로 행복하게 만드는 주고받음이 필요하다.

다섯째, 성생활에 대한 융통성이 필요하다. 융통성이란 상대방으로부터 성에 대해 상처받거나 거절당했을 때 이겨낼 수 있는 능력을 말한다. 사랑과 마찬가지로 성도 생물학적 · 환경적 · 사회적 요인에 의해 영향을 받는 다차원적인 특성을 지닌다. 이러한 방해요소로 인해 성생활이 만족스럽지 않을 때 권태로움을 느낄 수 있다. 습관적인 성생활 또한 권태로움을 줄 수 있어 성생활에 대한 융통성이 필요하다.

부부관계에서의 성생활을 향상시킬 수 있는 지침

- 성관계는 일상생활에서 시작된다는 점을 기억하라.
- 성적 존재로서의 자신에 대해 생각하는 시간을 가져라.
- 성관계에서 즐거움을 느끼는 것은 좋은 의사소통에 달려 있다.
- 배우자와 성에 대해 터놓고 이야기하라.
- 규칙적으로 두 사람이 함께하는 시간을 가져라.
- 의무적으로 성관계를 하지 마라.
- 성에 대한 에로틱한 환상을 이용하라. 환상은 성욕을 자극하는 좋은 방법이다.
- 성행위를 노동으로 생각하지 마라.
- 분노를 침대까지 가지고 가지 마라.
- 멋진 성관계는 기계에 시동을 거는 것과 다르다는 점을 인식하라.
- 생활 속에서 낭만을 키워라.
- 성관계를 너무 심각하게 여기지 마라.
- 항상 분위기에 젖어서 성관계를 갖는 것은 아니다.
- 부부도 성에 대한 생각이 서로 다를 수 있다는 점을 인정하라.
- 도움을 청하는 것을 두려워하지 마라.
- 성관계에 대해 현실적인 기대를 갖도록 노력하라.

출처 : 21세기가족문화연구소 역(2003).

관계 차원에서의 성반응단계

성관계 과정에서 성적인 감정이 최고조에 이른 상태에서 극치감(orgasm)을 경험하게 된다. 마스터즈와 존슨(Masters & Johnson, 1970)은 남녀의 성반응 주기를 흥분기, 고조기(상승기), 오르가즘기(극치기), 해소기(융해기)의 4단계로 구분하고 있다.

- 흥분기 : 성적인 흥분을 느끼기 시작하는 단계로 남녀 모두 성감대의 충혈을 통해 성적, 신체적 흥분감이 증가한다.
- 고조기 : 흥분단계에서 시작된 성적 감정의 고조과정이 지속되면서 강화되는 단계로 성기의 변화가 더욱 뚜렷해지고 근육의 긴장이나 혈압의 상승, 심장박동률과 호흡수 등의 증가가 일어나고 성적인 흥분이 고조화된다.
- 오르가즘기(극치기) : 여성은 오르가즘에 리듬 있는 수축을 경험할 수 있으며 동시에 자궁의 수축도 일어난다. 남성의 오르가즘은 정액이 처음 몇 번의 수축과 함께 요도로 밀려나가면서 음경 밖으로 나오는 사정을 통해 보다 분명하게 확인할 수 있다.
- 해소기 : 신체는 자극 전의 상태로 급격하게 돌아가기 시작한다. 근육이 이완되고 팽창된 부분은 수축하며, 심장박동이나 혈압, 호흡 등도 정상화된다.

섹스리스 커플(sexless couple)

상대방으로부터 성적으로 긍정적인 반응을 얻지 못하거나 성관계로 인한 즐거움이나 충족감을 부인하는 경우, 다른 것에 에너지를 너무 많이 쓰기 때문에 성적인 에너지가 부족한 경우 생기는 현상이다. 또한 성적 반응의 미감증이나 불감증으로 인해 성적 즐거움을 느끼지 못하거나 성적 에너지의 고갈에 따른 현상이기도 하다. 사랑은 모호하지만 성은 더 분명하게 사랑을 전달해 주므로 지속적인 관계를 위해서는 두 사람의 상호 협력이 필요하고, 두 사람의 노력으로 해결되지 않을 경우 전문가의 도움이 필요하다.

성행동 윤리와 수준

성행동 전에 고려해야 할 사항

성행동 전에 고려해야 할 중요한 사항 중 첫 번째는 성관계에서의 자신의 역할을 분명히 인식하는 것이다. 성역할 고정관념으로 인한 편견과 왜곡이 성관계에도 작용하여 많은 사람들이 성관계에 자신의 역할을 남성과 여성의 고정된 역할로 한정한다. 고정관념으로 인해 남성들은 공감이나 정서적 친밀감의 표현을 억제하고, 여성들은 성으로부터 오는 쾌감과 즐거움의 표현을 억제한다. 또한 상대방으로부터 성적으로 거절당하는 경우 남성으로서 혹은 여성으로서의 성적 매력이 없다고 여겨 자아에 상처를 입고, 심지어는 존재 자체를 부정하게 된다.

성관계에서는 남성으로서, 여성으로서의 역할보다는 두 사람의 애정과 배려, 존중, 그리고 함께한다는 동반자의 역할이 그 무엇보다 중요하다. 즉, 성은 정복이나 의무, 순종이나 지배가 아니라 공유하는 즐거움과 쾌락이라는 것을 인지할 필요가 있다.

둘째, 자신의 신체이미지와 성행동에 대한 왜곡과 편견을 극복해야 한다. 사람들은 정도의 차이가 있지만 어느 정도 자신의 신체와 성행동에 대해 부정적인 시각을 갖고 있다. 신체적 매력과 성에 대한 태도는 부모로부터 영향을 받는데, 신체적인 매력의 표현을 부모가 엄격히 통제했거나 부모로부터 성과 신체에 대해 부정적인 메시지를 전달받은 경우 왜곡된 신체상과 성행동을 갖게 된다. 왜곡된 신체이미지와 성행동은 성인이 된 후의 성관계에 그대로 반영되어 성문제의 원인이 된다.

셋째, 성에 대한 긍정적인 개념 정의가 필요하다. 자신의 성적 취향, 성적인 흥분이나 만족감이 자신에게 주는 의미에 관해 긍정적으로 인지해야 할 필요가 있다. 성행동으로부터 기인한 죄의식이나 부정적인 시각 혹은 과거의 부정적인 성관계 경험은 파트너에게 상처를 준다.

넷째, 성에 대하여 올바른 지식을 습득할 필요가 있다. 사람들이 인터넷이나 친구 등 비전문적인 통로를 통해 성지식을 습득하는 경우가 많으므로 전문가에 의한 교육이나 전문적인 매체를 통해 올바른 성지식을 습득할 필요가 있다.

다섯째, 성에 대한 남녀의 신체적 차이를 이해한다. 성에 따른 남녀의 신체적 차이를 아는 것은 자신의 성행동을 이해하고 인정하는 데 도움이 된다.

여섯째, 자신의 성행동이 건강한가를 점검해 보아야 한다. 건강한 성에는 긍정적인 관점에서의 성태도, 성행동, 성에 대한 신념체계, 성에 대한 가치기준 등과 더불어 상대방과의 적극적인 동의, 상대방에 대한 배려와 책임이 포함된다.

성행동이 건강한지의 여부 평가해 보기

나의 성행동이 원하지 않는 임신이나 성병을 옮기는 것은 아닌가?

나와 파트너에게 책임 있는 행동에 속하는가?

나의 성지식 정도는?

다음 각 문항의 내용이 맞으면 ○, 틀리면 ×로 체크하시오.

질문	체크
1.여성의 성적 충동이 최고에 이르는 시기는 남성보다 대개 더 높다.	
2. 발기가 완전히 되지 않은 상태에서도 사정이 가능하다.	
3. 고환의 한쪽에서 나온 정자는 남자를 만들고, 다른 쪽 고환에서 나온 정자는 여자를 만든다.	
4. 성병에 감염된 환자가 최근에 사용했던 변기를 사용하면 성병에 감염될 수 있다.	
5. 한때 임질을 앓았다가 치료되면 면역이 되어 다시는 임질에 걸리지 않게 된다.	
6. 성욕을 증가시키는 어떤 특정 식품이 있다.	
7. 조루는 젊은 남성에게 흔하게 나타나는 문제가 아니다.	
8. 질에 페니스를 삽입하는 성교만이 정상적인 방법의 성행위이다.	
9. 여성이 생리 중에 스포츠를 하는 것은 해가 될 수 있다.	
10. 자궁을 들어낸 여성들도 오르가즘을 경험할 수 있다.	
11. 성교 동안 여성에게 질 경련이 일어나 남성의 페니스가 움직이지 못하고 질에서 빠져 나오지 않는 경우도 있다.	
12. 발기부전의 원인은 거의 다 심리적인 것이다.	
13. 여성은 오르가즘을 경험한 후 일정 시간 동안 더 이상의 성적 자극에 반응할 수 없다.	
14. 남성은 오르가즘을 경험한 후 일정 시간 동안 더 이상의 성적 자극에 반응할 수 없다.	
15. 먹는 피임약을 복용하면 여성의 완경이 늦어진다.	
16. 페니스의 크기는 유전적 요인에 의해 결정되므로 운동을 하거나 약물 등으로 더 크게 할 수는 없다.	
17. 여성이 처녀막이 없다면, 이는 처녀가 아니라는 것을 증명하는 것이다.	
18. 월경을 시작하자마자 여성은 바로 임신할 수 있다.	

질문	체크
19. 인질에 감염된 여성들의 80% 정도는 아무런 증상을 보이지 않는다.	
20. 남성의 페니스와 여성의 클리토리스는 비슷한 신체기관이다.	
21. 첫 번째 성교만으로는 여성이 임신할 수 없다.	
22. 사랑하는 연인이라면 원하지 않을 때에도 여성이 오르가즘에 도달하도록 할 수 있다.	
23. 헤르페스(성병의 일종)는 항생제로 쉽게 치료할 수 있다.	
24. 지금까지 AIDS에 걸린 사람들 가운데 반 이상이 사망하였다.	
25. 헤르페스에 감염된 사람과 키스만 해도 헤르페스에 감염될 수 있다.	

정답 : 1. ○ 2. ○ 3. × 4. × 5. × 6. × 7. × 8. × 9. × 10. ○ 11. ○ 12. ○ 13. × 14. ○ 15. × 16. ○ 17. × 18. × 19. ○ 20. ○ 21. × 22. × 23. × 24. ○ 25. ○

출처 : Cox(1999).

혼전 성행동에 대한 자가진단 원칙

① 개인적 원칙

- 나의 성행동은 나 자신과 상대방에게 신체적으로나 심리적으로 해가 되지 않을 것인가?
- 성행동 후에도 나 자신과 상대방을 여전히 사랑할 수 있을 것인가?
- 성병이나 임신으로부터 나 자신과 내 파트너를 보호할 수 있을 것인가?
- 나의 성행동은 앞으로 좋은 배우자, 좋은 부모가 되는 데 도움이 될 것인가?
- 나의 성행동은 나의 원칙이나 내가 받아온 교육에 비추어 볼 때 용인될 수 있는 것인가?
- 그렇지 못하다면 어떤 갈등이나 문제가 생길 것인가? 이에 대해서는 어떻게 대처할 것인가?

② 심리적 원칙

- 혼전 성관계로 임신을 한다면 어떻게 할 것인가? (낙태, 출산, 입양, 결혼에 대한 준비)
- 혼전 성관계로 생길 수 있는 여러 가지 문제를 어떻게 대처할 것인가?

③ 사회적 원칙

- 혼전 성행동은 사회의 도덕성을 타락시킬 것인가 아니면 수용될 수 있는 것인가?
- 어떤 성행동이 이 사회에서 가장 바람직하다고 생각하는가?
- 나는 혼전 성관계에 대한 사회적 원칙이나 규칙을 지지하는가?

④ 종교적 원칙

- 내가 믿는 종교는 나의 성행동과 부합하는가?
- 나는 성행동에 대한 종교적 원칙을 따르고자 하는가?
- 성에 대한 태도에 있어서 내가 믿는 종교와 내가 속한 사회 간에 갈등이 있는가?

이상의 질문에 대한 정확한 답은 물론 없지만 혼전 성관계를 시도하기 전에 이 네 가지 원칙에 대해 자가진단을 해볼 필요가 있다. 이는 무분별하거나 일시적인 쾌락적 성행동으로부터 분별력을 갖게 하여 자기를 보호할 것이다.

성행동의 윤리

윤리와 도덕적 관례는 사회질서가 형성되고 유지되게 하기 위한 인간 행동의 규제이다. 성에 대한 윤리에는 성에 대한 가치와 자제력을 반영해 주고, 성에 대한 의사결정에 영향을 미친다.

인간의 성행동은 다음과 같은 윤리가 지켜져야 한다.

첫째, 강압적으로 참여하지 않겠다는 원칙principle of noncoercion이 지켜져야 한다.

둘째, 성의 표현에 있어 서로 속이지 않겠다는 원칙principle of nondeceit이 지켜져야 한다.

셋째, 성관계는 power를 소유했다는 표현이 아니라 인간관계를 맺었다는 표현으로 사용된다는 원칙The principle of treatment of people as ends이 지켜져야 한다.

넷째, 성관계 시에는 상대방의 성적인 신념beliefs과 가치values를 존중하겠다는 원칙The principle of respect for beliefs이 지켜져야 한다.

성행동 수준

인간의 성행동은 크게 세 수준으로 나누어 볼 수 있다. 즉, 건강한 수준아우성—아름다운 우리들의 성—수준, 비교적 경미한 문제 수준특별한 교육이 필요한 수준, 심각한 문제 수준치료가 필요한 수준으로 분류될 수 있다.

건강한 수준에 있는 사람들은 성평등적 사고방식으로 생활하며, 인간의 성에 대해 몸과 마음의 조화를 추구한다. 이들은 성숙한 사랑이 가능하며, 성행동에 있어서도 생명, 사랑, 쾌락, 책임의 조화를 추구하기 때문에 이들은 대화로서의 성관계를 가진다.

경미한 문제 수준은 가장 보편적인 성행동 수준이며, 특별한 교육이 필요한 수준이다. 이 수준에 있는 사람들은 성에 대한 무지로 인해 때로는 건강하지 못한 성행동을 하지만 교육을 통해 충분히 건강한 수준의 성으로 발전할 수 있다. 교육받을 기회를 갖지 못하는 경우 서로에 대한 배려가 부족하거나 개인적인 콤플렉스로 인해 미성숙한 성행동이나 미성숙한 사랑을 유지할 가능성이 높다. 이로 인해 두 사람 사이에 불편함과 욕구불만이 누적되면 더 큰 갈등을 초래하게 된다.

심각한 문제수준에 있는 사람들은 반복적이며 의도적으로 성과 관련된 문제를 일으키고 있어 치료가 시급하다. 또한 성관계 시 목적, 대상, 방법에 문제가 있어 성에 대해 죄책감과 노이로제는 물론 병적인 중독증을 가진다. 결과적으로 이 수준에 있는 사람들은 지극히 단편적인 쾌락을 얻기는 하지만 지속적인 성문제로 자신은 물론 타인의 삶을 파괴적으로 이끌게 된다.

포르노와 야동에 빠지는 것은 술과 마약과 같이 중독증이다. 강박적인 성행동으로 알려진 성 중독은 끊임없이 새로운 성 파트너를 찾고, 빈번한 성행위를 하고, 강박적인 자위행위를 하고, 포르노와 야동의 사용을 빈번하게 추구한다. 과도한 성행위를 줄이거나 중단하려는 노력에도 불구하고 성 중독이 있는 사람들은 중단하기가 어렵고, 위험한 성행위에 참여하고, 성 서비스에 대한 비용을 지불하고, HIV나 AIDS의 위험을 피하는 행동을 하지 못한다. 또한 성에 대한 강박적인 생각, 과도한 성행위에 대한 죄책감, 불쾌한 감정의 억압, 외로움, 지루함, 낮은 자존감 등으로 삶에 부정적인 영향을 미칠 뿐 아니라 자신에 대한 혐오감과 수치심을 불러 일으켜 일상생활을 방해한다.

인터넷상의 포르노 콘텐츠는 인간의 상상과 환상을 넘어서 항상 쾌락을 위해 가능한 성적인 만남과 누드에 대한 욕구를 충족시키는 그래픽 인터랙티브 만남을 가능하게 한다. 처음에는 기분 전환이나 성적 욕구의 출구로 사용하다가 점점 음란물에 노출되면서 자존감과 신체 이미지 만족도가 감소하고, 다른 사람에 대한 폭력을 하찮게 여기는 충동적 폭력성이 증가하고, 다른 사람과의 관계에 문제가 생기게 되고, 불쾌한 감정이나 스트레스가 쌓이면 다시 사이버 섹스에 의존하는 반복적 패턴이 지속되면서 사이버 섹스중독자가 된다. 이러한 반복적 패턴은 여성보다 남성에게서 더 빈번히 나타나고, 특별한 개입과 치료가 필요한 심각한 수준의 성행동 문제이다.

출처 : Weinstein et al.(2015).

피임방법

피임이란 임신을 피하는 것으로 성관계를 하여도 임신이 되지 않게 하는 것이다. 그 방법으로는 피임약 복용, 콘돔이나 페미돔 또는 자궁 내 삽입장치 등의 기구 사용, 배란일 피하기, 불임수술 받기 등 다양하다. 이상적인 피임의 조건은 아래와 같다.

첫째, 피임 효과가 정확해야 한다.

둘째, 사용이 간편해야 한다.

셋째, 피임에 따르는 비용이 경제적이어야 한다.

넷째, 성생활에 지장이 없어야 한다.

다섯째, 자기 체질에 맞고 몸에 해롭지 않아야 한다.

바람직한 성관계는 그 과정에서 상호 간에 정서적인 교류를 기본으로 한다. 피임을 할 필요가 있을 경우 피임하기 위한 준비와 피임방법을 사용하는 것도 대화로서의 성관계에 포함된다. 성관계를 갖는 두 사람이 어떤 피임방법들이 있는지 함께 알아보고 이상적인 피임의 조건에 맞는 것을 찾아 서로 협력하여 피임법을 적용할 필요가 있다. 현재 주로 논의되고 있는 다양한 피임법을 분류해 보면 아래 표에 나타난 바와 같다.

다양한 피임방법

구분	남자	여자	비고
자연적인 피임방법	질외사정법	• 월경주기법 • 기초체온법 • 점액관찰법	
기구이용 피임방법	콘돔	• 페미돔 • 피임용격막(다이아프램) • 자궁 내 삽입장치	
화학적인 피임방법		• 질세척 • 살정제 • 경구 피임약	질세척은 피임효과를 기대하기 어려움
수술적인 피임방법	정관수술	난관수술	영구피임법
응급 피임법		사후피임법(72시간 내 복용해야 하고, 의사처방이 있어야 함)	• 성폭력 피해자만 사용하도록 규정됨 • 성폭력 피해자에게는 낙태가 합법적이지만 일반은 낙태가 불법임
기타 피임 방법		• 질내 피임법(피임링) • 피하이식 피입법 • 주사 피임제 • 모유수유/수유기 무월경	

CHAPTER

6

성차와 성역할

"정말 여성과 남성은 그렇게 다른 것일까?
정말 여성과 남성은 서로 다른 별에서 온 외계인일까?
양성평등이란 서로 다른 별에서 온 여성과 남성이 똑같아져야 한다는 의미일까?"

성역할이란 한 개인이 속해 있는 사회에서 규정하는 성에 적합한 행동이나 태도를 말하는 것으로 시대와 사회문화적 배경에 따라 변화할 수 있는 개인의 특성이다. 자신이 남성인가, 여성인가 하는 문제는 태어날 때 가지고 태어나는 것이라 변화하기 어렵지만 자신이 속한 사회문화권에서 습득하는 성역할은 성유형화 과정의 영향을 받기 때문에 부모, 친구, 사회적 분위기에 따라 많은 영향을 받는다.

성유형화 과정을 통하여 여성은 '사랑이 모든 것을 해결해 준다.'고 배워 관계 중심으로 사회화 되고, 남성은 '일에서의 성공이 모든 것을 해결해 준다.'고 배워 일 중심으로 사회화된다. 이렇게 성장한 여성과 남성은 심리적인 욕구, 생각하고 행동하는 방식, 어떠한 상황이나 문제에 대한 해석과 반응 방식, 의사소통과 갈등해결 방식 등에서 차이를 보인다. 이러한 차이로 인해 남성과 여성은 다른 별에서 온 외계인처럼 여겨진다. 그러나 이러한 차이점들은 성에 따른 차이가 아니라 개인의 시대와 문화적 배경에 따른 차이이다.

남성과 여성의 차이

성차

남성과 여성의 차이를 설명하는 관점은 "남성 혹은 여성으로 태어나는가 nature?", "남성 혹은 여성으로 길러지는가?nurture"로 설명된다. 태어난다는 관점에서의 성은 생물학적 차이와 두뇌의 차이로 설명되고, 길러진다는 관점에서의 차이는 사회화 과정에서의 차이로 설명된다.

생물학적 차이

생물학적 차이는 성염색체와 호르몬의 차이로 설명된다. 여성은 XX의 성염색체를 가지고 태어나고, 남성은 XY의 성염색체를 가지고 태어난다. 성염색체 이상이 있는 경우 XO, XXY, XYY 등의 염색체를 가지고 태어나는데, 이들은 자신의 성정체감을 형성하는 데 어려움을 겪는다.

여성과 남성 모두 앤드로겐, 에스트로겐, 프로게스테론을 가지고 있다. 여성은 에스트로겐과 프로게스테론의 여성 호르몬의 양이 많고, 남성은 앤드로겐이나 테스토스테론과 같은 남성 호르몬이 많아 두 성의 신체적인 차이를 보여 준다.

사춘기가 되어 제2차 성징이 나타남에 따라 남성은 고환에서 테스토스테론을 분비하고, 그로 인해 변성, 근육발달, 체모 증가, 정자 생산 및 성욕 증가 등과 같은 성적 특징이 나타난다. 여성은 난소에서 에스트로겐과 프로게스테론을 분비한다. 에스트로겐은 유방이나 자궁발달을 촉진시키고 월경을 시작하도록 한다. 프로게스테론은 수정란의 착상을 돕고, 임신을 유지해 주며, 임신이 되지 않으면 월경을 하도록 한다.

두뇌의 차이

최근 신경생리학자들이 밝힌 바에 의하면 여성과 남성은 우뇌와 좌뇌의 영역에서 활동의 차이를 보인다고 한다. 우뇌는 주로 시각정보, 공간능력, 전체적 그림, 추상적 사고, 감정반응, 외양과 패턴을 통제하는 것으로 알려져 있다. 반면 좌뇌는 언어능력, 정보처리능력, 부분적 그림, 구체적 사고, 논리 반응, 순차적 사고를 담당하는 것으로 밝혀져 있다.

남성의 뇌 구조는 여성보다 우뇌가 더 집중되어 있고, 좌뇌는 분산되어 있는 특징을 보인다. 여성은 남성보다 좌뇌가 더 집중되어 있고, 우뇌는 분산되어 있는 특징을 보여 일반적으로 여성은 좌뇌가, 남성은 우뇌가 더 발달되어 있다고 한다. 이러한 차이로 남성은 공간지각능력, 시각능력, 사물이나 이론을 다루는 능력, 시야의 집중이 발달되어 있다. 반면, 여성은 언어능력, 광범위한 감각 정보, 청각능력, 인간관계와 의사소통에 관련된 정보가 발달되어 있다.

뇌에는 좌뇌와 우뇌를 연결시켜주는 뇌량이라는 신경섬유 다발이 있는데, 여성의 뇌량이 남성보다 더 크다. 그래서 남자들은 실생활에서 감정과 생각을 연결시키는 능력이 여성에 비해 낮고, 여성의 뇌가 여러 가지를 동시에 처리하는 동안 남성의 뇌는 하나에 집중한다. 또한 뇌에서 이성적 행동을 담당하는 부분이 성별에 따라 차이가 있는데, 남성의 뇌는 회백질 양이 여성에 비해 많아 정보처리능력이 우수하지만, 여성의 뇌는 백질의 양이 많아 정보를 언어로 연결시키는 능력이 우수하다고 한다(Cahill, 2014).

사회화의 차이

태어나면서부터 여성과 남성은 부모와 주변 사람들로부터 다르게 사회화된다. 사회구성원들이 중요하다고 여기는 신념, 가치 및 행동을 획득해 가는 사회화 과정을 통해 부모들은 아이들의 성에 적합한 것들은 수용해 주고, 적합하지 않은 것들은 통제하게 된다. 부모의 수용과 통제를 통해 자신의 성에 적합한 태도나 행동을 습득한 자녀들은 주변 사람들이나 또래 친구와의 상호작용에도 이를 적용하면서 사회화된다.

또한 아이들은 부모의 행동을 관찰함으로써 자신에게 적합한 성역할을 모방학습 한다. 자녀들은 이성 부모보다는 동성 부모의 행동을 더 잘 모방하는 경향이 있는데, 이는 동성의 부모를 모방하는 것이 더 바람직하다는 것을 학습하기 때문이라고 한다(정영숙 · 김영희 · 박범혁, 2001).

성에 따른 사회화는 교사, 친구, 대중매체에 의해서도 이루어진다. 동성의 친구는 아동이 모방할 수 있는 모델이 되면서 자신의 성에 적합한 태도와 행동을 습득하게 하는 강화자가 된다. 교사들도 부모, 친구와 마찬가지로 자신의 성에 바람직하다고 생각하는 태도와 행동은 수용하면서 바람직하지 않다고 생각하는 것들은 통제하는 것으로 나타나 있다.

일상생활에서 접하는 대중매체도 여성과 남성의 차이를 사회화하는 데 영향을 미친다. 광고, 드라마, 영화, 인터넷 등에서는 여성에게는 여성화와 남성에게는 남성화를 강조하고 있고, 성에 대한 차이를 좁히기 위한 방법으로 중성적인 역할을 비춰 주고 있다.

남성과 여성의 심리적인 특성도 사회화에 따른 차이이다. 사회화 과정을 통하여 여성은 수동적이고, 의존적이며, 감정적이고, 관계지향적인 심리적 특성을 지니게 되는 반면, 남성은 능동적이고, 주도적이며, 독립적이고, 이성적인 특성을 지닌다. 카페츠(Chafetz, 1974)는 심리적 특성의 차이는 사회문화적 배경에 따라 달라질 수 있고, 사회적 요인에 따라 강화되거나 소멸될 수 있으며, 실제로 남성과 여성의 차이가 존재한다 하더라도 그 차이는 질적인 면에서라기보다 양적인 면에 있다고 하였다.

성차와 성역할과 관련된 용어

- sex(생물학적 용어) : 남성 혹은 여성을 생물학적인 성으로 구분할 때 사용한다.
- gender(사회학적 용어) : 남성 혹은 여성을 구분하는 사회적 기대를 구분할 때 사용하는 용어이다. 성별을 지칭하는 용어로 sex를 일반적으로 사용해 오던 중에 1995년 제4차 북경여성대회에서 성별 구분을 나타내는 개념으로 사회 · 문화적인 성을 의미하는 gender를 더 적합한 용어로 합의한 바 있다.
- Gender Identity(성정체감, 심리학적 용어) : 자아를 여성 또는 남성으로 인식하는 것을 의미하며 성정체감은 대개 3세경 형성되어 일생 동안 변하지 않는다.
- gender(sex) role(성역할) : 전형적인 개인의 성정체성과 관련해서 사회적으로 수용되는 특성과 행동이다.
- sex-role attitude(성역할 태도) : 전통적인 성역할 고정관념에 대해 개인이 어느 정도 동의하는가를 나타낸다.
- sexual orientation(성지향성) : 섹스 파트너로서 이성, 동성 또는 양성에 대한 개인의 선호를 의미한다.

- gender equality(양성평등) : 모든 인간은 고정된 성역할이나 성별 고정관념에 구속됨이 없이 자유롭게 자신의 능력을 개발하고 선택할 수 있는 권리를 가진다는 것을 의미한다.
- gender sensitivity(성인지 감수성) : 일상의 다양한 상황 속에서 성별 고정관념, 성차별적 요소를 감지해 내는 민감성을 의미한다.
- gender equality education(성인지 교육) : 2015년에 시행된 「양성평등기본법」 제18조에 나타난 바와 같이 성인지 교육은 사회 모든 영역에서 법령, 정책, 관습 및 가족 제도 등이 남성과 여성에 미치는 영향을 인식하는 능력을 증진시키는 교육이라고 정의된다.

성역할

성역할 고정관념

여성과 남성에게 적합하다고 생각되는 행동, 특성, 태도, 작업과제 등을 습득하는 성역할 사회화sex-role socialization를 통해 개인의 성역할이 고정적으로 정형화되면 성역할 고정관념이 형성된다. 이러한 성역할 고정관념은 남성과 여성을 이분화 한다. 남자다운 남자는 독립적이고, 지배적이고, 진취적이고, 목표지향적이고, 모험적이고, 용감하고, 리더십이 있고, 주도적이어야 한다고 여겨진다. 반면, 약한 모습을 보이거나 감정적이면 남성답지 못하다고 여겨진다.

여자다운 여자는 의존적이고, 순종적이고, 소극적이고, 수동적이고, 다정하고, 친절하고, 상냥하고, 부드럽고, 양육적이고, 사랑스럽고, 희생적이어야 한다고 여겨진다. 반면, 적극적이고 독립적인 여성은 여성답지 않다고 여겨진다.

이러한 성역할 고정관념은 지나친 여성화와 남성화의 결과를 가져온다. 여성이 지나치게 여성화되면 부정적인 자아개념을 가질 수 있다. 자신감이 결여되고 자신을 무능하게 여겨 아내와 어머니의 역할을 잘 수행하지 못하면 존재가치에 위협을 받게 된다. 또한 여성이기 때문에 사회적으로 받는 불이익이 많다고 느끼기 때문에 사회적 성취 장벽에 스스로 부딪치게 된다. 여성화가 지나치게 되면 감정에 지나치게 치우쳐 히스테리를 일으키거나 다른 역할에 대한 부적응 문제로 스트레스와 우울증에 빠지게 된다.

남성이 지나치게 남성화되면 경제활동과 수입을 성공과 동일시하면서 돈을 벌어야 한다는 압박감에 시달리게 된다. 또한 남성의 정체성을 직업에 한정시키면서 직업에서 성공하지 못한 경우 위축되고 자존감이 저하되며, 남편과 아버지 역할수행을 잘 해내지 못한다. 남성다움과 감정표현의 제한이 연관되어 있어 감정적 고정관념도 가지게 되는데, 이는 사회생활에서 접하는 여성들과의 적응에 문제를 야기한다. 현대 여성과 적응하는 데도 문제를 보인다. 성역할 고정관념은 사회의 변화된 가치와 부딪치면서 다양한 형태의 콤플렉스로 나타나 개인의 심리적 건강과 인간관계에 많은 영향을 미친다.

남성과 여성의 차이

구분	남성	여성
성	• 성염색체 : XY • 성호르몬 : 테스토스테론 • 여성보다 허용적 • 친밀해지기 전에 성관계 가능 • 긴급하고 충동적 • 10대 후반~20대에 성충동 최고조	• 성염색체 : XX • 성호르몬 : 에스트로겐, 프로게스테론 • 남성보다 억제적 • 성관계 맺기까지 정서적 친밀감 중요 • 느리고 섬세함 • 30대에 성욕구와 관심 최고조
콤플렉스	• 사내대장부 콤플렉스 • 온달 콤플렉스 • 성 콤플렉스 • 외모 콤플렉스 • 지적 콤플렉스 • 장남 콤플렉스 • 만능인 콤플렉스	• 착한 여자 콤플렉스 • 신데렐라 콤플렉스 • 성 콤플렉스 • 외모 콤플렉스 • 지적 콤플렉스 • 맏딸 콤플렉스 • 슈퍼우먼 콤플렉스

구분	남성	여성
상호관계	• 목표 지향적 • 사실 중시 • 논리적 • 감정 억제 • 직접화법 구사	• 관계 지향적 • 감정 중시 • 직관적 • 감정 표현 • 간접화법 구사
심리	• 능동적 • 주도적 • 독립적 • 이성적	• 수동적 • 의존적 • 감정적 • 관계 지향적

출처 : 여성을 위한 모임(1996); 김명자 외(2009).

착한 여자 콤플렉스

체크 요령 '전혀 그렇지 않다'고 생각하면 1점, '별로 그렇지 않다'고 생각하면 2점, '보통이다'고 생각하면 3점, '약간 그렇다'로 생각하면 4점, '매우 그렇다'로 생각하면 5점으로 각 문항에 자신의 생각을 가장 잘 표현한 곳에 ∨하여 그 합계를 내어보시오.

번호	내 용	1	2	3	4	5
1	기분 나쁜 일이 있어도 사람들이 보는 앞에서는 싫은 내색을 하지 않는다.					
2	여자답다는 칭찬을 듣기 위해 의식적으로 얌전하고 조용하게 행동한다.					
3	텔레비전 드라마에서 적극적이고 자기 주장이 강한 여성이 남편과 갈등을 빚어 불행해지는 내용을 보면 그럴만하다고 생각한다.					
4	남자들과 잘 어울리고 자기 의견을 분명히 밝히는 여자를 보면 불쾌하다.					
5	여성이 먼저 남성에게 데이트 신청을 하거나 전화를 거는 건 여자답지 않다.					
6	시대가 변하였어도 여성은 가정에서 가족을 돌보고 남성은 직장에서 일하는 것이 좋다.					
7	여자의 가장 좋은 목표는 현모양처가 되는 것이다.					
8	미팅을 하거나 남성을 만날 때 여성답게 보이기 위해 바지보다는 치마를 입을 때가 있다.					
9	규칙이란 무조건 따라야 하며, 지키지 않았을 경우에는 벌을 받아야 한다고 생각한다.					
10	학교나 단체에서 남자는 회장, 여자는 부회장을 맡는 것이 자연스럽다.					
11	진학, 결혼, 취직문제와 같이 중요한 결정은 주위 사람(부모, 남편, 남자 친구)의 판단에 따르는 것이 좋다.					
12	토론할 때 나와 다른 의견이 있을지라도 문제를 일으키지 않기 위해 침묵하는 경우가 있다.					

번호	내용	1	2	3	4	5
13	하고 싶지 않은 일도 다수가 결정한 경우에는 할 수 없이 그대로 따르는 편이다.					
14	지하철 같은 공공장소에서 성에 관련된 이야기나 잡지, 동영상을 보고 싶어도 주위의 시선을 의식하여 참을 때가 있다.					
15	여자가 남자에게 먼저 성 관계를 요구해서는 안 된다고 생각한다.					
16	결혼 전까지 여자는 육체적으로 순결해야 한다고 생각한다.					
17	속담에 '여자 팔자 뒤웅박 팔자'는 말이 있는데, 정말 맞는 말이라는 생각이 든다.					
18	여자는 사회에서 성공하는 것보다 좋은 남자 만나 결혼 잘 하는 것이 최고이다.					
19	결혼할 상대자는 나보다 뛰어나고 키가 크며 연상이기를 원한다.					
20	칭찬 받는 것을 좋아하지만 막상 칭찬을 듣게 되면 마음에도 없는 가식적인 말로 느껴져 기분이 나빠진다.					

채점 결과

- 80점 이상 : 전형적인 착한 여자 콤플렉스 형(자신이 착한 여자 콤플렉스에 사로잡혀 있다는 사실을 거의 깨닫지 못함)
- 60~79점 : 갈등형(속마음은 끝없이 자립하고자 하지만 상황에 따라 겉으로는 착한 여자형을 따름)
- 60점 이하 : 수용형(자신의 능력과 가능성을 발휘하여 지립적인 삶을 추구함)

출처 : 여성을 위한 모임(1996).

사내대장부 콤플렉스

체크 요령 '전혀 그렇지 않다'고 생각하면 1점, '별로 그렇지 않다'고 생각하면 2점, '보통이다'고 생각하면 3점, '약간 그렇다'로 생각하면 4점, '매우 그렇다'로 생각하면 5점으로 각 문항에 자신의 생각을 가장 잘 표현한 곳에 ∨하여 그 합계를 내어 보시오.

번호	내 용	1	2	3	4	5
1	내 삶의 목표는 일에서 성공하는 것이다.					
2	내가 돈을 버는 이유는 가족을 위해서이다.					
3	나는 과중한 일도 서슴없이 한다.					
4	남자는 가족의 존경을 받아야 한다.					
5	남자는 자기 주장을 굽혀서는 안 된다.					
6	나는 이성적인 면이 강하고 감정적인 면이 약하다.					
7	남자는 항상 자부심이 강해야 한다.					
8	남자는 사소한 일에 불평하지 않아야 한다.					
9	나는 고통스러워도 내색하지 않아야 한다.					
10	나는 걱정거리가 있어도 다른 사람에게는 거의 표를 내지 않는다.					
11	나는 거칠어 보이는 터프한 남자가 좋다.					
12	남자는 경우에 따라서 주먹을 쓸 수밖에 없다.					
13	나는 약해 보이는 것이 싫다.					
14	남자는 육체적으로 강해야 한다.					
15	남자는 모험을 즐길 줄 알아야 한다.					
16	나는 '여자 같다'는 말을 들으면 기분 나쁘다.					
17	요리나 바느질하는 남자는 매력이 없어 보인다.					

번호	내 용	1	2	3	4	5
18	남자가 간호사나 보모와 같은 직업을 가지면 이상해 보인다.					
19	파마, 액세서리, 최첨단의 패션 등으로 치장한 남자를 보면 이상해 보인다.					
20	남자가 남 앞에서 우는 것은 부끄러운 일이다.					

채점 결과

- 60점 이상 : 전형적인 사내대장부 콤플렉스형(사내대장부 콤플렉스에 빠져 있다는 사실조차 깨닫지 못함)
- 41~59점 : 갈등형(사회적으로 요구하는 이상적인 남성형은 알고 있으나 남성으로서 부담을 버리고 안주하려는 형)
- 40점 이상 : 수용형(자신의 감정을 솔직하게 표현하고 여성에 대해서도 협력하는 삶을 추구함)

출처 : 여성을 위한 모임(1996).

양성성(androgyny)

현대사회의 변화는 남녀의 성역할에도 변화를 가져왔다. 변화하는 성역할 개념의 필요성에 의해 한 개인의 남성성과 여성성을 동시에 표현할 수 있는 '양성성androgyny'의 개념이 대두되었다. 벰(Bem, 1974)에 의하면 양성성은 사회의 성역할 고정관념을 이루는 내용 중에서 바람직한 여성적 특성과 남성적 특성이 결합되어 공존하는 것이라고 하였다.

성역할을 한 차원으로 설명하는 성역할 고정관념과 달리 양성성은 독자적인 두 차원으로서 성역할을 설명해 준다. 따라서 한 개인이 두 가지 차원에서 다 높은 성향을 갖출 수도 있고양성성을 지닌 사람, 한 차원에서만 높은 성향을 가질 수 있으며여성적인 사람 혹은 남성적인 사람, 두 차원이 다 낮을 수도 있다여성성과 남성성이 모두 낮아 미분화된 사람.

양성성을 지닌 사람은 여성적 행동과 남성적 행동을 모두 할 수 있다는 점에서 다양한 행동수행이 가능하고, 어떤 상황에서든 문제를 적절하게 대처할 수 있으며, 상황의 요구에 따라 적절한 유연성과 융통성을 보이므로 환경에 효과적으로 대처할 수 있다. 즉, 양성성을 지닌 사람은 상황에 따라 융통성 있게 남성적인 행동과 여성적인 행동을 빠르게 변화시킬 수 있다.

① 한 차원으로서 성역할 지향

높은 남성성 ← 중성적 → 높은 여성성

② 두 차원으로서 성역할 지향

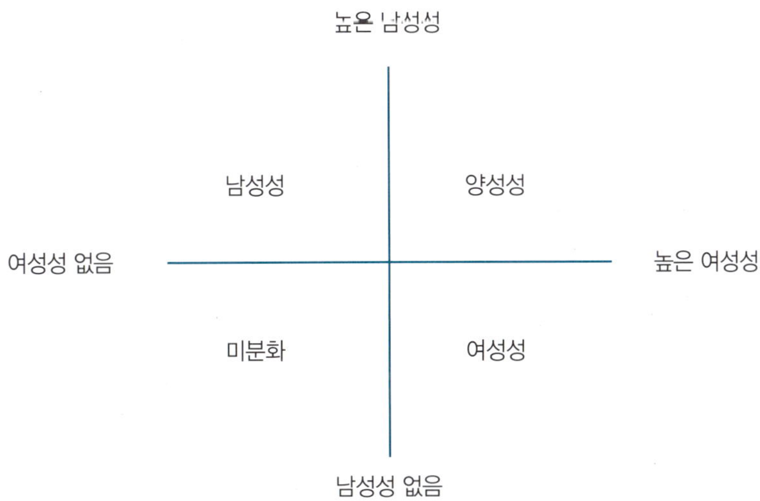

출처 : 장휘숙(1996).

성역할 정체감은 남성과 여성으로서 기대되는 감정, 태도 등을 수용하는 것으로 한 개인은 사회가 요구하고 기대하는 역할에 동일시하는 정도에 따라 자신의 성역할 정체감을 형성하게 된다. 전통적으로 성역할 정체감의 유형 분류는 남성성masculinity 혹은 여성성feminity으로 이분화되어 논의되어 왔다. 일반적으로 성역할 정체감 중 남성성은 독립적, 과업 지향적, 경쟁적, 이성적, 감정을 억제하는 측면과 관련이 있으며, 여성성은 관계 지향적, 양육적, 감성적 측면과 관련이 있다.

성역할 정체감은 일단 형성되면 쉽게 변화하지 않으며, 사회적 존재로서 사회적 기대를 수반하고, 다른 사람의 판단의 기초가 되기 때문에 적응에도 중요한 의미를 지닌다. 성역할 정체감 유형은 남성성, 여성성, 양성성, 미분화로 분류할 수 있다.

나의 성역할 정체감 유형은?

다음은 여러 가지 성격 특성을 표현한 문항들입니다. 각 문항을 읽고 자신에게 가장 적합하다고 생각되는 정도를 7점 척도상의 숫자로 각 〈점수〉 칸에 표시해 주십시오.

1	2	3	4	5	6	7
전혀 같지 않다	대체로 같지 않다	조금 같지 않다	보통이다	조금 같다	대체로 같다	아주 같다

번호	성격 특징	점수	번호	성격 특징	점수
1	자신감 있다.		31	쉽게 판단을 내린다.	
2	양보한다.		32	정열적이다.	
3	협조적이다.		33	진지하다.	
4	자신의 신념을 지킨다.		34	자기충족적이다.	
5	명랑하다.		35	다른 사람을 잘 위로해 준다.	
6	감정 변화가 심하다.		36	솔직하다.	
7	독립적이다.		37	지배적이다.	
8	수줍어한다.		38	부드럽게 이야기한다.	
9	양심적이다.		39	남에게 호감을 산다.	
10	운동을 좋아한다.		40	남성적이다.	
11	애정을 갖는다.		41	온화하다.	
12	적극적이다.		42	경건하다.	
13	주장이 강하다.		43	자기 주장을 뚜렷이 내세운다.	
14	아첨한다.		44	부드럽다.	
15	행복하다.		45	친절하다.	
16	성격이 강하다.		46	공격적이다.	
17	충성스럽다.		47	속임수를 쓴다.	
18	예측하기 어렵다.		48	비능률적이다.	
19	강압적이다.		49	지도자로서 행동한다.	

번호	성격 특징	점수	번호	성격 특징	점수
20	여성적이다.		50	어린아이 같다.	
21	믿음직스럽다.		51	적응력이 강하다.	
22	분석적이다.		52	개인주의적이다.	
23	동정심이 많다.		53	남에게 심한 말을 하지 않는다.	
24	질투심이 많다.		54	비체계적이다.	
25	지도력이 높다.		55	경쟁적이다.	
26	타인의 욕구에 민감하다.		56	아이들을 좋아한다.	
27	진실하다.		57	꾀가 많다.	
28	모험심이 많다.		58	야심적이다.	
29	이해심이 많다.		59	점잖다.	
30	비밀이 많다.		60	인습적이다(전통, 풍습, 예절을 중요시하고 잘 지킨다).	

남성성 : ____________ 여성성 : ____________

채점 결과

1. 자신의 점수를 다 더하되, 3문제 단위로 가른다.
   - 1, 4, 7, 10, 13, 16, 19, 22, 25, 28, 31, 34, 37, 43, 46, 49, 52, 55,5 8번을 더해서 20으로 나눈 것이 남성성 점수
   - 2, 5, 8, 11, 14, 17, 20, 23, 26, 29, 32, 35, 38, 41, 47, 50, 53, 56, 59 번을 더해서 20으로 나눈 것이 여성성 점수
2. 다 더했으면, (여성성 점수)−(남성성 점수)를 하고 거기에 2.322를 곱한다.
3. 결과가
   - −2.025보다 작으면 : 남성적으로 편향되어 있다.
   - −2.025 ~ −1 사이 : 남성적에 가깝다.
   - −1 ~ +1 사이 : 양성적이다.
   - +1 ~ +2.025 사이 : 여성적에 가깝다.
   - +2.025보다 크면 : 여성적으로 편향되어 있다.

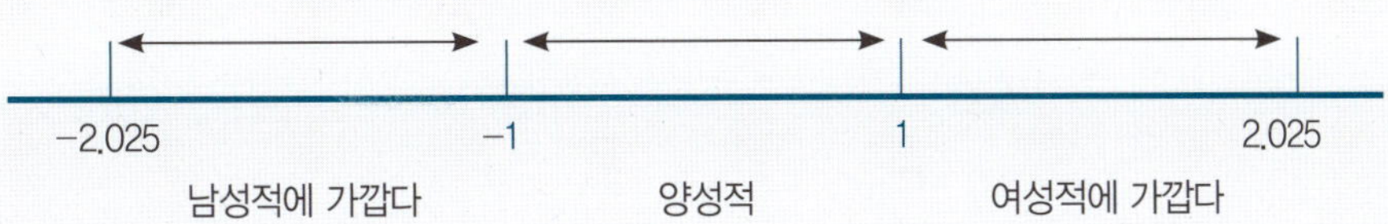

출처 : Bem, S. L.(1974).

소와 사자의 사랑 이야기

소와 사자가 있었습니다. 둘은 죽도록 사랑해 결혼했습니다.
둘은 서로에게 최선을 다하기로 맹세했습니다.
소는 최선을 다해 사자에게 날마다 맛있는 풀을 대접했습니다.
사자는 싫었지만 참았습니다.
사자도 최선을 다해 소에게 날마다 맛있는 살코기를 대접했습니다.
소는 괴로웠지만 참았습니다.
그러나 참을성에는 언제나 한계가 있기 마련이죠.
그 둘은 서로에게 불만을 갖고 크게 싸운 뒤 헤어지고 말았습니다.
"난 최선을 다했어"라고 말하면서 말입니다.

출처 : 변순복(2009).

만약 소와 사자가 서로의 다른 점을 이해하고 인정하고 상대방이 원하는 것으로 최선을 다했다면 그 결과는 달랐을 것이다. 남성과 여성은 소와 사자처럼 매우 다르게 보이지만 사실은 자신을 이해해 주고, 인정해 주고, 존중해 주며, 원하는 것을 상대방이 해줄 때 행복을 느낀다는 점에서는 같다. 그러므로 친밀한 애정관계에서는 서로 다른 성에 대해 알고 이해하려는 노력이 무엇보다 중요하다.

부부의 성역할

부부의 결혼생활은 여성과 남성이 이루어 나가는 과정이므로 당연히 성역할의 영향을 받는다. 결혼생활은 작은 사업체를 운영하는 것과 비슷해서 제때 제공해야 하는 서비스가 있고, 적절히 해결해야 하는 금전과 시간문제가 있으며, 역할을 원만히 협상해야 하는 직원들이 있고, 쉽게 만족하지 않는 까다로운 고객이 있다. 이와 같이 결혼생활을 한다는 것은 막중한 책임을 떠맡는 일이고, 결코 가볍지 않은 업무이다.

그러나 부부가 각자 양성적인 특성으로 남성성과 여성성의 균형을 이룬다면 누가 그 상황에서 서비스를 제공할 수 있는지, 해결해야 할 금전과 시간문제가 무엇인지, 협상해야 할 역할수행이 무엇인지를 타협하고 협상할 수 있다. 성역할 고정관념의 성역할은 타협과 협의가 불가능해서 한 사람은 역할의 과대기능을 하고, 다른 사람은 역할의 과소기능을 할 가능성이 높다.

현대사회의 부부는 세 가지 형태의 역할모델을 선택할 수 있다. 첫째, 전통적

역할모델로서 남성은 밖에서 일하고 여성은 집에서 일하는 모델이다. 둘째, 전통적 역할모델의 전환 모델로서 남성은 집에서 일하고 여성은 밖에서 일하는 모델이다. 셋째, 새로운 역할모델은 남성과 여성이 둘 다 밖에서도 일하고 집에서도 일하는 모델이다.

부부간의 역할 조화는 서로의 역할을 받아들이고 인정해 줌으로써 부부가 평등해지는 것을 말한다. 일반적으로 '평등부부'란 남편과 아내가 돈벌이, 집안일, 육아, 의사결정을 분담하는 부부로 남편과 아내가 서로 동등한 권위 또는 권력을 소유하며 책임도 함께 지는 부부관계를 말한다.

대부분의 사람들은 전통적인 역할모델을 이루고 있는 부부는 평등하지 않다고 여기는데, 부부간의 평등이란 평등한 의사소통 방식으로 부부가 타협하고 합의한 것을 함께 선택할 때 이루어진다. 전통적인 역할모델을 이루고 있다 하더라도 부부가 그 역할모델을 충분히 합의하여 선택한 경우에는 그 역할을 명확하게 인정하고 받아들이기 때문에 평등함을 느낀다. 부부가 동등한 입장에서 선택한 역할모델을 역할 조화라고 한다.

부부간의 역할을 명확하게 하기 위한 질문사항

- 두 사람이 취한 역할모델에 서로 동의하는가?
- 두 사람의 갈등이 역할로 인한 갈등인가?
- 두 사람이 어떤 모델을 취하고 있는지에 대해 서로 허심탄회하게 이야기를 나눈 적이 있는가?
- 자신에게 자유로운 선택이 주어진다면 솔직히 어떤 역할모델을 선택하고 싶은가?
- 이 역할모델이 나에게 끌리는 이유는 어디에 있는가?
- 이 역할모델을 선호하게 되면서 문제가 되는 것은 무엇인가?

- 이 역할모델의 단점은 무엇인가?
- 파트너가 선호하는 역할모델로 인해 내가 가질 어려움은 어떤 것인가?
- 두 사람이 선택한 역할모델은 공평한가?
- 자신이 선택한 역할모델이 상대방으로부터 지지된다고 느끼는가?
- 선택한 역할모델에서는 두 사람이 서로의 기대를 충족시킬 수 있는가?
- 나와 내 파트너가 선택한 역할모델을 변화시킬 여지가 있는가?
- 현재 선택한 역할모델에서 두 사람이 즉각적으로 논의해야 할 문제점이 있는가?

행복한 시절에는 남성과 여성의 차이가 별로 문제가 되지 않거나 이해가 된다. 그러나 스트레스를 받을 때는 남녀의 성차가 더 두드러진다. 예를 들면, 여성들은 갈등을 겪을 때 평소보다 말을 더 많이 하지만, 남성들은 평소보다 말을 더 적게 하여 거의 말을 하지 않는 것처럼 보인다. 또한 부부는 상대방에게 비판받는다고 느끼게 되면 성차 문제에 대해 대단히 민감해진다. 예를 들면, 남편은 아내로부터 '돈도 못 벌어 오는 주제에'라는 말에, 아내는 남편으로부터 '살림도 제대로 못하는 주제에'라는 말에 대단히 예민해질 수 있다. 개인의 특성에서 오는 차이도 마찬가지이지만 스트레스 상황하에서 성차를 잘 극복해 낼 수 있어야 성차로 인한 충돌을 막을 수 있다.

CHAPTER

7
이성교제

"소울메이트는 나의 부족한 부분이나 내 기대를 채워 주는 사람이 아니라 나와 삶을 공유하는 사람이므로 데이트 과정을 통해 나의 부족한 부분을 채워주는 사람이 아니라 그 사람이 없으면 행복해지기 어렵다는 생각이 드는 사람을 찾는 것이 중요하다."

이성교제는 일반적으로 데이트라고 불리는 남녀 간의 교제를 말한다. 즉, 만남으로 시작된 한 쌍의 남녀가 함께 함으로 인해 즐거운 시간을 보내고, 그 과정에서 상대방을 깊이 이해하며, 상대방의 장점을 배우고, 자신을 성장시켜 나가는 것을 말한다. 데이트를 통해 두 사람의 만남이 시작되고, 친밀한 애정관계를 형성하며, 시간이 지나도 지속적인 관계를 유지하며, 평생을 함께할 동반자로 헌신할 것인지, 아니면 헤어질 것인지를 결정한다. 그러나 대부분의 사람들이 데이트의 만남에서부터 헤어짐까지의 경로에 대해 잘 모른다.

현재 젊은이들에게 리얼리티 쇼가 인기 있는 이유는 사귈 사람을 만나게 해주고, 서로에게 맞는다고 생각하는 짝을 골라서, 같이 식사하고, 활동을 나누면서 얼마나 서로에게 편안하게 느껴지는지, 같이 있는 것이 즐거움을 주는지, 이러한 만남을 지속하고 싶어 하는지 헤어질 것인지를 실질적으로 보여 주기 때문이다. 즉, 데이트할 사람을 어떻게 만나고, 사람들이 어떻게 짝이 되고, 데이트 상대와 어떻게 사귀는지, 서로 맞지 않는다고 생각하면 어떻게 헤어지는지에 대한 과정을 있는 그대로 보여 주기 때문이다.

또한 현재 젊은이들 중에는 온라인 데이트 사이트 및 인터넷 기반 플랫폼을 통해 데이트 파트너를 만나는 비율이 점점 증가하고 있다. 연구자들은 여전히 매칭 알고리즘이 실제로 더 잘 어울리는 커플을 만들어 낼 수 있을까?에 의문을 품고 있지만 인간이 만들어내는 것은 결국 인간의 본성을 반영하기 때문에 인터넷이 의사소통을 촉진하고 서로에 대해 많은 것을 알게 한다는 의견도 있다. 그러나 장기적인 관계를 가지려면 온라인 관계에서 대면관계로의 전환이 필요하다. 직접적인 만남을 통해 두 사람이 현실세계에서도 삶을 공유할 수 있는지를 확인해 보는 등 온라인과 대면에서의 만남을 통합하는 것이 중요하다.

만남

사람들은 처음에 서로 어떻게 만나 사랑에 빠지게 되었는지를 매우 자세하게 기억한다. 사랑에 빠질 때 첫눈에 반하는 사람들도 있지만 우정을 나누다가 사랑으로 발전하는 경우도 있다. 또한 상대의 겉모습을 보고 낭만적인 매력을 느낄 수도 있고, 좋은 성격이나 애교 있는 행동, 함께 나눈 잊지 못할 경험들에서 사랑의 감정이 싹틀 수도 있다. 그래서 데이트에서의 만남이 우연히 이루어진 것 같아 보이지만 사실 사람들은 어떤 사람과 사귈 것인지에 대한 기준을 가지고 있다. 이러한 기준은 매력의 요소와 원칙으로 설명된다.

매력의 요소

신체적 매력(외모)

신체적 매력**외모**은 우리가 처음 만난 상대방을 판단하기 가장 쉬운 방법이라서 매력의 요소가 된다. 즉, 우리는 상대방을 처음 만나서 긍정적인 특성이나 자질을 가지고 있는지 아닌지는 모르지만 어떻게 생겼는지는 직접 볼 수 있기 때문에 신체적 매력이 만남의 기준이 된다. 또한 사람들은 아름다운 것은 좋은 것이라고 생각하고, 외모가 뛰어난 사람이 더 다정하고, 친절하고, 현명하고, 재미있어 보이는 긍정적 성품을 지니고 있다고 생각하며, 외모가 뛰어난 사람과 사귀면 사회적 가치가 높아진다고 생각하는데, 이는 외모가 후광효과로 작용하기 때문이다.

긍정적인 성격 특성

사람들은 긍정적이고 바람직하다고 여기는 성격 특성을 지닌 사람에게 매력을 느껴 만남을 시도한다. 사람들은 진지하고, 정직하고, 이해해 주며, 충직하고, 신뢰할 만하고, 진솔하며, 지적이고, 믿을 만하며, 개방적이고, 사려 깊은 특성을 가장 바람직한 성격 특성으로 여긴다. 반면, 사람을 속이고, 악의적이고, 부도덕하고, 불쾌하며, 잔인하고, 비열하고, 위선적이고, 혐오감을 주고, 거짓말하는 성격 특성을 가장 싫어한다(Anderson, 1968). 긍정적인 성격 특성은 자신감으로 나타나 어떤 학자들은 자신감을 매력의 요소로 보기도 한다.

유사성

사람들은 상대방에게서 자신의 모습을 발견할 때 더 많은 매력을 느껴 만남을 시도한다. 성격 특성의 유사성보다는 태도와 가치, 배경이 비슷한 사람들이 서로에게 더 매력을 준다(Simpson & Harris, 1994). 태도와 가치가 성격보다 훨씬 더 적응적이고, 변화하기 쉽기 때문이다. 태도의 유사성은 관계의 초기 단계에서 더 중요하고, 성격의 유사성은 관계만족도를 높인다. 성격은 보완적일 때 매력을 더 느끼는 것으로 알려져 있는데, 행복한 커플은 두 사람이 모두 긍정적인 성격 특성을 지닌 것이 아니라 서로 보완할 수 있는 성격 특성을 가지고 있다고 한다

(Dryer & Horowitz, 1997).

유사성이 매력의 요소가 되는 이유는 자신의 태도나 가치, 신념에 타당성을 주기 때문이다. 즉, 자신의 신념과 관심을 같이 나눌 수 있는 사람과 함께 있다는 것은 본인의 신념과 관심이 가치 있다는 것을 의미하므로 기분을 더 좋게 한다. 또한 비슷한 사람들은 같이 어울리기가 쉽다. 예를 들어, 운동을 좋아하는 사람이 독서를 좋아하는 사람을 만날 수 있는 기회도 많지 않을 뿐 아니라 서로 어울리기도 쉽지 않다. 특히, 가치가 비슷한 사람들은 갈등을 덜 겪는다. 두 사람이 즐거운 데이트가 무엇인지에 대해 동의할 수 없는 경우, 데이트할 때마다 의견의 불일치를 겪게 되면서 두 사람의 관계가 더 진전되기 어렵다. 결국 유사성은 여러 가지 면에서 동일하다고 기대하기 때문에 대화를 더 많이 하게 되고, 결국은 자신을 좋아한다고 생각하게 된다.

근접성

사람들은 가까운 곳에서 살고 자주 접하는 사람에게 매력을 느낀다. 근접성은 문화적으로 비슷한 공간을 가질 수 있고, 공간적으로 가까운 사람들에게 노출될 가능성이 높으며, 물리적으로 다른 사람과 가까이 있으면 상호작용의 기회가 증가하기 때문에 매력의 요소가 된다. 특히, 연애의 감정은 얼마나 자주 만나는지, 그 만남의 횟수나 빈도에 따라 깊어지기 때문에 가까이 있는 사람들에게 매력을 느끼게 된다. 사람들은 공간적으로 가까운 곳에 사는 사람들과 결혼할 가능성이 높다는 것도 근접성의 매력 때문이다.

현 시대에는 가상의 근접성을 통해서도 매력을 촉진할 수 있다. 가상세계의 물리적 공간을 탐색하기 위해 사람들에게 크고 다양한 공간에 자신의 아바타를 배치하게 하고, 인스턴트 메시징 시스템을 통해 다른 아바타와 통신하게 만들었다.

결과적으로 아바타 중 98%가 가장 가까운 이웃과 소리치거나 말하거나 속삭이는 거리에 배치되어 있어 가상세계에서도 근접성이 매력의 요소가 됨을 보여 주었다(Lomanowska & Guitton, 2012).

익숙성

우리는 익숙한 자극을 주는 사람에게 매력을 느낀다. 사람은 익숙해지면 그것만으로도 친밀감을 느끼는데, 사회심리학에서는 이러한 현상을 단순접촉효과라 부른다. 즉, 처음에는 잘 모르는 사람이라도 반복해서 접촉하게 되면 의식적인 노력이 없어도 자연스럽게 차츰 좋아지게 된다. 또한 단순접촉효과는 태도가 비슷할 때 더 두드러지며, 첫 인상이 긍정적이거나 중립적일 때 단순한 접촉과 노출이 더 많은 매력을 유발한다고 한다. 그러므로 자신이 좋아하는 사람이 자신을 좋아하게 하려면 가능한 한 만나는 기회를 늘려 친밀감이 생기도록 하는 것이 좋다.

화학적 반응

첫눈에 반하는 것을 말하는 것으로 첫눈에 반해 사랑에 빠지거나 결혼하는 사람이 의외로 많다. 첫눈에 반했다고 해서 처음 보는 바로 그 순간 무조건 상대에게 사랑을 느끼는 것은 아니다. 첫눈에 반한 사랑에 대해 학자들은 평소 자신이 마음속에 두고 있는 매력의 원칙이 작동했기 때문이라고 설명한다.

매력의 원칙

(1) 우리는 자신을 능력 있고, 매력적이고, 가치 있다고 느끼게 하는 사람에게 매력을 느낀다. 예를 들어, '그 사람은 내가 말하는 것이 정말 중요한 것처럼 느끼게 해줘'라는 표현이 가능한 사람에게 매력을 느낀다.

(2) 우리는 자신의 특별한 욕구를 충족시켜 주는 사람에게 매력을 느낀다.

(3) 우리는 친구들에게 인기 있는 사람들에게 매력을 느낀다.

(4) 우리는 즐거운 경험을 떠오르게 하는 사람에게 매력을 느낀다.

(5) 우리는 자신이 자라온 가족관계를 떠오르게 하는 사람에게 매력을 느낄 수도 있고 싫어할 수도 있다.

(6) 우리는 매력적인 원칙을 많이 가진 사람일수록 그 사람에게 더 매력을 느낀다(최규련, 2007).

그러나 매력의 원칙보다 더 중요한 것은 자신이 누구인가, 어떤 사람이고 싶어 하는가, 함께할 때 어떤 사람이고 싶은가, 상대방과의 관계에서 자신이 진정으로 원하는 것이 무엇인가에 대한 것이다. 또한 자신이 어떤 매력을 지니고 있는가, 주변 사람들이 자신의 매력을 어떻게 보고, 어떻게 반응하는가, 사람들이 자신의 매력에 어떻게 반응하기를 원하는가, 사람들이 좋아하는 반응으로 무엇을 할 작정인가에 대한 것들이 매력의 원칙보다 더 중요하다.

이성교제의 기능과 중요성

이성교제의 기능

사람들은 학교나 직장, 종교기관, 활동이나 모임, 결혼정보회사, 인터넷이나 사이버 공간 등을 통해 데이트 상대를 만나고 데이트를 통해 여러 가지 기능을 충족시킨다(Bradbury & Karney, 2010).

사회적 자아의 확인 기능

데이트를 하면서 사람들은 다른 사람이 자신을 어떻게 보는가, 그 사람이 자신을 좋아하는가, 그 사람이 자신을 만나고 싶어 하는가 등의 긍정적인 피드백을 통하여 스스로에 대해 긍정적인 생각을 하게 되고, 긍정적인 관점으로 자신을 보게 된다. 즉, 데이트는 자신이 다른 사람에게 어떠한 영향을 미치는지를 볼 수 있으므로 사회적 자아의 확인 기능을 지닌다. 데이트를 통해 사람들은 성숙한 대인관계의 기술을 습득하고, 이성에 대한 막연한 기대나 비현실적인 사고방식을 구체화시켜 사회적 상황에서 자신의 행동을 조절할 수 있는 능력을 기른다. 또한 사람들은 이성과의 접촉을 통해 사회가 기대하는 인격을 기르고, 자신의 장점과 단점을 파악하며, 자기반성의 기회를 통해 자아의식과 정서적 안정을 발달시킴으로써 사회적 자아를 확인하는 계기를 갖는다.

즐거움의 기능

리얼리티 쇼에서 우리가 경험하는 것은 즐거움이다. 즐거운 경험은 상대를 데이트 상대로 정하는 데 매우 중요한 요소가 된다. 그러므로 데이트는 즐거운 경험을 제공하고, 여가를 즐길 수 있는 기능을 지닌다.

동반자 기능

즐거움을 넘어서 데이트는 친밀감과 신체적 나눔은 물론 생활의 많은 부분을 함께할 수 있는 동반자적 기능을 지닌다. 즉, 데이트는 외롭지 않고, 사랑을 나누며, 필요를 충족하고, 편안한 존재와 일상생활의 많은 부분을 공유하는 것이다.

사회화 기능

데이트는 성에 따른 차이가 있음에도 불구하고 이성과 대인관계를 맺고, 이성과 잘 지낼 수 있는 사회화 기능을 지닌다. 사람들은 데이트를 통해 이성과 자연스럽고 편안한 관계를 맺을 뿐 아니라 이성의 감정을 인식하고 반응하는 사회적 기술을 습득하여 사회인으로서 기대되는 성인 남녀의 역할수행을 배울 수 있다.

사회적 지위 달성의 기능

결혼과 마찬가지로 데이트는 다른 사람에게 바람직한 성인이라는 인식을 주므로 사회적 지위 달성의 기능이 있다. 데이트가 자신의 사회적 지위를 입증하거나 유지해 주는 기능을 갖는 것은 주로 젊은 사람들에게서 나타나는 현상이다.

배우자 선택의 기능

데이트의 잠재적이고 궁극적인 기능은 결국 배우자 선택에 있다. 결혼은 같이 살 사람을 찾는 것이 아니라 그 사람이 없으면 살 수 없다는 생각이 드는 사람을 찾는 것이므로 여러 사람과의 데이트를 통해 평생을 함께할 사람을 찾는 것은 데이트의 가장 중요한 기능이다.

이성교제의 중요성

이성교제는 결혼 후 부부관계가 어떻게 발달할지, 그 방향과 형태를 예측해 주는 요인이 된다. 데이트를 통해 미래 배우자가 될 사람과의 관계를 발달시키면서 두 사람은 의사결정, 의사소통, 문제해결, 갈등관리와 같은 상호작용의 패턴과 습관은 물론 사랑과 성에 대한 태도와 기대치를 형성하게 된다.

결혼 전의 교제가 부부관계를 전적으로 결정하는 것은 아니지만 이 시기에 성공적인 결혼생활에 필요한 기술을 갈고 닦아 미래 결혼생활의 기초를 다질 수 있다. 특히, 이 시기의 상호작용 패턴과 습관은 결혼생활이 만족스럽고 욕구를 충족시켜 줄지 아니면 반대로 불만족스러울지에도 영향을 준다. 또한 결혼이 사별로 끝날 때까지 지속될 것인지 이혼으로 끝날지, '바로 이 사람'을 만나 행복한 결혼이었다고 생각할 것인지 실패나 '빈 껍질'뿐인 결혼으로 생각할 것인지에도 영향을 미친다.

이성교제의 단계

이성교제는 만남의 경험을 통하여 자신에게 이상적인 데이트 상대를 발견하는 과정으로 여러 단계를 거친다.

그룹데이팅 단계

남녀 교제에 익숙하지 않은 고교생이나 저학년 대학생에게서 나타나는 형태로 데이트 경험이 없고 자신이 없는 학생들이 선호한다. 이 단계는 이성 간 교제로 넘어가는 과도기적 기능을 한다.

임의로운 데이트 단계

이 단계는 행사를 위해 파트너가 필요하거나 기타 다른 이유로 자유롭게 만나는 단계이다. 이 단계는 한 사람과 지속적으로 만나는 것이 아니라 여러 사람과 교제를 나눈다. 자유롭게 여러 이성을 만날 수 있기 때문에 상대방을 이해하고 서로의 개성을 확인하는 기회가 되기도 한다.

데이트 상대의 선택은 여러 가지 요인이 작용하지만 초기 단계에서는 가능한 친구의 의견이 많이 반영된다. 그 이유는 ① 친구 집단의 인정을 받으면서 자신이 선택한 것에 안도감을 갖기 때문이다. ② 데이트 경험이 많지 않은 경우 데이트에 관한 결정이나 능력에 대한 자기확신이 부족하기 때문이다.

규칙적인 데이트 단계

이 단계는 임의로운 데이트보다 감정이 강하며 친밀한 관계로 발전하게 된다. 두 사람의 관계는 고정화되며, 주위 사람들이 두 사람의 관계를 인정한다. 한 사람과 지속적인 만남을 가짐으로써 서로를 더 잘 알게 된다. 그렇지만 한편으로는 두 사람의 관계가 너무 빨리 전개될 가능성도 있다. 이들은 서로에게 속하는 상징적인 선물이나 반지 등을 주고받으며, 결혼을 약속하기도 한다.

데이트를 통해 소울메이트 찾기

1. 동반 가능성 : 얼마나 같이 시간을 보내는가? 같이 보내는 시간이 즐거운가? 같이 보내는 시간이 늘었는가 줄었는가? 얼마나 유사성을 지니고 있는가? 자주 싸우는가? 전혀 싸우지 않는가?
2. 공통 관심사 : 두 사람이 함께 하는 것을 좋아하는가? 두 사람이 같이 만나는 친구가 있는가? 서로의 친구나 가족을 좋아하는가? 두 사람이 새로운 것을 같이 해보려고 하는가? 종교적인 신념이나 활동 범위가 같은가? 음악 듣기, 영화 보기, 여행, 운동, 게임 등등의 활동을 같이 하는 것을 좋아하는가?
3. 목표 : 두 사람이 인생에서 원하는 것이 같은가? 삶의 수준이 비슷한가? 삶의 목표가 같은 방향으로 향하고 있는가? 관계로부터 원하는 것이 같은가? 돈과 시간에 대해 비슷한 생각을 가지고 있는가?

4. 배경 : 감정, 친구, 가족, 일 같은 것을 이야기할 때 마음에 걸리는 것이 없이 편안한가? 두 사람이 자란 가족의 정서적 분위기가 비슷한가? 종교, 교육, 경제적 배경이 같은가? 가족들과 보내는 시간과 에너지 수준이 비슷한가? 가족들이 모일 때 하는 놀이가 비슷한가? 상대방 가족이 모였을 때 시간을 보내는 방식을 받아들일 수 있는가? 돈, 소비, 저축에 관해 비슷한 철학을 가지고 있는가? 아이를 원하는가?
5. 즐거움 : 같이 있으면 즐거운가? 여가시간에 대한 필요성이 같은가? 같이 있을 때 즐거운 일이나 활동을 하는가? 유머와 새로운 경험을 함께 나누는가?
6. 에너지 : 아침형인가 올빼미형인가? 카우치 포테이토인가? 운동형인가? 동적인가 정적인가? 두 사람 다 에너지 수준이 비슷하고, 건강한가?
7. 문제해결 : 만사를 자기 뜻대로 하는 사람인가? 이야기를 들어주는가? 의견차가 있을 때 협상할 수 있는가? 의견이 일치하는 것과 일치하지 않는 것 사이에 균형을 이루는가? 화를 자주 내는가? 화를 참으면서 불안해 하는가? 소유욕이 강한가? 질투심이 중요한 문제를 의논하는 것을 방해하는가? 문제를 해결하고 앞으로 나아가는가? 제자리에 맴돌면서 싸우고 있는가? 싸울 때 상대방의 이야기를 듣는가?

성공적인 데이트 레시피

하나, 우리는 서로에게 최고의 친구이다.
둘, 우리는 서로를 깊이 존경한다.
셋, 우리는 서로를 신뢰한다.
넷, 우리는 서로를 편안하게 느낀다.
다섯, 우리는 두 사람 모두 자신이 하는 일을 좋아한다.
여섯, 우리는 함께 시간을 즐겁게 보낸다.
일곱, 우리는 서로의 차이를 잘 이해한다.
여덟, 우리는 편안하고 솔직하게 이야기를 나눈다.
아홉, 우리는 서로의 가장 깊은 욕구를 충족시킨다.
열, 우리는 성적으로 서로에게 책임을 진다.

데이트 관계의 형성과 유지

데이트 관계는 먼저 서로에게 매력을 느끼고, 사랑에 빠져 서로에게 몰입하면서 상대방에게 자신의 부정적인 면은 감추고 긍정적인 면만 보여 주려 하며, 상대방의 긍정적인 면만 보려고 한다. 사랑에 빠진 단계에서는 서로 다른 장소에 있고, 다른 일을 하고 있을 때도 생각은 사랑하는 사람에게 가 있다. 사랑하는 사람과 함께 있고 싶고, 이야기를 나누고 싶고, 보고 싶고, 그 사람에 대한 생각만 하고 싶어진다. 이 상태에서는 상대방을 이상화하면서 상대방에게 기쁨을 주기 위해 자신에게 소중한 것들도 모두 내 준다.

이 단계에서는 상대방도 자신을 진정으로 사랑해야 한다고 생각한다. 진정으로 나를 사랑한다면, 상대방은 당연히 나를 행복하게 해줄 것이고, 내 자신의 공허함과 외로움을 치유해 줄 것이며, 나를 웃게 만들며, 좋은 파트너가 해주는 것들을 내게 해줄 것이라고 기대한다.

상대방으로부터 이러한 기대가 충족되지 않거나 상대방이 자신의 욕구가 무엇인지조차 모를 때 실망하고 분노하면서 진정한 사랑이라고 믿었던 두 사람의 관계에 대해 의심을 품는다. 이 단계에서는 기대가 따르는 조건적인 사랑을 내세우게 된다. 즉, 이 상황을 극복하기 위해 사람들은 상대방을 변화시켜 자신의 욕구를 충족시키려 한다. "네가 나를 사랑한다면, 네가 나를 행복하게 해주려면, 내가 좋아하는 것을 너도 좋아한다면, 내가 믿는 것을 너도 믿는다면"등의 조건적인 사랑의 기대를 상대방에게 요구한다. 이 단계에서는 사랑을 위해 노력하는 자체가 자신이 원하는 것을 상대방에게 얻기 위해서이다. 조건적 사랑은 자기중심적이어서 상대방이 말하거나 행동하는 모든 것을 자신의 입장에서만 해석하고 의미를 부여한다. 또한 사랑하는 사람이 그대로 따라 주지 않을 때 매우 실망하면서 서로에게 생긴 거리감을 줄이려는 의도로 갈등과 다툼을 시작한다.

갈등과 다툼이 해결되지 않고 지속되면 "우리는 통하는 데가 없어. 우리는 더 이상 서로의 눈을 보고 이야기하지 않아. 몸은 같이 있어도 실제로는 따로 있는 느낌이야. 같은 방향을 바라보고 있지 않아" 등을 반추하면서 상대방과 자신의 차이점을 문제로 지각하기 시작한다. 이 상태에서는 서로의 차이점을 인정하고 받아들이기보다 상대방이 자신에게 맞출 것을 요구하면서 서로를 비난하고 공격하면서 관계를 손상시킨다.

그러나 처음의 낭만적인 열정은 사라졌어도 서로 간에 친밀감을 유지하면서 안정적인 애착의 관계로 진전시키는 커플도 있다. 이 커플들은 자신의 요구만이 아니라 상대방의 요구를 충족시키려 노력하고, 두 사람의 관계에서 자신이 줄 수 있는 것에 더 초점을 두며, 공통의 관심사와 활동을 발견해 가면서 우정을 나누고, 서로에게 베스트 프렌드가 되어 준다. 또한 서로의 차이점을 있는 그대로 받아들이면서 차이점으로 인해 서로에게 보완되는 존재가 된다고 생각한다.

이러한 커플들에게는 인간관계의 형성과 유지 요인인 안전감, 안정성, 진지함이 있다. 안전감security이란 자신과 상대방을 있는 그대로를 받아들일 수 있는 편안함을 말하는 것으로 사람들은 함께 있어 편안한 사람과 관계를 형성한다. 또한 사랑하는 사람과 함께 있을 때 세상이 안전해 보이고, 어려움이나 스트레스에 처할 때 안전하게 의지할 수 있는 정서적 안전기지가 된다.

안정성stability이란 시간이 경과해도 관계가 지속적으로 유지되는 것을 말하는 것으로, 관계에서 자신의 역할을 잘 수행할 때 또한 관계에서 헌신할 때 인간관계가 지속적으로 유지될 수 있다. 데이트를 통해 지속적인 관계를 유지하는 커플들은 두 사람의 관계를 유지하기 위해 자신의 역할이 무엇인지를 잘 인식하고, 자신의 역할을 헌신적으로 수행한다.

마지막으로 진지함sincerity은 관계를 맺는 사람들이 스스로에게 진실하고, 상대방에 대한 자기표현이나 자기개방도 진솔해야 함을 의미한다. 사람들은 자기표현을 통해 상대방이 자신에 대해 어떻게 생각했으면 하는지를 전달하고, 자기개방을 통해 자신이 누구인지를 드러낸다. 친밀한 관계에서는 사소한 것에서부터 중요한 것까지 지속적으로 의사소통을 하기 때문에 진정한 자신의 모습이 그대로 노출될 수밖에 없다. 그래서 자기표현과 자기개방을 솔직하고 자연스럽게 표출하는 것 자체가 상대방과의 관계에 진지함을 보여주는 방법이다. 이러한 진지함이 서로에게 진정한 자아를 발견하게 하고, 서로를 더 나은 사람a better person으로 성장하고 성숙하게 하는 원동력이 된다.

학자들은 데이트를 통해 평생을 함께할 배우자를 선택하기 위해서는 데이트 상대를 먼저 친구로 만든 다음 더 친밀한 관계로 발전시키는 것이 중요하다고 강조하고 있다. 자신의 베스트 프렌드를 택하여 아래 질문을 완성한 다음 데이트 상대에게도 적용해 보자.

① 기대 : 내가 그 친구에게 원하는 것이 무엇인가? 나와 성격은 물론 의견 차이를 보여 주어도 여전히 그 친구를 진정한 친구라고 생각하는가?

② 인내력 : 어떠한 상황이든 그 친구를 참아낼 수 있는가? 그 친구도 나를 참아낼 수 있는가? 내가 자신에게 갖는 기대 수준과 내 친구에게 갖는 기대 수준이 같은가? 나와 내 친구가 서로에게 지켜야 할 규칙이 같은가?

③ 유용성 : 친구를 위해 내 자신을 내 줄 수 있는가?

④ 정직성 : 그 친구와 있으면 진정한 내 자신의 모습을 보여 줄 수 있는가? 내가 느끼는 것을 진심으로 말할 수 있는가?

⑤ 개방성 : 유약한 내 감정을 그 친구와 나눌 수 있는가?

⑥ 의존성 : 그 친구에게 내 자신을 온전히 기댈 수 있는가?

⑦ 공감능력 : 갈등상황에서도 그 친구의 입장에서 생각할 수 있는가?

⑧ 관점 : 그 친구가 나를 좋아한다는 사실과 관계없이 내가 그 친구를 진심으로 좋아하는가? 그 친구에게 나는 덜 이기적이고 덜 자아중심적일 수 있는가?

이성교제와 관련된 문제점

오늘날 많은 사람들이 이성교제를 통해 얻고자 하는 기본적 목표, 즉 서로 어울리는 상대를 찾고, 그 사람과 안정된 관계를 발달시켜 성공적인 결혼생활을 하고자 하는 목표를 가로막는 몇 가지 문제에 직면하고 있다.

데이트 자체의 문제점

사람들은 데이트 자체에서 갈등과 문제점을 지니고 있다. 데이트를 하는 사람들이 문제점으로 지적한 것은 다음과 같다.

(1) 데이트 장소로 어디에 갈 것인지, 무엇을 할지를 모르는 문제

(2) 데이트 비용이 충분하지 않은 문제

(3) 자신이 말하고 싶은 것을 어떻게 말해야 될지 모르는 문제

(4) 무엇에 대해 대화를 나누어야 할지 모르는 문제

(5) 무엇을 입을지 어떻게 몸차림을 할지에 대한 걱정

(6) 성병이나 임신에 대한 두려움

(7) 서로의 성적 욕망에 대처하는 문제

(8) 성적인 면에서만 친밀감이 느껴지는 문제

이러한 문제점에 대해 일각에서는 "데이트를 하기 전에 운동, 독서, 요가, 좋아하는 노래 부르기 등 마음을 편안하게 하고 행복한 분위기를 조성할 수 있는 일을 하라", "발한 억제제탈취제, 양치질, 머리 빗기, 깨끗한 옷을 입는 것을 잊지 마라", "주제를 찾는 데 문제가 있는 경우 대화를 시작하기 위한 질문 목록을 만들어라", "애완동물에 대한 질문, 음악 취향, 최근에 읽은 좋은 책, 야외에서 가장 좋아하는 일, 데이트를 하면 꼭 하고 싶었던 것 등의 질문 목록을 만들어라", "신문의 1면도 읽어라"라고 조언을 한다(Erber & Erber, 2018).

데이트 초기에 호의적인 인상을 주는 가장 간단한 방법은 따뜻함, 정직함, 친절함, 재치, 유머 감각 등의 긍정적인 성격 특성을 표현하는 것이다. 그러나 관계가 진전됨에 따라 자신의 진정한 모습을 보여줄 수 있는 기회가 더 많아져 두 사람이 데이트 자체에서 오는 문제점을 솔직하게 의사소통하지 않으면 관계의 지속이 더 어려워진다. 예를 들어, 페이스북의 프로필 사진은 데이트 관계를 시작하는 데 중요한 역할을 하지만 그것만으로는 관계가 오래 지속되지 못한다는 것은 말할 나위도 없다.

데이트 폭력

데이트 폭력은 연인 간에 어떤 문제로 논쟁하다가 그들 중 한 사람이나 두 사람 모두가 신체적, 정서적, 성적인 폭력행동을 터뜨리면서 일어난다. 데이트 폭력은 서로에게 주먹으로 때리기, 밀기, 움켜잡기, 뺨 때리기, 발로 차기, 물기, 물건을 가지고 때리기, 물건 던지기 등의 직접적인 폭행 이외에 폭언, 통제, 위협의 형태로도 나타난다. 공격당하거나 살해당할 위협을 느낄 정도로 쫓아다니는 스토킹, 전화나 이메일을 추적하면서 계속 쫓아다니는 사이버 스토킹도 매우 위험한 데이트 폭력이다. 데이트 폭력을 방치하면 살인까지 불러일으킬 수 있어 폭력을 사전에 예방할 필요가 있다.

데이트 폭력의 전조 증상은 소유욕으로 인한 질투로 잠시라도 연락이 안 되거나 자기가 아닌 다른 사람들을 만나면 불같이 화를 내고, 일거수일투족을 감시하며, 자기가 원하는 옷차림이나 헤어스타일을 요구하면서 상대방이 자신의 소유물인 것처럼 군다. 또한 상대방의 외모나 성격을 비하하는 폭언을 많이 하고, 다른 사람과도 툭 하면 싸우고, 화를 자주 폭발적으로 내며, 심하게 화를 내다가도 바로 사과하는 등 감정의 기복이 심하고, 분노조절의 문제를 보인다. 분노조절의 문제는 통제와 고립, 극도의 질투, 비난, 과도한 민감성, 기분 변화, 언어적 학대, 신체폭력 등과 매우 관련이 높다. 관계보다는 소유에 집착하기 때문에 두 사람에 대해 진지한 대화를 나누려고 하면 피해 버리고, 헤어지자고 하면 화를 내거나 무시하면서 "죽어 버리겠다", "죽여 버리겠다"라고 위협한다. 분노와 충동적 폭력이 발생할 때 적절한 대처를 하지 못하면 데이트 살해까지 이어질 수 있다.

한 번 폭력이 일어나면 그러한 현상은 다시 반복되는 특성이 있다. 그러므로 폭력의 전조 증상이 보이면 그 관계에서 벗어나야 한다. 데이트 폭력은 형사처벌을 받는 범죄이기 때문에 외부의 도움이 필요할 때 도움을 요청할 수 있다. 폭력이 있음에도 불구하고 연인들의 관계가 지속되는데, 그 이유는 다음과 같다 (Schwartz & Scott, 2003).

- 어떤 사람은 그러한 폭력을 대수롭지 않게 여긴다.

- 어떤 사람은 폭력에 대해 특별한 대안이 없다.
- 어떤 사람은 그러한 폭력행위마저 사랑의 표현으로 생각한다.
- 어떤 사람은 친밀한 관계에서 가끔 일어나는 폭력행동은 합법적이며 정당하다고 여긴다.
- 어떤 사람은 폭력의 원인이 자신에게 있다고 생각한다.
- 어떤 사람은 부정적인 자아개념을 갖고 있어 혼자 사는 것보다 폭력을 당하면서라도 함께 사는 것이 더 낫다고 생각한다.

폭력의 사이클

폭력자들은 세 가지 과정을 거치면서 폭력을 되풀이한다. 첫 번째는 긴장고조 단계로 소유욕으로 인한 질투가 심하고, 버림받는 것에 대한 두려움이 많고, 무의식적으로 강한 의존의 욕구를 가진 폭력자가 비난으로 상대방을 투사하면서 긴장을 불러일으킨다. 모든 건 상대방의 잘못이고, 자신을 잘 대해 주면 이런 일이 일어나지 않았을 것이라며 비난으로 계속 투사하다가 분노와 격분이 증대되면 두 번째 심각한 폭력의 단계가 일어난다. 이 단계에서는 억제되었던 긴장과 분노가 사라지게 하기 위해서 공포스럽게 폭력을 행사한다. 긴장의 방출과 쾌감은 폭력에 중독되게 하여 되풀이된다. 폭력으로 긴장이 방출되고, 부정적인 감정을 내보낸 뒤에 세 번째 단계인 속죄의 단계에 돌입한다. 이 단계에서는 폭력이 일어난 것을 부정하고, 상대방에게 속죄하면서, 다시는 그러한 행동을 하지 않겠다고 약속한다. 빌고, 애원하고, 꽃이나 선물을 제공하고, 용서를 구하는 간청을 한다. 필사적으로 파트너가 없으면 살 수가 없는 것처럼 간청한다. 파트너의 양육욕구에 걸쇠를 걸면 폭력자의 속죄를 받아들이게 된다. 그러나 소외되고, 두렵고, 갈 곳이 없어 선택이 제한된 파트너는 폭력을 받아도 떠날 수가 없어 폭력의 사이클에 머물 수밖에 없다. 포드(Ford, 2001)는 폭력을 당한 여성들이 폭력자를 떠나지 못하는 이유는 낮은 자아존중감, 자기부양을 못하고, 살 곳이 없으며, 자녀를 부양할 수 없다고 느끼는 두려움, 사회기관의 부재 등이고, 떠나면 더 큰 폭력을 당할 것이라는 두려움 등이라고 하였다.

데이트 강간

신체적, 성서적 폭력이 복인되어 성적인 폭력으로 유도되기도 한다. 데이트 과정에서 행해지는 성폭력인 데이트 강간은 14세 이상의 남녀에게 일어나는 성적인 강간을 말한다. 자신이 데이트하는 여자에게 성관계를 강요하는 남자들은 자랄 때 학대받은 경험이 있는 것으로 보고되고 있다. 그러한 경험은 가까운 관계에서 폭력을 쓸 수 있다는 학습으로 이어져, 폭력이나 강간행위를 정당화하게 만든다. 데이트 중에 성적인 폭력 발생과 관련되는 요인은 다음과 같다(Schwartz & Scott, 2003).

- 잘못된 의사소통 : 성적인 의사소통에서 여성의 거부를 수용으로 받아들여 성적인 공격을 하게 되는 경우이다.
- 약물 오 · 남용 : 성적 폭력 사건이 음주 등 약물의 영향으로 행해진 경우가 많다. 성폭력을 포함하여 모든 폭력은 약물로 인한 자제력 상실로 일어나는 경우가 많다.
- 상황적 여건 : 성적인 행위가 허용되는 장소나 성 관련 내용의 비디오 시청 등 기회가 주어졌을 때 성적인 폭력이 발생할 가능성이 많다.

이러한 데이트 강간을 예방하기 위해서는 다음과 같은 태도가 필요하다.

- 주로 피해를 당하는 여성은 평소 성에 대한 모호한 태도를 지양하고 명확하게 자신의 의사를 표명하는 습관을 가져야 한다.
- 평소에 자신의 성에 대한 관점과 한계를 분명히 설정해서 상대에게 명확하게 의사전달이 되도록 한다.

- 어느 누구도 자신에게 원치 않는 성행위를 강요할 수 없다는 신념체계를 확고하게 갖는다.
- 데이트 시에는 위험한 상대나 장소를 가능한 피하고, 위험에 대비하여 미리 가능한 호신술을 익혀 둔다.

헤어짐 : 이성교제의 해소

대학생들이 파트너와 헤어지는 이유는 성격이나 가치관 차이, 싫증나서, 속이기 때문에, 믿을 수가 없어서, 새로운 사람을 만나서, 부모가 반대해서, 폭력, 알코올, 이전의 파트너에게 돌아가서 등이다. 파트너와 헤어지기 전에 먼저 고려해 보아야 할 점은 ① 관계를 개선시킬 여지가 있는가, 서로의 차이를 타협하거나 갈등을 해결할 수 있는지, 시간이 가면 좀 더 나아질 여지가 있는지 등을 체크한다. 학대나 폭력이 있는 경우에는 헤어짐을 미루지 말고 당장 헤어져야 한다. ② 상대방을 더 이상 사랑할 수가 없을 때, 상대방과의 관계에 더 이상 헌신할 수 없을 때, 차이를 좁혀 갈 수 없을 때는 이성교제를 해소하는 것이 더 낫다. 문제가 있는 관계에서 벗어나 잘 헤어져야 미래관계를 잘 맺을 수 있기 때문이다. 어떤 사람들은 사랑했던 관계를 잘 끝내고 좋은 친구관계로 만드는 사람도 있다.

두 사람의 관계에 문제가 있다는 것을 보이는 징후는 다음과 같다.

- 아무 일도 아닌 것으로 싸운다.
- 애정이 없어진다.
- 예전의 그 사람이 아닌 것처럼 느껴진다.
- 친구가 그 사람에 대해 부정적으로 말한 것이 맞았다는 생각이 든다.
- 부모나 주변 사람들이 그 사람에 대해 좋게 말할 때마다 내 마음속에는 다른 생각이 든다.
- 더 이상 신체적인 접촉을 하지 않는다.
- 데이트 약속을 자꾸 건너뛴다.
- 두 사람 사이에 침묵의 시간이 길어진다.
- 그 사람을 보면 마음속으로 자신이 싫어하는 사람이 떠오른다.
- 다른 사람들의 유혹이 느껴진다.
- 혼자 있고 싶어서 자꾸 변명한다.
- 휴가를 따로 간다.
- 장기적인 미래 계획이 없다.
- 전화를 잘 안 받고, 전화를 자주 안 해준다.

건강한 사랑의 관계를 만들기 위해서는 서로에게 정직해야 하고, 사랑을 가꾸기 위해 서로 노력해야 하며, 자기 자신과 상대에 대해 잘 알고 있어야 하고, 때로는 상대를 위해 자신을 희생할 줄도 알아야 한다. 그러나 아무리 노력해도 건강한 사랑의 관계를 이룰 수 없다면 과감하게 그 관계를 끊을 줄 알아야 건강한 사랑을 다시 찾을 수 있다.

사랑이 고통을 벗어나는 유일한 탈출구라고 생각하는 사랑중독자들은 버림받는 것에 대한 두려움과 자신이 아무것도 아니라는 무가치감으로부터 벗어나고자 잘못된 관계에 더 매달린다(Peabody, 2010). 이러한 사람들은 다른 사람의 욕구를 자신의 욕구라고 착각하기 때문에 다른 사람들을 돌봐주고 도와줌으로써 구원자 역할을 한다. 이러한 사람들은 문제가 있는 파트너를 도와주면서 자기가치감을 느끼지만 이것은 일시적인 거짓 위안일 뿐이고 고통을 더 가중시킨다.

사랑중독자에게 과잉 사랑을 받는 사람들은 그들의 사랑을 이용하고, 자신들은 사랑을 주지 않거나 자신도 모르는 사이에 그러한 관계에 공동 의존을 해 그 관계를 해체하기가 어렵다. 또한 사랑중독자들은 자신이 처해 있는 현실을 직면하기보다는 과거에 그 사람과의 관계가 얼마나 좋았는지, 상황이 바뀌고 나면 그 관계가 얼마나 좋아질지에 대한 환상에 빠져 잘못된 만남을 정리하는 데 어려움을 갖는다.

친밀감을 느끼고 반응하는 방식에 차이를 보여 주는 애착 유형도 이성교제의 헤어짐이나 지속에 관련이 있다. 애착 유형은 크게 안정형, 불안형, 회피형의 세 가지로 나뉘는데, 각각의 유형은 친밀감과 유대감에 대한 시각, 갈등을 극복하는 방식, 섹스에 대한 태도, 자신의 바람과 욕구를 표현하는 방식, 파트너와 관계에 대한 기대치 등에서 차이가 있어 건강한 사랑관계에 영향을 준다(Levin & Heller, 2010).

불안형은 파트너와 매우 가깝게 지내기를 원하며 친밀감에 대한 수용도가 매우 높아 파트너가 자신이 원하는 만큼 가까워지지 않을까 봐 두려워한다. 그래서 정신적 에너지의 상당량을 파트너와의 관계에 소모하고, 파트너의 기분과 행동이 조금만 변해도 아주 민감하고 심각하게 반응하면서 감정을 소모한다. 이 유형은 파트너가 안정시켜 주고, 안심시켜 주면 집착을 버리고 파트너와의 관계에 만족할 줄 안다.

안정형은 파트너와 따뜻하고 애정 넘치는 관계를 맺는 일이 별로 어렵지 않다. 이 유형은 자신의 욕구와 감정을 파트너에게 효과적으로 전달하며 파트너의 감정신호를 정확하게 인지하고 반응해 준다. 파트너와 친밀감은 물론 어려움도 함께 나눌 줄 알며 파트너가 필요로 할 때 곁에 있어 준다.

회피형은 자신의 독립적인 영역과 경계를 유지하는 일이 매우 중요하다. 이 유형의 사람들은 지나치게 친한 관계는 불편하게 느끼며 파트너와도 적당한 거리를 유지하기 원한다. 파트너에게 마음을 잘 터놓지 않기 때문에 파트너가 감정적 거리감을 느끼는 경우가 많고, 자신의 독립적인 경계를 침범 당하면 심한 경계심을 보이므로 회피형과 잘 지내기 위해서는 혼자 있는 시간과 공간을 존중해 주어야 한다.

헤어짐에 당면했을 때 불안형은 관계에 더 집착하면서 더 큰 스트레스, 고통, 불신, 불만족을 경험하면서 관계에서의 실패가 인생의 실패라고 여겨 좌절과 고통을 심하게 겪는다. 어떤 경우에는 한 번의 헤어짐에서 평생 벗어나지 못할 때도 있다. 회피형은 연인과의 관계에서도 친밀감과 긍정적 감정 수준이 낮아 헤어짐의 고통도 덜 느끼는 것처럼 보인다. 그러나 헤어짐의 상처를 숨기는 방식으로 사람에 대한 신뢰와 의존을 내면에서 몰아내 버린다.

안정형은 헤어짐의 아픔과 고통을 겪지만 그 헤어짐을 자신의 인생에서 가장 중요한 경험 중 하나로 여겨 더 성숙해지는 계기로 만든다. 즉, 안정형들은 헤어짐을 더 성숙하고 평등한 연인관계로 갈 수 있는 성장의 기회로 삼는다.

사랑할 때의 나는 어떠한가?

체크 요령 다음의 질문을 읽고 자신과 일치하는 문항에 체크하시오. 문장이 자신과 일치하는 경우에는 ○로, 일치하지 않는 경우에는 ×로 체크하시오.

질문	체크
1. 나는 내 파트너에게 더 이상 사랑받지 못할까 봐 두렵다.	
2. 나는 파트너에게 쉽게 애정을 표현한다.	
3. 파트너가 내 본 모습을 알게 되면 나를 좋아하지 않을까 봐 두렵다.	
4. 나는 이별 후 회복이 빠르다. 누구든 쉽게 잊을 수 있는 자신이 신기하다.	
5. 내 파트너가 없으면 불안하고 불완전한 사람처럼 느낀다.	
6. 기분이 저조한 내 파트너를 격려하는 일은 힘들다.	
7. 떨어져 있는 동안 내 파트너가 다른 사람에게 관심이 생길까 봐 두렵다.	
8. 나는 파트너에게 의지하는 것이 편하다.	
9. 내게는 파트너와의 관계보다 독립성이 더 중요하다.	
10. 깊은 속내까지 내 파트너에게 털어 놓기는 싫다.	
11. 파트너에게 내 감정을 드러냈을 때 파트너가 나와 같은 감정이 아닐까 봐 두렵다.	
12. 나는 파트너와의 관계에 대체로 만족한다.	
13. 나는 파트너의 관계에 특별한 연출이 필요하다고 생각하지 않는다.	
14. 나는 우리 관계에 대해 생각을 많이 한다.	
15. 나는 내 파트너에게 의지하는 것이 불편하다.	
16. 나는 내 파트너에게 금방 애착을 갖는 편이다.	
17. 나는 별 어려움이 없이 나의 욕구나 욕망을 파트너에게 표현할 수 있다.	
18. 가끔 이유없이 파트너에게 화나 짜증이 날 때가 있다.	
19. 나는 파트너의 기분에 매우 민감하다.	
20. 나는 대부분의 사람들이 정직하고 신뢰할 만하다고 생각한다.	
21. 늘 같은 사람과 하는 섹스보다는 낯선 사람과의 가벼운 섹스가 더 편하고 좋다.	
22. 나는 얼마든지 내 개인적인 생각을 파트너와 공유할 수 있다.	
23. 지금의 파트너와 헤어지면 다른 사람을 만나지 못할까 봐 걱정된다.	

질문	체크
24. 파트너와 너무 친밀해지면 불안하다.	
25. 파트너와 싸울 때 나는 논리보다 감정에 치우쳐 나중에 후회할 말이나 행동을 하는 편이다.	
26. 나는 싸웠다고 해서 내 파트너와의 관계에 회의를 품지는 않는다.	
27. 부모님은 종종 나에게 불편할 정도의 친밀감을 기대하신다.	
28. 파트너에게 내 매력이 부족할까 봐 걱정이다.	
29. 내 생활에는 극적인 사건이나 변화가 거의 없어 나는 지루한 사람처럼 보이기도 한다.	
30. 떨어져 있을 때는 내 파트너가 보고 싶지만 함께 있을 때는 벗어나고 싶다.	
31. 나는 파트너와 의견이 다를 때도 편하게 이야기 할 수 있다.	
32. 나는 누군가가 내게 의지하고 있다는 느낌이 너무 싫다.	
33. 나는 좋아하는 사람이 다른 사람에게 관심을 보여도 당황하지 않는다. 질투가 생겨도 잠깐뿐이다.	
34. 나는 좋아하는 사람이 다른 사람에게 관심을 보이면 오히려 안심이 된다. 나에게 자기 말고 다른 사람을 만나지 말라고 하지 않을 것이기 때문이다.	
35. 나는 좋아하는 사람이 다른 사람에게 관심을 보이면 우울해진다.	
36. 파트너가 차가운 태도로 나를 멀리하기 시작하면 왜 그러는지 궁금해지지만 나 때문은 아닐 것이라고 생각한다.	
37. 파트너가 차가운 태도로 나를 멀리하기 시작해도 상관없다. 오히려 다행이다 싶다.	
38. 파트너가 차가운 태도로 나를 멀리하기 시작하면 내 잘못 때문일까 봐 걱정된다.	
39. 파트너가 나와 헤어지려고 하면 나는 최선을 다해 그가 놓치게 될 것을 상기시켜 줄 것이다(질투심을 약간 유발하는 것도 괜찮다).	
40. 몇 달 동안 사귀었던 사람이 그만 만나자고 하면 처음에는 상처 받겠지만 곧 괜찮아질 것이다.	
41. 연인 관계에서 원했던 것을 얻고 나면 더 이상 원했던 것이 무엇인지도 모르겠다.	
42. 옛 연인과 계속 연락을 주고받아도 불편하지 않다. 아직도 우리 사이에 공통점이 많다.	

채점 결과

1. ○로 체크한 문항을 다음 번호로 합하여 자신의 애착 유형을 점검해 보자.
   - A형 : 1, 3, 5, 7, 11, 14, 16, 19, 23, 25, 28, 35, 38, 39
   - B형 : 2, 8, 12, 13, 17, 20, 22, 26, 29, 31, 33, 36, 40, 42
   - C형 : 4, 6, 9, 10, 15, 18, 21, 24, 27, 30, 32, 34, 37, 41
2. A형의 점수가 높으면 불안형, B형의 점수가 높으면 안정형, C형의 점수가 높으면 회피형

출처 : Levin, A., & Heller, R.(2010).

파트너와 헤어질 때

데이트 상대와 헤어지는 시점에서 사람들은 ① 그 사람에 대해 아는 것이 별로 없다는 생각이 들고, ② 자신에게 그 사람이 왜 필요한지도 잘 알지 못한다고 느낀다. 어떤 사람들은 새로운 관계를 맺을 수 있는 기회가 왔을 때 헤어지고 싶어 하고, 어떤 사람들은 상대방으로부터 헤어짐을 당한다. 어떤 경우이든 헤어짐으로 인한 상실은 고통을 수반하지만 좋은 이별은 또 다른 만남의 기회를 주기 때문에 잘 극복해 내야 한다.

녹스와 샤흐트(Knox & Schacht, 2002)는 파트너와 헤어질 때와 상대방 쪽에서 관계를 정리하고 싶을 때 다음과 같은 지침 사항을 제시하였다.

자신이 관계를 정리하고 싶을 때

(1) 관계를 끝내는 것이 자신이 원하는 것인지에 대해 결정할 것

(2) 상대방이 상처받을 것임을 인정하고 받아들일 것

(3) 명확한 이유로 인해 관계를 지속하지 않기로 했음을 분명히 이야기할 것

(4) 관계를 영원히 끊을 것

(5) 새로운 관계를 시작할 것, 파트너에게도 새로운 관계를 권할 것

상대방 쪽에서 관계를 정리하고 싶어 할 때

(1) 고통은 일시적이라는 것을 인지할 것. 고통을 감싸는 방법을 통하여 새로운 관계에 대한 가능성을 가질 수 있음

(2) 파트너의 부정적인 점에 집중할 것

(3) 그 사람을 생각나게 하는 기념물과 인연을 끊을 것

(4) 여행이나 새로운 시작을 향해 떠날 것

(5) 새로운 관계를 시작할 것

녹스와 샤흐트(Knox & Schacht, 2002)에 의하면 여성들이 남성들보다 데이트 상대와 헤어지기를 더 원하는 반면, 헤어진 후 상처는 남성들이 더 많이 받고, 상처의 회복도 여성들보다 더 많은 시간이 걸린다고 한다. 이성관계를 해체한 후 가장 도움이 되는 요인으로는 시간과 새로운 파트너를 만나는 것으로 알려져 있다. 남성들은 헤어짐의 고통을 극복하는 데 새로운 파트너가 생겼을 때 도움이 되었고, 여성들은 시간이 도움이 되었다고 한다.

떨어져 있는 커플들은?

물리적 거리는 확실히 서로의 요구를 충족시키는 데 어려움이 있지만, 떨어져 있는 커플들은 자주 서로를 방문하고, 자주 전화나 인터넷을 통해 의사소통을 하면서 신체적 분리를 대처한다. 장거리 커플이 중간에 이별을 경험할 때 대면 접촉을 통해 문제를 해결하는 경우에는 재결합할 가능성이 높았지만, 우편, 전화, 인터넷 통신은 재결합의 가능성을 낮추어 관계에서는 대면 접촉을 대신할 것이 없다는 결론을 내렸다(Stafford & Merrolla, 2007).

멀리 떨어져 있는 커플들은 ① 가능한 서로를 자주 방문하고, ② 가능한 매일 접촉을 해야 하고(전화나 인터넷을 통한 의사소통으로), ③ 떨어져 있는 시간에 가치있는 활동(공부, 일, 친구, 운동, 프로젝트)을 하고, ④ 대면하지 않고 전화나 인터넷으로 갈등의 소지가 있는 대화를 피하며, ⑤ 서로에게 현실적인 도움을 주도록 노력하고, ⑥ 다른 사람과 사귀지 말아야 관계를 지속할 수 있다.

CHAPTER

8 배우자 선택

"결혼의 역사는 크게 실용의 시대, 사랑의 시대, 자아표현의 시대로 나뉜다. 실용의 시대는 배우자에게 생존욕구를 충족시키는 결혼의 실용적인 측면을 강조하였고, 사랑의 시대에는 부부간의 사랑과 친밀의 욕구충족을 돕는 사랑에 기반한 결혼을 중요하게 여겼다. 현 시대에는 부부가 서로의 진정성과 자기발전의 욕구충족을 돕는 자아표현의 결혼을 강조한다. 자아표현 시대의 결혼을 미켈란젤로식 결혼이라고도 한다. 미켈란젤로는 조각을 창조하는 관점이 아니라 대리석 안에 잠재되어 있는 아름다운 형태를 드러내는 관점에서 보았다. 이 관점에서의 결혼은 상대방의 진정한 자아를 이끌어내는 조각의 과정으로 본다. 그래서 '난 더 나은 사람이 되었어. 당신이 날 그렇게 만들었지'라고 자신의 성장을 표현한다."

사람들이 결혼생활을 통해 배운 교훈은 절대 다른 사람을 변화시킬 수 없다는 것, 바꿀 수 있는 건 오직 자신뿐이라는 것이다. 그러므로 배우자를 선택할 때 가장 중요한 원칙은 상대방의 부정적인 특성이나 사는 방식이 마음에 자꾸 걸리면 결혼은 꿈도 꾸지 말아야 한다는 것이다. 또한 상대방이 변했으면 하는 부분이 있다면 그 사람은 바뀌지 않으니까 결혼 전에 그 사람의 그 부분을 평생 참아 낼 수 있는지에 대해 숙고해야 한다.

더구나 현 시대의 결혼은 상대방을 참아내는 것이 아니라 끝도 없이 풍요롭고, 복잡하고, 흥미진진한 자아를 모색하는 자아표현의 결혼이라서 삶을 공유하면서 자아를 성장시키고, 자아실현을 할 수 있는 배우자 선택이 더 중요하다. 또한 평균수명이 연장됨에 따라 그 어느 시대보다 배우자와 살아가는 기간이 길어져 변화하기 어려운 상대방의 부정적인 특성이나 사는 방식으로 갈등을 하게 되면, 갈등의 부정적인 영향을 너무 많이 받게 된다.

부부가 함께한다(togetherness)는 것은 서로를 배려하고, 삶을 공유하며, 두 사람의 관계에 긍정적이든 부정적이든 영향을 주는 것들에 대해 서로 터놓고 이야기할 수 있음을 의미한다. 처음 만났을 때 서로에게 끌리던 설렘과 온통 마음을 사로잡던 성적 욕망이 사랑이었다면, 그 다음 사랑은 공유할 수 있는 관심사나 활동을 같이 하면서 둘이 평생을 함께할 수 있는 반려자가 되는 데로 옮겨져야 한다.

반려자가 된다는 것은 두 사람이 일상생활을 공유하면서 ① 친밀감의 욕구(파트너에게 생각을 공유하고, 감정을 개방하는 것), ② 동반자로서의 욕구(함께 시간을 보내고 활동에 참여하는 것), ③ 성적 욕구(손을 잡는 것부터 성교에 이르기까지 모든 범위의 신체 활동), ④ 안전 욕구(관계의 지속성을 말하는 것으로 삶을 더 안전하게 만들기 위해 관계에 의존할 수 있는 정도), ⑤ 감정적 욕구(파트너의 기분과 감정이 겹치고 한 파트너의 감정이 다른 파트너의 감정적 경험에 영향을 미치는 정도)를 충족하면서 삶을 살아가는 것을 말한다.

배우자 선택 유형

배우자를 선택하는 방법은 다양하다. 가장 보편적인 유형으로는 중매혼, 자유혼, 중매와 자유혼을 혼합한 절충혼을 들 수 있다.

중매혼

중매혼은 배우자 선택의 권리가 결혼하려는 당사자에게 있지 않고 부모에게 있으며, 당사자의 의견이나 조건보다는 가문이나 사회경제적 지위를 중요시하며, 결혼과정에서 중매인이 중요한 역할을 하는 결혼 유형이다. 중매혼에서는 결혼하는 두 사람의 결혼에 대한 적응보다는 가족이나 가문에 잘 융합될 수 있느냐를 중요하게 여긴다.

자유혼

자유혼은 결혼 상대자를 결혼하는 당사자가 자유롭게 선택하고 결정하는 유형이다. 부모의 간섭이나 승인을 요하지 않는 자유결정형이다. 이 유형의 경우 처음부터 결혼을 목적으로 만난 것이 아니라 친구집단, 학교, 직장, 사회단체, 종교단체에서 함께 생활하다가 사랑하게 되어 결혼을 하는 경우가 많다. 그러므로 배우자를 선택하는 기준도 서로 사랑하고 서로에게 만족할 수 있느냐에 더 중점을 둔다.

절충혼

절충혼은 자유 선택과 중매 선택의 중간 형태이다. 이는 혼자만의 판단보다는 주위 사람들의 권유를 받아들여 결혼에 안전을 기하는 방법이지만 배우자 선택의 권한이 부모로부터 점차 당사자에게 주어져 가는 형태이다. 절충혼에는 당사자가 자유로운 교제를 통해 상대자를 선택한 후에 부모에게 소개하여 동의를 얻는 유형과 부모가 상대자를 선택하여 자녀의 동의를 얻는 방법이 있다.

배우자 선택 이론

한 개인이 배우자를 선택하는 데 있어서 어떤 과정을 거쳐 어떤 기준으로 어떤 사람을 선택해서 결혼하느냐 하는 것은 복잡하고 어려운 과정이다. 특히, 오늘날에는 어느 사회에서든 자신이 선택한 결혼이 많음에도 불구하고 부부간의 갈등이 표면화되어 있고, 별거나 이혼하는 부부가 늘고 있어 배우자 선택과정에 대한 중요성이 더 부각된다. 배우자 선택과정에서 결혼생활을 함께할 수 있는 조건들을 충분히 고려하지 않으면 서로가 불행해질 가능성이 높기 때문이다.

배우자 선택에 대한 학자들의 이론은 다음과 같다.

교환 이론

교환 이론은 '최소의 비용으로 최대의 효과를 얻는다'는 고전적인 경제학의 행위원리를 배우자 선택 상황에 적용시킨 것이다. 결혼할 당사자들은 모든 가능한 후보자 중에서 본인에게 가장 많은 보상을 줄 수 있는 사람을 배우자로 선택한다는 것이다. 이때 보상에 대한 가치 평가는 시대나 문화적 배경에 따라 차이가 있다. 교환은 주로 매력의 요소와 개인이 가치 있게 여기는 것에 대한 보상을 중심으로 이루어진다. 대체로 경제적 조건, 사회적 지위, 신체적 매력, 유사성, 사랑, 성, 직업, 학벌, 가문 등이 교환된다.

공평 이론

공평 이론은 교환 이론의 변형으로, 여기에서 공평이라는 말은 공정성을 의미한다. 공평 이론은 이익이 되는 교환보다는 공정한 거래에 더 매력을 느낀다는 특징이 있다. 즉, 인간관계도 준만큼 받는 것이 공평하다고 생각하는 낭만적 관계에서는 사랑, 성, 지위, 돈, 서비스, 물건, 정보의 자원을 주고 받는 것이 공평할 때 공평성을 느낀다고 한다(Sprecher, 2001). 배우자 선택에 있어서 공정성의 판단에는 상대방의 가치를 어느 정도 인정하는가의 심리적 요인이 개입된다. 이러한 판단기준이 서로 유사할 때 두 사람은 서로를 배우자로 선택하게 된다.

동질성 이론

일반적으로 사람들은 자신과 비슷한 태도나 조건을 가진 사람이나 자신의 배경과 비슷한 사람에게 매력을 느끼는 경향이 있다. 배우자 선택에 있어서도 사람들은 연령이나 교육 수준, 지능 등이 비슷한 사람끼리 서로를 선택하는 경향이 있으며, 그 밖에 사회적인 지위나 종교, 인종, 흥미, 태도, 가치관 등이 비슷한 사람끼리 결혼한다.

보완욕구 이론

빈치(Winch, 1955)는 '사람들은 두 사람 사이에 서로를 보완해 줄 수 있는 요인이 있을 때 매력을 느낀다'는 보완욕구 이론을 제시하였다. 보완에는 어떤 분야에 높은 욕구를 가지고 있는 사람이 그렇지 않은 사람에게 매력을 느낀다는 것과 충족하려는 욕구 분야가 서로 다를 때 매력을 느낀다는 두 유형이 있다.

여과망 이론(Udry, 1971)

근접성의 여과망

모든 가능한 데이트 대상자 가운데 시간적으로나 공간적으로 쉽게 만날 수 있는 사람들로 그 대상이 제한된다. 그러나 최근에는 인터넷과 통신의 발달로 화상 채팅이나 이메일 등을 통하여 지리적 여건에 상관없이 원거리에서도 간접적으로 만남의 기회를 가질 수 있게 되었다.

매력의 여과망

자신과 가까이 있는 사람들 가운데 서로 간에 매력을 느끼며 호감을 갖는 사람들로 대상이 좁혀진다. 이때 매력을 느끼게 하는 요인은 개인차가 있으나 보편적으로 상대방의 인성, 외모, 능력 등이다. 매력적인 성격 특성으로는 친절, 배려, 이해심, 솔직함이 중요하게 거론된다.

사회적 배경의 여과망

유사한 배경을 가진 대상으로 배우자 선택의 범위가 더욱 축소된다. 즉, 인종, 연령, 종교, 사회계층, 직업, 교육 수준 등이 비슷한 대상으로 한 번 더 걸러지는 것이다. 서로 간의 유사성은 서로를 알고 절충해 나가는 과정을 단축시켜 더 편안함을 느끼게 하고, 익숙함으로 대화를 더 많이 하게 되어 친밀감 형성이 잘 이루어지는 것으로 나타났다.

상호 의견일치의 여과망

사회적 배경의 여과망을 통과하면, 인생관이나 결혼관 등과 같은 중요한 문제에 대해 일치되는 가치관, 견해, 태도를 지닌 대상자만 남게 된다. 태도와 가치가 유사한 두 사람은 배우자로 선택될 가능성이 더 높으며 결혼 후에도 적응이 용이하고 더 조화롭게 살 가능성이 높다. 왜냐하면 일상적인 생각, 태도, 가치를 공유하는 사람들은 서로 적응해 나가는 데 스트레스와 마찰이 적기 때문이다.

상호 보완성의 여과망

상호 간의 욕구와 필요를 충족시켜 줄 수 있고 어느 한 편의 단점을 다른 한 편에서 보완해 줄 수 있는 대상자로 선택이 좁혀진다. 서로 조화롭게 살 수 있는 상호보완성은 성격, 역할, 기질, 요구, 습관체계 등에 있어서 조화를 이룰 수 있는 능력을 말한다.

결혼준비상태의 여과망

결혼에 대한 준비군복무 완료, 졸업, 취업 등가 되어 있는 상대를 재차 대조해 가며 평가하게 된다. 평가과정에서 긍정적인 평가가 이루어지면 상호 간에 헌신적이고 지속적인 관계로 나아가게 된다. 이러한 과정의 실질적인 결과는 배우자로 선택하는 것이며, 그 다음 과정은 결혼이 된다.

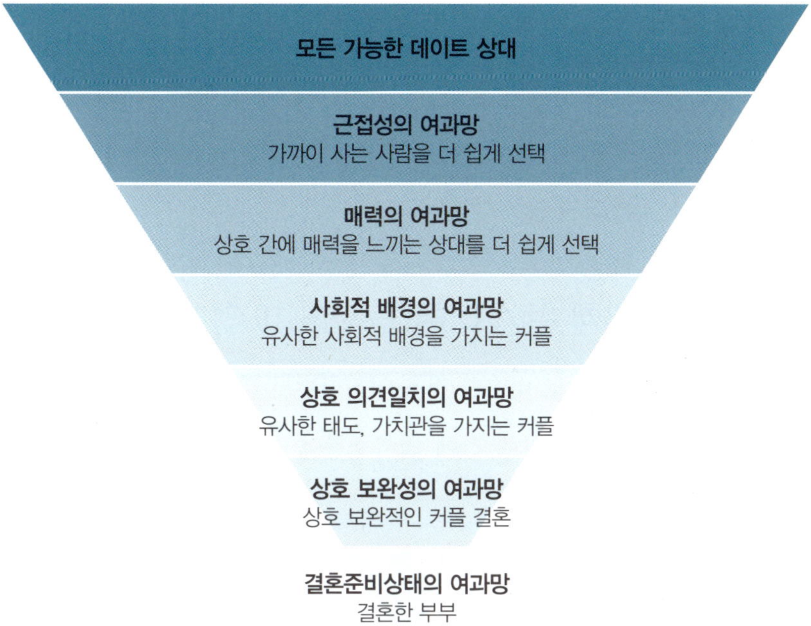

여과과정

자극-가치-역할 이론(Murstein, 1970)

자극단계

처음 만남의 단계로 외모나 사회적 기술, 명성 그리고 지적 능력 등이 기초가 되어 서로에게 매력을 느끼면서 만남이 시작된다.

가치 비교단계

인생의 목표, 결혼관, 성역할 태도 등 주요 영역에 대한 가치관이 상호 유사하다는 것을 느끼게 되면서 관계는 더욱 발전되어 다음 단계로 진전된다.

역할 조화의 단계

두 사람이 부부로서 수행해야 할 여러 가지 역할에 얼마나 적합한지 측정하여 배우자를 선택하는 것이다. 상호 역할 기대가 일치하면 결혼하게 되고, 그렇지 않으면 그 관계가 지속되지 않는다.

결혼 전 배우자 관계 형성 이론(Lewis, 1973)

(1) 1단계유사성 인식 단계 : 서로 비슷한 점을 인식할수록 관계가 더욱 발전할 수 있다.

(2) 2단계친화력을 이루는 단계 : 서로 간에 의사소통을 하여 친밀감이 형성되어야 둘 사이의 관계가 지속된다.

(3) 3단계자기노출 단계 : 자신의 개인적인 부분을 보여 줄 수 있어야 선택이 지속된다. 이는 상호적인 것이어서 한쪽에서 노출하는 만큼 상대방도 노출하게 된다.

(4) 4단계역할 취득 단계 : 자기노출이 일어나면 상호 간의 역할에 대한 명확한 개념 파악이 가능하게 된다. 정확하게 스스로의 역할이 무엇인지를 알게 되고 상대의 역할에 대한 공감이 이루어질 때 두 사람의 관계가 발전될 수 있다.

(5) 5단계역할 적합화 단계 : 두 사람의 유사성과 차이를 알고 함께 살아갈 수 있는 가능성을 파악하면서 역할분담에 대한 의견일치에 따라 역할을 적합하게 조화시켜 나갈 때 관계가 지속될 수 있다.

(6) 6단계배우자 관계 결정화 단계 : 두 사람이 한 쌍으로서의 정체감을 발달시키고, 모든 가능한 후보자들을 다 배제하고 배우자 관계로 발전하게 되며, '우리'라는 개념을 발달시켜 나가는 단계이다.

배우자 선택 시 고려사항과 조화도

배우자 선택 기준

유영주(1984)는 배우자 선택 기준을 다음과 같이 제시하였다.

배우자는 본인이 원하는 사람이어야 한다.

결혼생활은 감정 교환의 연속이다. 따라서 상호 간에 감정적으로 원하고 호감이 가야하며, 서로 간에 감정 교환이 가능해야 한다.

배우자는 본인이 필요로 하는 사람이어야 한다.

배우자를 통해서 경제적으로나 감정적으로 안정감을 가질 수 있어야 하며, 원하는 생활수준을 유지할 수 있어야 한다.

배우자는 현실적으로 선택이 가능한 지위에 있어야 한다.

서로 간에 환경의 차이가 많이 나거나 상대가 너무 먼 거리에 거주하고 있어서 상호작용에 현실성이 없는 사람은 선택하지 않는 것이 현명하다.

또한 스티넷 등(Stinett, Walters, & Kaye, 1984)은 배우자 선택에서 고려해야 할 점이 자신과 상대방의 자아존중감이라고 하였다. 두 사람이 사랑에 빠져 있을 때는 사랑의 감정으로 부정적인 감정이나 특성도 사라지는 것처럼 여겨지기 때문에 상대방이 항상 정서적 공허감을 충족시켜 주고, 부족한 자아존중감을 보상해 주리라 기대한다. 그러나 낭만적 사랑이 사라지면 곧 실망하게 되면서 상대방을 비난하고, 상대방이 자신의 자존심을 상하게 했다고 비난하기 시작한다. 그러나 자존감은 행복이나 만족감처럼 자신의 내면에서 오는 것이기 때문에 자신이 책임져야 한다. 그러므로 다음과 같은 사항을 충분히 고려해야 할 필요가 있다.

(1) 자신에 대해 알아야 한다.

(2) 결혼 상대자를 알아야 한다.

(3) 두 사람의 관계가 타인에게 어떤 영향을 미칠 수 있는지를 고려해야 한다.

(4) 상호 간의 일치성을 고려해야 한다.

(5) 사랑의 감정이 있어야 한다.

(6) 결혼의 안정성에 영향을 미치는 여러 요인들을 고려해야 한다.

행복한 결혼생활을 영위하기 위한 여덟 가지 조건(Terman, 1938)

(1) 부모의 결혼생활이 행복한 경우

(2) 어린 시절이 행복한 경우

(3) 부모와 심각한 갈등이 없는 경우

(4) 어린 시절 가정교육을 잘 받은 경우

(5) 부모와 안정애착을 형성한 경우

(6) 부모가 성에 대해 솔직한 태도를 보여 준 경우

(7) 어린 시절에 가혹한 체벌이나 학대를 받지 않은 경우

(8) 결혼 전에 건전한 이성교제를 하여 사랑과 성에 대해 혐오감을 갖지 않은 경우

워렌(Warren)의 배우자 선택 시에 고려할 점

1. 배우자 선택에서 가장 흔히 저지르기 쉬운 다음과 같은 일곱 가지 잘못들을 제거한다.
   ① 결혼 결정을 너무 빨리 한다.
   ② 너무 이른 나이에 결혼 결정을 한다.
   ③ 한쪽 혹은 양쪽 모두 너무 열렬히 결혼하고 싶어 한다.
   ④ 한쪽 혹은 양쪽 모두 자신이 아닌 상대방의 행복을 위해 배우자를 고른다.
   ⑤ 두 사람이 함께한 경험의 토대가 너무 약하다.
   ⑥ 두 사람이 결혼에 대한 비현실적인 기대를 갖고 있다.
   ⑦ 한쪽 혹은 양쪽 모두 중요한 성격적 혹은 행동적 문제를 지니고 있는데, 이를 간과하고 있다.
2. 자신이 이성적으로 생각하는 배우자 상을 분명히 한다.
3. 자신을 아주 좋아하는 사람을 찾는 것이 바람직하다.
4. 결혼 전에 건강한 사람이 되도록 노력한다.
   ① 분노를 효과적으로 다루기
   ② 자아도취에서 벗어나기
   ③ 조울증과 같은 문제의 증세들을 다스리기
   ④ 중독적인 심리상태를 다루기
   ⑤ 부모와의 관계에서 오는 문제들을 처리하기

5. 자신의 마음속 깊은 곳에서 사랑을 느끼는 사람을 찾아내고 그것을 조심스럽게 표현하도록 한다. 열정적인 사랑은 강한 신체적 매력을 포함하기 때문에, 그로 인해 육체적 접촉욕구가 생길 수 있다. 이때 신체적 매력은 결정적으로 중요하지만, 그것은 관계의 다른 부분들과 함께 조화를 이루면서 발전할 필요성이 있음을 간과해서는 안 된다.
6. 결혼을 결정하기 전에 열정적 사랑이 무르익도록 하라. 열정적 사랑은 관계를 발전시키는 데 있어 결정적인 역할을 한다. 관계가 어느 정도 안정적인 수준에 이르고 사랑이 무르익게 되면, 상대방에 대한 신뢰감이나 우애의 감정이 중요하게 작용하게 된다. 우애적 사랑은 동반자적 감정으로 관계의 지속에 기여하게 된다.
   - 우애적 사랑의 특성
     - 파트너의 행복을 위해 이타적으로 헌신
     - 파트너가 즐기는 것을 자기도 즐기고자 함
     - 그들 관계에서 세 가지 공간(자신을 위한 공간, 상대방을 위한 공간, 두 사람을 위한 공간)을 개발할 가치를 인식함
     - 파트너와 자신의 진정한 자아를 공유할 자유를 제공함
     - 신뢰를 요구함
     - 꿈과 그것에 도달하는 계획을 공유함
7. 친밀성의 예술에 숙달되도록 한다. 친밀감은 주로 시간이 많을 때, 일상적인 일에서 벗어나 있을 때, 한쪽이 위기나 고통을 당하고 있을 때, 두 사람이 규칙적으로 만나서 내적으로 들여다볼 수 있을 때 생겨나기 쉽다. 이런 경우들을 잘 활용하여 파트너 간에 친밀감을 키우는 것이 중요하다.
8. 사랑의 짐으로부터 기인하는 갈등을 처리하는 방법을 배우도록 한다.
9. 평생에 걸친 관계를 순수히 서약할 수 있을 때까지는 관계가 진행되는 것을 거절하는 것이 좋다.
10. 가족과 친구들의 충분한 지원을 받으면서 자신들의 결혼을 누리도록 하는 것이 좋다.

출처 : 정현숙 외(1999).

배우자와의 조화도

결혼생활은 두 사람이 서로 간에 잘 지낼 수 있는 조화가 필요한데, 두 사람이 조화를 이루어야 할 영역은 다음과 같다(김정옥 외, 2009).

여가활동의 조화

결혼하려는 이유 중 하나는 배우자와 함께 즐거운 시간을 지속하기를 원하는 것일 수 있다. 여가활동의 조화란 오락적인 흥미, 문화적인 활동에 참여하는 것, 스포츠 관람, 스포츠 활동에의 참여 등에 있어서 서로가 흥미를 느끼는 정도에 대한 조화를 말한다. 이러한 여가활동의 조화는 서로의 관계에 있어서 매우 중요하게 작용한다.

요구의 조화

서로 필요로 하는 정도의 조화성이 고려되어야 한다. 요구의 정도에 대한 예를 들어보면 서로 사랑하지만, 늘 붙어 있기를 원하는 경우와 어느 정도 개인의 공간과 시간을 원하는 경우로 나누어 볼 수 있다.

성적 조화

성적인 조화는 서로 만족하는 성적인 관계를 말하는 것으로 성교의 빈도와 서로 즐기고 허용하는 것의 조화를 의미한다.

직업과 가족목표의 조화

부부가 맞벌이 결혼생활이나 자녀의 수에 대한 동의와 같은 사항들에 대해 어느 정도 조화를 이룰 수 있는지에 관한 것이 해당된다. 서로의 불일치는 다른 목적지의 티켓을 가지고 버스 승강장에 있는 느낌을 줄 수 있다.

역할의 조화

가정 내의 역할에 있어서 조화를 말하는 것이다. 즉, '누가 무엇을 할 것인가?'에 대한 것이다. 예를 들면, 각종 세금 고지서 지불, 요리, 설거지, 세탁, 마루 닦기, 진공청소기로 밀기, 욕실 청소 등은 누가 할 것인가? 아이가 생기면 몇 살에 어린이집에 보낼 것인가? 유아기 아기를 누가 돌볼 것인가? 아이가 아플 때 누가 직장 일을 접고 집에 머무는가? 누가 아이들을 피아노, 발레, 체육관, 학원으로 데려다 주는가? 등에 대한 역할의 조화를 들 수 있다.

가치의 조화

가치에는 종교적 가치, 생활방식의 가치, 정치적 가치, 자아실현의 가치 등이 있는데, 이들에 대해 어느 정도 조화를 이루는가에 관한 것이다. 가치에 대해 좀 더 구체적으로 살펴보면 아래와 같다.

(1) 종교적 가치 : 종교적 헌신, 종교적 믿음, 종교적 활동 등을 말한다.

(2) 생활방식의 가치 : 성적 취향과 경제적 라이프 스타일을 고려하는 것을 말하며, 이는 자신이 성장해 온 사회계층이 좋은 지표가 될 수 있다.

(3) 정치적 가치 : 여성운동, 낙태 법률 제정, 핵무장, 동성애자들의 권리 등과 같은 정치적 관심거리에 대한 생각, 재정적 지원, 조직화된 노력에 대한 부부의 유사성이나 차이점이 있을 수 있다.

(4) 자아실현의 가치 : 자신들의 잠재성을 실현하는 것에 대한 가치이다. 예를 들

면, 서로의 꿈이나 인생의 목표를 어느 정도 공유할 것인가? 또는 명상법, 요가, 내적인 평온함을 구하는 것과 같은 경험을 접하는 것이 어느 정도 중요하며, 또한 어느 정도 공유하는가에 관한 것이다.

양질의 의사소통

배우자와의 조화도에 있어서 서로 간의 원활한 의사소통에 대한 것이 고려되어야 할 것이다. 각자 생각하는 것, 느끼는 것, 경험하는 것에 대해 서로 이야기를 나눌 때 서로의 차이점을 어떻게 받아들일 것인지의 융통성이 필요하다.

신체리듬의 조화

아침에 일찍 일어나는 경향morning people성 또는 저녁에 늦게 자는 경향night people성의 조화도 필요하다. 연구에 의하면 신체리듬이 다른 부부들은 진지한 대화를 더 적게 하고, 함께하는 활동시간이 더 적으며, 성관계를 덜 가지며, 부부간의 적응이 부족하고, 갈등이 많다고 한다.

결혼을 결정하기 전에 서로에게 질문해 보아야 할 질문내용

1. 함께할 미래에 대한 질문들

- 결혼하기 전에 미리 살아보는 건 어떨까?
- 나는 왜 결혼하고 싶어 할까?
- 부유하게 살고 싶은가?
- 함께 살 장소가 마음에 드는가?
- 외국에서 살 수 있을까?
- 극단적인 상황에 닥쳤을 때에도 이 결혼을 지켜 나갈 수 있을까?

2. 가정환경에 대한 질문들

- 형제자매는 몇 명인가?
- 배움에 대한 생각은 어떠한가?
- 부모님의 결혼생활을 어떠했는가?
- 배우자 가족의 병력은 어떠한가?
- 정신적 · 육체적인 학대성향이 있는가?

3. 대화하는 방법에 대한 질문들

- 나의 속 깊은 생각까지 표현할 수 있을까?
- 사랑을 전할 수 있을까?
- 일상적인 이야기를 편하게 할 수 있을까?
- "내가 옳고 당신은 틀렸어" 이렇게 생각하는 편인가?
- 상대방이 진심으로 말하고 싶어 할 때 진지하게 들어주는 편인가?

4. 취향과 성격에 대한 질문들

- 과묵한 타입인가, 말이 많은 타입인가?
- 유머 감각이 나에게 얼마나 중요한 요소인가?
- 쉽게 화를 푸는 편인가?
- 질투심이 많은 편인가?
- 기꺼이 타협할 수 있을까?
- 화가 날 때는 어떻게 하나?
- 동정심을 지닌 사람인가?
- 완벽주의자인가?
- 다른 사람들에게 어떻게 행동하는가?
- 자신의 문제에 대해 상담 받을 자세가 되어 있는가?

5. 가치관과 윤리의식에 대한 질문들

- 개방적인가, 보수적인가?
- 정치적인 견해가 강한 편인가?
- 봉사활동에 적극적인가, 최소한 그 활동을 지원해 줄 수 있을까?

- 거짓말을 해도 괜찮은 걸까?
- 어떤 장점을 갖고 있을까?
- 어떤 부부의 모습을 닮고 싶은가?

6. 일과 직업에 대한 질문들

- 배우자의 직업을 존중하는가?
- 출퇴근 시간이 비슷한가?
- 계속 공부할 계획이 있는가?
- 비슷한 수준의 야망을 지니고 있는가?

7. 사랑과 성(sex)에 대한 질문들

- 당신에게 사랑이란 어떤 의미인가?
- 영원한 사랑이란 어떤 것일까?
- 사랑 이외의 다른 이유로 결혼하려는 것일까?
- 육체적으로 끌리는가?
- 성적으로 이상한 습관을 지니고 있는가?
- 연인이기 전에 친구인가?
- 있는 그대로 인정하는가?
- 결혼은 해볼 만한 것, 하지만 잘 안 되면 다른 사람과 다시 시도해볼 수 있다고 생각하는가?
- 어느 정도의 믿음이 있는 약속인가?
- 배우자에게 다른 연인이 생길 경우에는?

8. 돈과 경제력에 대한 질문들

- 누가 더 많이 벌게 될까?
- 소비습관은 어떠한가?
- 아직 갚지 못한 빚이 있는가?
- 신용카드는 어떻게 써야 할까?
- 따로 통장을 만들까? 하나로 만들까?
- 가계부 기록과 청구서 지불은 누가 책임질까?

- 결혼 후에 중요한 자산은 어떻게 처리할까?
- 노년에는 어떻게 살까?
- 심각한 경제적인 어려움이 생긴다면?

9. 태어날 아이에 대한 질문

- 왜 아이를 낳고 싶은가?
- 아이는 언제 낳을까? 몇 명 낳을까?
- 자녀교육방식은 어떻게?
- 양육책임을 어떻게 나눌까?
- 자녀양육에 헌신이 필요하다는 것을 아는가?
- 입양하는 것은 어떨까?

10. 종교적인 문제에 대한 질문들

- 종교가 내 인생에 얼마나 중요한가?
- 배우자의 종교적인 성향이 나에게 중요한가?
- 종교적인 차이가 결혼생활에 문제가 될까?
- 자녀의 종교적인 양육법에 대해서는 어떠한가?

11. 가족과 친구에 대한 질문들

- 배우자의 가족과 친구들과 관연 잘 지낼 수 있을까?
- 배우자의 가족에게 문제가 생겼을 때에는?
- 둘 다 친한 친구들이 있는가?
- 배우자에게 이성 친구가 많다면?
- 옛날 애인과 친구로 사귀고 있는가?
- 배우자의 친구가 마음에 안 들 때에는?

12. 취미생활에 대한 질문들

- 함께 즐길 수 있는 취미가 있는가 혹은 그런 취미를 만들 수 있을까?
- 좋아하는 스포츠가 있는가?
- 텔레비전이 두 사람이 함께 하는 시간에 얼마나 많은 영향을 끼치고 있는가?

- 독서를 좋아하는가?
- 어떤 음악을 좋아하는가?
- 여행을 좋아하는가?
- 애완동물을 기르고 싶은가?
- 요리를 좋아하는가?
- 집에서의 모임을 좋아하는가?
- 개인시간을 소중히 여기는가?

13. 개인적인 습관에 대한 질문들

- 편식을 하는 편인가?
- 잠버릇은 어떠한가?
- 건전하지 못한 습관이 있는가?
- 식사예절에 대해서는 어떠한가?
- 가사 일을 어떻게 분담할까?
- 시간 약속을 정확히 지키는 타입인가? 아니면 늦는 타입인가?
- 욕실을 같이 쓰려면?
- 늦게 자고 일찍 일어나는 편인가?
- 외모가 중요한가?

출처 : Smith, S. J.(2000).

배우자 선택과정에 미치는 부모의 영향력은 어떠한가?

사람들은 무의식적으로 자신이 자라 온 가족의 정서적 환경을 가진 사람에게 끌려 자신의 발달을 가로막은 부모와 가장 닮은 사람을 배우자로 선택한다. 어린 시절 부모에게 자아를 발달시킬 만큼 애정적이고, 지지적인 양육을 충분히 받지 못했기 때문에 부모와 닮은 배우자를 통해 다시 어린 시절로 돌아가 그 문제를 해결하고자 하는 무의식적 동기를 가진다. 어린아이일 때는 연약해서 그 좌절을 대면하기 어려웠지만 어른이 된 지금은 대면할 수 있으리라 생각해서이다. 그러나 미해결된 과제가 바로 잃어버린 자아이고, 자신의 부정적인 특성이기 때문에 좌절에 대면해서 그 문제를 해결할 수가 없다. 즉, 건강하고 강한 자아가 없어 배우자와의 관계에서 자신의 부모와의 관계를 세대전이 하면서 또 다시 좌절을 겪는다(Napier, 1988).

부모와의 관계를 되풀이하는 세대전이의 결혼은 ① 끊임없는 돌봄이 필요한 사람과 결혼하는 주양육자 결혼, ② 알코올 문제를 가진 사람과 결혼하는 알코올 가족 결혼, ③ 적대적이고 학대적인 부모에게서 자란 사람이 적대적이고 학대적인 사람과 결혼하는 경우, ④ 아버지가 정서적으로 반응하지 못하는 사람이 정서적으로 반응하지 못하는 사람과 결혼하는 경우, ⑤ 정서적으로 반응하지 못하는 사람이 정서적으로 반응하지 못하는 사람과 결혼하는 경우, ⑥ 가족 간에 친밀감이 거의 없는 곳에서 자란 사람이 친밀감에 문제가 있는 사람과 결혼하는 경우, 친밀감이 적은 곳에서 자란 사람이 친밀감에 문제가 있는 사람과 결혼하는 경우, ⑦ 아버지가 떠난 가정에서 자란 사람이 떠나기 쉬운 사람과 결혼하는 경우, ⑧ 지배받으면서 무한히 참는 어머니에게서 자란 사람이 지배받고 참아야 하는 사람과 결혼하는 경우 등이 있다.

CHAPTER

9

동거, 독신, 결혼의 선택과 다양한 가족

"인생은 누구 때문이 아니라 자신이 결정한 선택의 결과이다. 결혼도 더 이상 꼭 해야만 하는 필수적인 것이 아니라 자신이 선택해야 하는 삶의 영역이다. 선택에는 자유도 있지만 책임도 크게 자리 잡고 있어 동거, 독신, 결혼의 선택도 개인의 책임이 필연적으로 요구된다."

사람들이 친밀한 인간관계를 갖는 첫 번째 이유는 일상생활을 공유하기 위해서이다. 일상생활을 공유한다는 것은 같이 밥을 먹고, 산책하고, 영화 보고, TV 보고, 잠자고, 집안에서 빈둥거리고, 시장보고, 이야기할 수 있다는 말이다. 두 번째는 존재 자체만으로도 힘이 되는 사람을 갖기 위해서이다. 세 번째는 나를 인정해 주고 지지해 주는 사람을 갖기 위해서이다. 네 번째는 다른 사람들이 다 내가 틀리다고 해도 나를 옳다고 믿어주고, 언제나 내 편이 되어 주는 사람을 갖기 위해서이다. 다섯 번째는 어려운 일이 생길 때 공감해 주고 위로해 주는 사람을 갖기 위해서이다.

사람들이 다른 사람과 더불어 사는 것을 선택하는 이유는 인간관계를 갖는 이유와 같다. 독신을 선택한 사람들도 친밀한 인간관계를 나눌 친구가 있다면 나누는 삶을 살 수 있다. 독신과는 달리 동거와 결혼을 선택한 사람들은 team partner를 갖기 위한 이유가 더 포함된다. team partner란 두 사람 사이의 관계에서 생긴 문제들을 같은 팀원이 되어 해결해 나가야 함을 의미한다. 예를 들어, 독신들은 자신이 번 돈을 혼자 마음대로 쓸 수 있지만 동거나 결혼을 한 사람들은 두 사람이 의논해서 사용해야 한다. 동거와 결혼은 관계의 안정성과 지속성에서 차이가 있다. 결혼이 동거보다 두 사람의 관계가 더 안정적이고, 지속적인 것으로 밝혀져 있다.

결혼의 대안과 선택

선택에 직면했을 때 고려할 사항

우리는 인생을 살아가면서 수많은 선택에 직면하게 된다. 독신, 동거, 결혼에 대해 어떠한 선택을 어떻게 하든지 옳고 그름의 차원보다는 얼마나 건강하고 행복한 방식으로 선택하는가가 중요하다. 또한 자신의 선택을 수용하고, 선택에 스스로 책임질 수 있어야 한다. 선택을 할 때는 다음과 같은 사항을 고려해 볼 필요가 있다.

(1) 선택은 연속적인 과정이다. 인생은 끊임없이 크고 작은 결정을 해야 하는 과정의 연속이고, 각각의 선택이 독립적인 것이 아니라 서로 영향을 주고받는 연속성을 지닌다. 예를 들어, 결혼을 선택한다면 결혼한 후 자녀를 가질 것인지 아닌지도 선택해야 하고, 핵가족으로 살 것인지, 확대가족으로 살 것인지에 대한 가족의 형태도 선택해야 한다.

(2) 선택은 긍정적인 측면과 부정적인 측면을 동시에 가지고 있다. 즉, 어떠한 선택도 장점과 단점이 있어 선택에는 옳고 그른 것보다 건강한 선택인지, 행복한 선택인지, 가치가 있는 선택인지가 중요하다.

(3) 선택하지 않는 것도 선택이 된다. 예를 들어, 성관계를 할 때 피임을 하지 않으면 임신할 것을 잠정적으로 선택하는 것이다. 선택을 하거나 선택을 하지 않거나 어떤 일이 결정되기 때문에 선택의 결과는 자신이 책임질 수밖에 없다.

(4) 최선의 선택을 하기 위해서는 충분한 정보가 필요하다. 우리가 결혼과 가족에 대해 배우는 것도 최선의 선택을 하기 위해 필요한 과학적이고 합리적인 정보를 얻을 수 있기 때문이다. 최상의 선택을 요하는 상황에 놓여 있을 때 무엇이 최선의 선택인지 알기가 쉽지 않다. 주변 사람들의 조언이나 인터넷 정보 검색도 어떤 경우에는 필요하지만 결혼과 가족은 자신이 자라온 방식에서 정보를 얻거나 대중매체를 통해서 얻는 정보가 많아 현실성과 실천성이 떨어진다. 과학적이고 체계적인 방법으로 입증된 연구 결과와 정보가 최선의 선택에 중요한 근거가 될 수 있다.

(5) 선택은 사회문화적인 영향을 받는다. 선택은 시대적 요구나 사회적 상황에 따라 변화될 수 있다. 독신, 동거, 결혼의 선택은 특히 시대와 사회 변화에 따라 많은 영향을 받는다.

(6) 대부분의 선택은 수정하거나 변경될 수 있다. 선택 중에는 변경될 수 있는 선택과 변경될 수 없는 선택이 있다. 선택이 변경된다는 것은 변화가 있음을 의미한다. 사람들이 저지르기 쉬운 실수는 잘못된 선택을 알지 못하고, 선택이 잘못되었다는 것을 알면서도 수정하지 않는 것이다.

동거의 선택

동거의 의미

동거란 결혼식 유무에 관계없이 이성 및 동성 간에 법적으로 혼인신고를 하지 않은 상태에서 공동 기거, 공동 취사, 성욕 충족 및 경제적 기능을 수행하며 두 사람이 함께 거주하는 것이다. 그렇기 때문에 동거하는 사람들은 사실상의 부부관계를 유지하고 있다고 볼 수 있다. 동거의 형태는 다양하지만 대체로 구혼과정 중의 한 부분이거나 시험결혼의 성격을 갖기도 하고, 전통적인 결혼을 대신하기도 한다.

동거의 유형(Ridley et al., 1978)

① 라이너스 담요형

라이너스 담요형의 관계는 코미디 연재만화인 〈Peanuts〉에서 안전담요를 어디든 가지고 다니는 라이너스Linus란 배역에서 유래된 유형이다. 이 관계의 경우 한쪽이 너무 의존적이어서 혼자 있기보다는 누군가와 항상 관계를 맺는 것을 좋아하는 유형이다. 이 유형은 약한 사람과 강한 사람이 관계를 맺는 경우이며 약한 사람은 개방적인 의사소통을 하지 못하고, 강한 사람은 자신보다 약한 사람을 무조건 받아들여 주어야 하므로 관계는 성공적으로 발전되지 못한다. 따라서 관계가 끝났을 때 약한 사람의 자존감은 더욱 낮아지며, 떠나는 사람은 죄책감을 갖게 된다.

② 자유추구형

동거의 동기는 사람마다 매우 다양한데 어떤 사람들은 부모의 영향력으로부터 벗어나기 위해 동거를 선택한다. 그러나 스스로 자립하지 못한 사람들은 동거생활에서도 완전한 해방감을 느끼지 못하여 상대를 자주 바꾸는 경향이 있다. 이 경우 상대방의 희생을 통해 자신의 자유를 추구하기 때문에 상대방은 어려움을 겪게 되고 고통을 받게 된다.

③ 편리추구형

편리추구형의 동거는 서로 주고받는 관계이다. 이 유형에서는 주로 남성이 여성에게 경제적 안정을 제공하고, 여성은 그에 대한 대가로 집안일을 하게 되는 경우이다. 말하자면, 서로 편의를 제공해 주는 관계인 것이다.

④ 실험형

실험형 동거는 결혼을 실험하기 위한 장으로써 동거를 선택하는 경우이다. 이때 두 사람이 비교적 성숙되어 있고 함께 사는 데 필요한 책임감이 전제된 경우라면 동거는 결혼생활과 어느 정도 유사할 수는 있다. 그러나 동거는 실제 결혼생활에서 요구되는 커플 사이의 헌신을 찾아보기 힘든 경우가 많다.

이 외에 매클린(Macklin, 1986)은 동거의 유형에 결혼에 대한 일시적인 대안형과 영구적인 대안형을 포함시켰다. 결혼에 대한 일시적인 대안형은 두 사람이 결혼을 하기로 약속했지만 결혼할 여건이 갖추어지지 않아 동거를 먼저 택하고, 결혼할 여건이 갖추어지면 동거관계가 마무리되는 유형이다. 영구적인 대안형은 두 사람이 서로에 대한 장기적인 책임감을 가지고 함께 사는 유형이다.

동거의 법적 문제

동거는 결혼과 달리 법적인 계약이 아니기 때문에 동거하기 전에 주의 깊게 법적인 문제를 고려해야 한다. 동거하는 사람들은 일반적으로 결혼한 사람들보다 관계가 안정적이지 못하다. 동거관계가 끝나면 개인 재산이나 함께 사는 동안 벌어들인 소득에 관한 문제가 발생할 수도 있다. 그래서 대다수의 법률가들은 동거를 하려는 사람들에게 자신들을 보호하기 위해 법적인 계약을 하기를 권한다. 계약내용에는 소득분배를 어떻게 할 것이며, 누가 자녀에 대한 보호 의무를 가지며, 자녀양육비 지불은 누가 할 것인가 등이 포함되어야 한다. 이러한 계약은 동거가 끝났을 때 합리적이고 정당한 재산 분배를 위한 지침이 될 수 있다. 특히 노년기 동거의 경우 재산 배분 문제가 매우 중요하다. 동거관계가 끝난 후의 경제력에 대한 대책 없이 동거관계가 해제된 경우에는 젊은이들에 비해 더 심한 타격을 받을 수 있기 때문이다.

동거의 장점과 단점

동거라는 대안적인 생활 형태는 장 · 단점이 있다. 이기숙 등(2001)과 매클린(Macklin, 1986)의 연구에서 밝혀진 동거의 장 · 단점을 비교해 보면 아래와 같다.

동거의 장점	동거의 단점
• 편리함 : 결혼과 같은 복잡한 법적 · 행정적 절차나 결혼에서와 같은 책임감이 없다. • 서로에 대한 이해 : 특히 시험결혼의 경우 결혼 전에 여러 가지 문제를 사전에 파악할 수 있다. • 개인적인 성장의 기회 : 동거자들은 동거의 경험이 개인적 성장과 성숙함을 가져온다고 생각하는 것으로 나타났다.	• 법적인 보호 미흡 : 동거의 장점인 편리함 이면에는 동거생활에 문제가 발생하였을 때 법적인 보호가 미흡하다는 점이다. • 서로에 대한 책임감 부족 : 동거 자체가 갖는 관계의 모호성으로 인하여 주변의 지원이나 서로에 대한 책임감이 부족하다. • 부정적 고정관념 : 동거가 증가하고 있음에도 여전히 일반인들은 동거에 대해 부정적인 고정관념을 가지고 있다.

독신의 선택

독신의 의미

독신이란 비혼미혼, 이혼, 사별 등으로 혼자 생활하는 개인이 선택하는 삶의 유형이다. 독신생활을 결혼의 전 단계로 바라볼 수도 있지만 차츰 많은 사람들이 자신의 라이프 스타일로서 독신을 선택하고 있다. 독신생활을 하는 사람들은 자신이 선호해서 독신을 선택한 경우도 있고, 결혼하고 싶은데도 불구하고 혼자 사는 경우도 있다. 어떻게 독신생활을 선택하느냐에 따라 생활 방식과 삶의 질에 많은 차이를 보인다. 자발적, 일시적으로 독신을 선택하는 경우와 자발적으로 평생 독신을 선택하는 두 경우에 삶의 만족도가 높은 것으로 나타난다.

독신의 유형

장휘숙(1995)은 독신의 생활유형은 자발적으로 선택했는가 또는 얼마나 지속 가능한가에 따라 네 가지로 분류하였다.

- 유동적 독신 : 이 유형의 독신은 자발적으로 독신생활을 선택한 사람들이다. 현재의 상태가 일시적이라고 생각하며 결혼을 원하고 학업이나 직업적인 면에서 능동적으로 활동한다.
- 결혼을 원하는 독신 : 이 유형의 독신은 결혼을 원하며 독신으로서의 현재의 삶에 만족하지 못하는 사람들이다.
- 영구적 독신 : 이 유형의 독신은 '독신주의'를 주장하며 영원히 독신을 고수하기로 결정한 사람들이다. 예를 들어, 성직자나 한부모를 들 수 있다.
- 독신을 후회하는 사람들 : 이 유형의 독신은 결혼을 원했지만 결혼하지 못

한 사람들이다. 이들은 초기의 독신생활이 결혼에 의해 끝날 것이라고 기대했지만 배우자를 찾지 못해 독신으로 남게 되는 것을 받아들이는 나이 많은 독신자들이다. 주로 고학력의 전문직 40대 여성들이 이 유형에 속한다.

독신의 장 · 단점

독신의 장 · 단점은 아래와 같다(이기숙 등, 2001; Macklin, 1986).

독신의 장점	독신의 단점
• 자유로움 : 독신자는 기혼자에 비해 생활의 자유와 융통성, 직업과 여행의 자유로움 등을 누릴 수 있다. • 사회적 경력을 쌓기가 용이 : 기혼자들이 자녀나 배우자를 위해 투자하는 시간을 독신자들은 자신의 발전을 위해 투자할 수 있다. • 동성, 이성 구분 없이 자유롭게 친구관계를 유지할 수 있다.	• 외로움 : 필요할 때 상호작용할 수 있는 가족 없이 외롭게 혼자 감내해야 한다. 특히 감정적인 애착을 형성할 대상이 없다. • 결혼한 사람과의 사회적 관계형성에의 제한 : 우리 사회가 결혼의 정당성에 초점이 맞추어져 있어, 독신자와 기혼자가 자유로이 사회적 관계를 형성하는 것이 제한된다. • 독신에 대한 부정적 인식 : 독신자에 대해 사회적 태도가 원만하지 않아 적응의 어려움을 야기할 수 있다.

① 독신자들에 대한 신화(Cargen & Melko, 1982)

- 신화 1 : 독신자들은 부모들에게 의존적이다.
- 신화 2 : 독신자들은 자기중심적이다.
- 신화 3 : 독신자들은 경제적으로 여유가 있다.
- 신화 4 : 독신자들은 기혼자보다 더 행복하다.
- 신화 5 : 독신자들은 독신생활을 결혼의 대안으로 생각한다.

② 안정적인 독신생활을 위한 개인적인 특성

- 자신에 대해 긍정적인 사고방식을 가지고 있으며 자기 인생에 대한 책임감을 갖는 경향이 있다.
- 다양한 취미활동을 즐긴다.
- 여러 사람과 잘 어울리기도 하지만 혼자 있는 시간을 즐긴다.
- 독립심이 강하고 남과 다르다는 말을 들으면 기분이 좋다.
- 경제력이 있고 젊어서부터 노후를 위한 대책 마련을 세운다.

독신에 이르는 과정

1. 미혼의 독신자들

젊은이들 사이에는 성인기 초반에 자기 자신에 대해서만 책임을 지고, 결혼을 지연시키고 있는 새로운 경향이 일고 있다. 이러한 생각은 좀 더 공부를 한다든가, 자신의 직업에서 기반을 잡는다든가, 경제적 · 정서적으로 독립을 한다든가 하는 형태로 나타난다. 과거에는 학교를 졸업하면 바로 결혼하였으나 오늘날은 결혼을 지연시키는 경우가 많아지고 있다.

2. 별거하거나 이혼한 독신자들

이혼 초기에는 독신으로 되돌아가는 일을 힘겹게 여기는 사람이 많다. 그러나 별거와 이혼이 주는 초기의 충격에서 벗어나면 사람들은 독신생활에 적응해서 그 생활을 안정적으로 이끌어 갈 수 있다.

3. 배우자의 죽음으로 독신이 된 사람들

별거하고 이혼한 사람들이 불행한 결혼생활을 지속시키기보다 혼자 사는 쪽을 선택하는 것이라면, 배우자와 사별한 사람들은 자신의 의지와는 상관없이 독신이 된 사람들이다. 이런 이유로 독신이 된 사람들은 혼자 사는 것이 익숙하지 않아 초기에 심리적, 경제적인 어려움을 많이 겪지만 긍정적으로 자신의 삶을 영위하는 사람들도 있다.

결혼의 선택

결혼은 두 사람의 신체적 · 정신적 · 사회적 · 경제적 결합을 의미한다. 결혼을 통해 두 사람은 서로를 보살피고 의지하는 정서적 관계를 맺게 되고, 결혼을 함으로써 두 사람은 상대방에 대해 성적으로 충실할 것을 약속하며, 혼인신고를 함으로써 서로 법적인 책임의 관계가 되며, 서로의 재산을 공유할 수 있게 된다.

결혼을 선택하면 결혼식이라는 공적인 의식을 통해 부모, 형제자매, 친구들 앞에서 배우자에게 헌신할 것을 사회적으로 표명하게 된다. 두 사람이 헌신할 것을 약속하고, 표명했음에도 불구하고 결혼생활은 여러 가지 힘든 현실적인 문제에 부딪치게 됨으로써 그 약속을 지키기 어려울 때가 많다. 결혼의 동기가 부정적인 경우에는 결혼식에서 했던 약속을 지키기가 더 어렵다.

결혼의 동기

결혼의 동기는 개인에 따라 매우 다양하다. 각자가 어떤 동기를 가지고 결혼하는가에 따라 결혼생활의 적응이나 만족도가 달라진다. 특히 부정적인 결혼의 동기는 심각한 문제를 야기시킬 수 있다.

결혼하는 사람들의 가장 중요한 동기는 사랑하는 사람과 함께 살고 싶다는 것이다. 즉, 사랑의 실현을 위해 사람들은 결혼한다. 그 외에 성적인 욕구충족, 정서적 · 경제적 안정 유지, 자녀 출산의 기회(부모의 역할), 성인으로서의 신분 획득, 사회적 기대에의 부합, 개인적 성취감과 같은 긍정적인 동기가 있다. 그러나 순간적인 열정, 자아도피, 외로움을 피하기 위하여, 중요한 사람의 상실을 보상받기 위하여, 지위상승의 수단, 혼전 임신과 같은 부정적인 동기는 결혼생활을 시작하는 출발점에서부터 문제를 갖게 된다.

결혼에 대한 기대

많은 사람들이 결혼에 대해 낭만적 기대와 비현실적 기대를 갖는다. 지속적으로 부부가 현실생활에 접하다 보면 이상화시킨 낭만적 기대와 비현실적 기대가 충족되지 않아 실망하게 되어 결혼생활이 불행해졌다고 여길 수 있다.

결혼에 대한 낭만적 기대는 다음과 같다.

(1) 사람은 사랑하기 때문에 결혼한다.
(2) 사랑은 결혼 후에도 지속될 것이다.
(3) 결혼하면 지금보다 나아질 것이다.
(4) 결혼하면 나로 인해 배우자가 변할 것이다.

결혼에 대한 비현실적 기대는 다음과 같다.

(1) 결혼은 개인의 구속이므로 자율성이 상실될 것이다.
(2) 결혼생활은 희생을 요구할 것이다.
(3) 결혼생활은 지루하고 단조로운 일상의 반복일 것이다.
(4) 내 배우자는 나를 충분히 이해하고, 나의 부족한 면을 온전히 채워 줄 것이다.
(5) 내 배우자는 나와 가족을 지원해 줄 것이다.

결혼생활에 대한 신화(Coleman, 1988)

결혼생활에 대해 흔히 가질 수 있는 비현실적인 신념들이 실제의 결혼생활에서 충족되지 않을 때 부부간의 갈등이나 역기능적인 문제들을 유발할 수 있다고 한다. 결혼생활에 대한 비현실적인 신념을 살펴보면 다음과 같다.

(1) 사랑은 행복한 결혼생활을 보장한다.

(2) 대부분의 결혼한 커플들은 사랑에 빠져 있다.

(3) 자녀들이 불행한 결혼생활을 회복시켜 줄 수 있다.

(4) 외로움은 결혼에 의해 치유될 수 있다.

(5) 종교적인 신념이 강한 여성들은 결혼생활에서 성적으로 만족하기 어렵다.

(6) 인종이나 종교가 다른 사람들 사이의 결혼은 대부분 실패한다.

(7) 전통적인 성역할을 바탕으로 결혼생활을 하는 사람들은 평등주의적 성역할을 바탕으로 생활하는 부부들보다 행복하지 못하다.

(8) 연애결혼이 중매결혼보다 더 행복하다.

(9) 젊은 사람들 사이의 결혼생활이 나이 많은 사람들 사이의 결혼생활보다 더 행복하다.

(10) 만약 사람들이 또다시 결혼해야 한다면, 현재의 배우자를 다시 선택할 것이다.

성공적인 결혼을 위해서는?

보먼(Bowman)과 스페니어(Spanier, 1978)는 성공적인 결혼을 위해서는 결혼하는 사람들이

- 나의 생활에서 우리의 생활로
- 독신의 불완전한 성생활에서 공인된 두 사람의 완전한 성생활로
- 낭만적 사랑에서 현실에 토대를 둔 책임감 있는 태도와 능력으로
- 개인을 위한 구매에서 배우자와 가족을 위한 구매로
- 자녀의 입장에서 배우자의 입장으로
- 자녀의 입장에서 며느리, 사위의 입장으로
- 개인적 습관에서 가족 중심의 습관으로 전환할 필요가 있다고 하였다.

결혼 준비와 결혼

① 결혼 시기

결혼하기에 적당한 시기는 언제일까? 과거에는 일정한 나이가 되면 당연히 결혼해야 한다는 생각이 지배적이었다. 그러나 최근들어 나이에 맞추어 결혼하기보다는 정신적, 정서적, 사회적으로 성숙하여 다른 사람과 잘 지낼 수 있고 경제적으로 준비가 되어 있을 때 결혼하는 것이 적당하다고 보는 인식이 높아지고 있다. 즉, 결혼은 준비가 되어 있을 때 하는 것이다.

현 시대에는 초혼연령이 점차 늦어지고 있는데, 이것은 교육기간이 연장되고 직장생활이 안정된 후에 결혼을 하려는 경향과 여성의 취업 기회가 많아지고 있기 때문이다. 결혼연령은 결혼의 행복도에 영향을 끼치는데, 여러 연구에서 20세 이전에 너무 일찍 결혼한 경우에는 행복하지 않다고 밝히고 있다. 이러한 연구 결과는 결혼생활에서 부딪치는 현실적인 문제를 해결하기 위해서는 두 사람이

어느 정도 성숙되어 있어야 함을 보여 준다. 이혼율에 있어서도 결혼연령이 높을수록 이혼율이 낮게 나타나고, 부부 둘 다 20세 이하에 결혼을 할 경우 이혼율이 높다.

또한 결혼하기 전에는 자신을 점검해 보아야 한다. 나는 나를 좋아하는가? 나는 내가 괜찮은 사람이라고 생각하는가? 나는 사랑하는 사람이 없이도 삶이 행복하고 만족할 수 있는가? 이 질문에 yes보다 no가 많으면 정서적 필요로 인해 결혼하는 것이므로 결혼생활에 해를 끼칠 수 있다. 상대 배우자에게도 이 질문에 yes보다 no가 많으면 결혼을 심각하게 고려해 보아야 한다. 결혼 전에 부족한 것, 외로움, 열등감 등은 유전인자의 영향으로 형성된 불변의 성격요인과 결합되면 자신과 주변 사람들에게 미치는 영향이 매우 부정적이기 때문이다. 그러므로 건강한 결혼생활은 두 사람 모두 성숙하고, 독립적이라서 상대방 없이도 살아낼 수 있는 사람이 함께 살 때 가능하다.

② 약혼

약혼의 형식은 시대와 문화에 따라 다양하지만 일반적으로 약혼은 두 사람의 결혼생활을 미리 준비하는 시간을 갖는다는 것에 중요한 의미가 있다. 연애결혼이 증가하면서 약혼식을 생략하는 경우가 많지만 약혼기간 동안 두 사람의 관계를 검토하고, 상대방의 가족을 관찰하며, 결혼준비교육을 받아 결혼의 책임감, 자신과 배우자에 대한 이해, 의사소통 기술 증진, 성과 사랑에 대한 이해, 자녀양육과 부모됨을 준비하는 것도 중요한 과제이다(최규련, 2007).

③ 결혼식

결혼식은 두 사람이 부부임을 여러 사람 앞에 공포함으로써 사회적으로 승인 받는 통과 의례이다. 결혼식은 당사자가 뚜렷한 가치관을 가지고 각자의 분수에 맞게 치르는 것이 바람직하여 현 시대에서는 작은 결혼식 캠페인이 성행하고 있다.

두 사람이 결혼을 약속한 후에는 결혼식에 대한 준비뿐만 아니라 두 사람이 결혼생활에 쉽게 적응할 수 있도록 서로를 충분히 이해하고, 앞으로의 가정생활에 대한 여러 가지 문제를 계획하고 함께 의논할 필요가 있다. 우리나라는 법률혼주의이므로 혼인 신고를 해야 법적으로 혼인을 인정받는다.

결혼이란

Inspire warmth 서로의 애정을 주고받으며,
listen to each other 서로의 이야기에 귀를 기울여 주며,
open your heart 서로에게 마음을 열고,
value your union 두 사람이 함께함에 감사하며,
express your trust 서로에게 신뢰와 존중을 표현해 주고,
yield to good sense 서로를 위해 양보하고,
overlook mistakes 상대방의 사소한 결점이나 실수를 눈감아 주고,
understand the differences 서로의 차이점을 이해하는
삶의 'I love you' 과정이다.

다양한 가족 형태

사회적 규범이 수용하는 가족의 형태가 단 한 가지 형태라면 그 가족 형태에 속해 있지 않은 사람들은 주위 사람들로부터 압박을 느끼게 될 것이다. 그러나 현대인의 다양한 생활방식은 여러 가지 가족 형태를 수용하면서 어떻게 하면 각각의 형태에 속해 있는 가족들의 삶의 질을 높일 수 있을까에 역점을 두고 있다. 즉, 어느 가족의 형태든지 장 · 단점을 가지고 있고 그 특성에 따라 가족 간의 관심과 욕구가 다르기 때문이다.

핵가족

부부에게 역할과 권위가 평등하게 나누어지고, 가족 개개인의 독립된 인격이 존중되며, 가족 간에 친밀하고 민주적인 인간관계를 가진다. 가족의 사생활과 생활태도의 개성화가 존중되는 반면 핵가족이기 때문에 가족구성원 개개인의 책임과 부담이 크고, 가족의 기능이 축소되어 가족 간의 결합력이 약해질 우려가 있다.

또한 가족구성원의 생활태도가 개성화되어 가족 간에 갈등을 일으킬 소지가 많고, 가족 내에 문제가 생겼을 경우 이를 조정할 사람이 없어 문제해결에 어려움을 겪을 수 있다. 노인의 부양 문제 및 가족 이기주의와 같은 사회문제를 일으킬 수도 있다. 따라서 핵가족의 가족구성원들은 가족 간의 결합력을 증진시킬 수 있게 애정적인 가족관계를 유지하도록 노력해야 한다.

확대가족

확대가족은 사람 수가 많은 만큼 가족관계도 복잡해서 의사소통이 어렵고, 정신적으로 긴장되는 경우도 있으며, 세대차로 인한 갈등을 일으킬 수도 있다. 또한 사생활과 생활태도의 개성화가 어렵다. 그러나 경제적으로나 정신적으로 가족들이 서로 돕고 가족 간의 역할 분담이 용이하며, 가족의 가치관이나 문화계승이 원활하게 이루어진다. 뿐만 아니라 자녀들의 사회성 발달과 노인들이 고독한 생활에서 벗어나는 등 여러 가지 좋은 점이 있다.

부모가 자녀를 부양하는 가족이 늘고 있다. 결혼한 후에도 자녀가 독립을 하지 못해 부모로부터 경제적, 물질적 지원을 받는 경우도 있고, 부모의 지원 없이 홀로서기를 할 수 없는 고령의 독신이 있다. 이러한 가족을 일명 캥거루 확대가족이라고 한다.

수정 핵가족

다세대주택과 같이 외형상으로는 한 울타리 안에 거주하지만 실제로는 안채, 바깥채, 혹은 위층, 아래층 또는 같은 집에 살아도 한 끼는 다 같이, 아침식사는 각각 등 어느 정도 피차간에 사생활을 유지하며 동거하는 방식이다. 3세대 혹은

4세대 가족구조는 현대 산업사회에 적합한 가족의 기능을 수행하고 안정된 가족 관계를 가질 수 있는 장점이 있어 가족의 구조, 기능 및 관계의 상호 역동성이 충분히 연구되면 우리 사회에 정착될 수 있는 좋은 가족생활 모델이 될 수 있을 것이다.

수정 확대가족

부모, 자녀 가족이 각기 별개의 가구를 마련하지만, 근거리에 살면서 실제로는 한 집에 사는 것과 같이 왕래와 협조를 하며 사는 가족 형태이다. 이 방식은 절충적인 방법으로써, 양측이 비교적 사생활을 방해받지 않고 자녀가 큰 부담을 느끼지 않으면서 친밀한 유대관계를 유지한다. 그러나 우리나라에서는 시가 근처에 거주하면서 시부모의 간섭과 영향을 받아야 하는 가부장제 특성이 앞으로도 계속될 가능성이 높아 이를 극복하기 위해서는 자녀와 부모세대의 경제적 · 정신적 독립이 우선되어야 한다.

무자녀 가족

무자녀 가족은 자녀 없이 부부만으로 이루어진 가족으로 결혼하기 전 부모의 역할을 하지 않겠다고 약속하는 경우가 있고, 자녀를 가지는 것을 일시적으로 연기하거나 자녀를 갖지 못해 무자녀 가족으로 남게 되는 경우가 있다. 부부가 모든 생활의 중심이므로 많은 자유를 누릴 수 있지만 문제가 생기면 가족이 해체되기 쉽다. 자발적으로 선택해서 무자녀가 된 결혼일지라도 사회적 압력이나 편견에 대한 방어로써 또는 미래의 안정된 결혼생활을 위하여 때로는 입양에 대해서 고려해 볼 수 있다.

입양가족

입양가족은 출산이 아닌 법적 · 사회적 관계를 통해 부모자녀관계가 성립되며, 입양아는 자녀로서의 모든 혜택과 권리를 부여받게 된다. 입양가족은 입양아를 받아들임으로써 가족성원이 늘어나고 보다 복합적인 새로운 가족관계를 형성하게 된다.

한부모가족

한부모가족이란 부모 중 어느 한편이 사망이나 이혼, 별거, 미혼모로 인해 아버지와 자녀 또는 어머니와 자녀로 이루어진 가족을 말한다. 우리나라도 한부모가족이 상당히 증가하고 있는데, 대부분 이혼으로 인한 것으로, 어머니와 자녀로 이루어진 가족이 많은 편이며, 아버지와 자녀로 구성된 가족도 소수이긴 하지만 증가하고 있다.

이혼이나 별거의 경우 자녀가 다른 한편의 부모와 접촉하지 않는 것을 의미하는 것이 아니라 궁극적으로 어느 한편의 부모와 살게 되는 것을 말한다. 한부모가족은 과거의 확대가족에서 제공하던 친족의 지원을 받을 수 있는 가능성이 축소되고, 양쪽 부모의 역할을 한쪽 부모가 해야 하기 때문에 과중한 역할을 효과적으로 수행할 수 있는 자원이 부족되기 쉽다. 한부모가족의 가장 큰 문제는 자녀양육 문제, 경제적 문제, 법적 보장 문제를 들 수 있다.

한부모가족의 자녀는 또래 집단을 통해 사회화를 이루기 때문에 문제행동을 보일 수 있으므로 부모나 다른 성인들은 그들의 사회화에 도움을 주어야 한다. 적절한 도움을 받는다면 한부모가족의 자녀는 한쪽 부모와 더욱 독특한 관계를 가질 수 있고, 자아 표현을 통해 생동감 있는 가족 형태를 유지할 수 있다.

재혼가족

재혼가족이란 두 가족이 결혼으로 결합되는 가족 형태로 다음의 특징을 가지고 있다.

(1) 가족은 처음부터 부부 두 사람으로 시작하지 않고, 과거의 배우자와의 관계에서 이미 이루어진 부모 · 자녀관계에서 출발한다.
(2) 한 사람 또는 두 사람의 친부모가 재혼가족에 영향을 준다.
(3) 자녀는 두 가족의 가족구성원으로서 역할을 하기도 한다.
(4) 가족은 복잡하고 확장된 가족관계망을 갖는다.
(5) 재혼가족에 영향을 주는 친부모, 즉 이전의 배우자와 관련된 강력한 삼각관계가 존재한다.
(6) 계부모의 역할 규정이 명확하지 않다.

재혼가족은 새로운 식구들과의 관계를 증진시키기 위한 기술과 능력을 길러서 새 배우자, 새 자녀 및 새로운 친척관계에 적응할 수 있도록 해야 한다. 그리고 계부모에 대해 부정적인 이미지를 갖는 경향이 있는데 긍정적인 계부모의 모델을 제시해 재혼을 새로운 가족을 이루는 출발점으로 인식시킬 수 있는 노력이 필요하다.

맞벌이 부부 가족

구조적으로 기존의 확대가족이나 핵가족의 형태를 취하지만, 부부가 함께 경제활동을 하는 가족으로 가족의 경제적인 측면, 기능적인 측면, 가족관계 측면에서 새로운 가족 형태로 간주할 수 있다. 맞벌이 부부 가족의 문제점은 시간의 부족과 다양한 역할 부담에서 오는 갈등과 스트레스인데, 이는 가족, 친척, 사회의 도움으로 감소될 수 있다.

주말 부부 가족

부부가 서로 다른 지역에 사는 가족을 말한다. 주말 부부는 지역적인 거리가 있음에도 맞벌이 부부와 같이 직장과 가정생활을 병립해야 하는 어려움이 있다. 가족 간에 떨어져 있는 시간이 많으므로 함께하는 시간을 최대한 많이 갖기 위해 노력해야 한다.

지구촌 가족(global family)

가족들이 각 나라에 떨어져 사는 가족을 말한다. 자녀교육을 위해 아내와 아이들을 외국에 보낸 아빠들을 기러기아빠라고 하는데 이는 수컷 기러기가 암컷이 없어도 새끼들을 잘 돌보아 주는 말에서 기인한 것이다.

다문화 가족

다문화 가족이란 한국 사회에 거주하고 있는 외국인 근로자, 국제결혼이주자, 새터민북한이탈주민, 외국인과의 사이에서 태어난 자녀 등으로 구성된 가족을 말한다. 다문화 가족은 다양한 문화에 접하면서 국제화 시대에 부응한다는 점에서 장점을 지닌다. 반면, 다문화 가족은 경제적 어려움, 의사소통의 어려움, 사회문화적 적응의 어려움, 문화적 충돌의 어려움, 가족관계의 어려움, 자녀양육의 어려움, 합법적인 체류 문제 등을 겪는다.

현대 사회의 다양한 가족의 출현을 어떤 학자들은 가족의 해체라고 보고, 어떤 학자들은 신가족, 즉 새로운 가족의 출현이라고 본다. 예를 들어, 현대 사회에서 논란이 되고 있는 동성애도 관계적인 측면인 성, 사랑, 역할, 의사소통, 갈등 등에서는 이성애와 차이가 없는 것으로 밝혀져 있다(Oswald & Culton, 2003). 이러한 연구 결과들은 다양한 가족을 새로운 가족의 출현으로 보는 관점을 뒷받침해 주고 있다.

CHAPTER

10

결혼의 실제 : 의사소통

"완벽한 결혼생활(perfect marriage)은 없지만
행복한 결혼생활(happy marriage)은 존재한다.
의사소통은 행복한 결혼생활뿐 아니라 모든 인간관계의 핵심이다."

불행한 부부들의 공통적인 불만은 "우리 부부는 대화가 없어요"이다. 대화가 없다고 해서 대화를 하지 않는 것은 아니다. 침묵만큼 자신의 부정적 감정을 강렬하게 표현하는 의사소통이 없기 때문이다. 대화가 없다는 것은 두 사람이 서로 가까워지기보다 멀어지려고 하는 것을 암묵적으로 대화하는 것이다. 또한 갈등을 해결하기보다 갈등을 더 크게 만들어 가고 있음을 암묵적으로 소통하는 것이다.

사랑의 열정으로 시작된 두 사람은 상대방의 긍정적인 면만 보고 부정적인 면은 간과하거나 중요하지 않다고 생각한다. 그러나 결혼을 하고 몇 년을 보낸 부부들은 상대방에 대해서 그리고 자신들의 결혼생활에 대해 부정적인 측면에 더 초점을 두는 경향이 있다. 이러한 이유는 대부분의 부부들이 상대방에게 이해받지 못한다고 느끼기 때문이다. 사랑의 열정에 빠져 있을 때는 서로에 대해 알면 알수록 사랑한다고 여기기 때문에 대화를 통해 상대방에 대해 모든 것을 알려고 한다. 그러나 결혼을 하게 되면 서로를 잘 알고 있다고 생각하기 때문에 서로 대화 없이 암묵적으로 상대방이 알아서 해주리라 가정한다. 함께하는 시간이 길다고 해서 서로를 잘 아는 것이 아니라 함께하는 시간에 대화를 해서 서로에 대해 더 많이 알고, 서로에게 자신을 있는 그대로 자아노출 시킴으로써 친밀감을 쌓아가는 것이다. 진정한 사랑은 상대방을 진정으로 아는 것으로부터 시작되기 때문이다.

의사소통

인간관계는 산길과 같아서 다녀야 길이 생긴다. 다니면 다닐수록 산길은 길이 되지만 다니지 않으면 길이 없어지고 또다시 산길이 된다. 사람들이 길을 다닐 때는 걷거나, 자전거, 자동차, 기차, 배, 비행기 등을 타지만 사람들 사이의 길은 의사소통communication으로 다닌다. 그러므로 의사소통은 인간과 인간을 연결시키는 필수 요소가 된다. 갈빈과 브롬멜(Calvin & Brommel, 1991)은 의사소통을 의미를 창출하고 나누는 과정이라고 정의하였다. 이러한 의사소통의 의미는 의사소통이 지닌 특성을 통해 더 잘 이해할 수 있다.

첫째, 말은 일방적이지만 의사소통은 양방향(쌍방)적이어서 주고받는 상호작용의 특성이 있다.

둘째, 의사소통은 상호 간에 감정적 교류가 있어야 일체감을 경험할 수 있다.

셋째, 의사소통은 관계의 속성을 반영한다. 즉, 사람들이 주고받는 의사소통은 두 사람의 관계의 특성을 보여 준다.

넷째, 의사소통은 계속적이며 변화한다. 즉, 의사소통은 고정적이 아니라 감정, 상황, 시간의 흐름에 따라 변화하여 사람들을 친밀하게 만드는 힘을 가지고 있으면서 갈등을 해결하지 못하면 사람들을 멀어지게 하는 힘도 동시에 가진다.

다섯째, 의사소통에는 성차가 존재한다.

의사소통의 중요성

의사소통이 중요한 이유는 관계를 맺는 데 있다. 관계 맺기를 위한 의사소통의 중요성은 다음과 같다.

(1) 의사소통은 일상생활에 즐거움과 의미를 부여해 준다.
(2) 의사소통을 통해 다른 사람을 알고 이해할 수 있다.
(3) 다른 사람과의 의사소통을 통해 자신을 좀 더 이해할 수 있고 자신을 정확하게 파악하고 전달할 수 있는 기회를 가질 수 있다.
(4) 의사소통은 서로 간의 이해를 증진시키고 정서적 교류를 할 수 있기 때문에 친밀한 인간관계를 형성할 수 있다.
(5) 의사소통을 통한 상호이해는 인간관계에서 생긴 갈등이나 문제를 해결할 수 있다.

의사소통에 대한 오해

의사소통이 효과적으로 이루어지지 않았을 때 오해가 생긴다. 의사소통은 다음과 같은 측면에서 오해를 가질 수 있다.

(1) 의사소통이란 단순한 말의 전달을 의미한다. 의사소통이란 말하는 사람의 메시지를 듣는 사람에게 정확하게 전달되고 이해되어야 하는 과정이다. 따라서

효과적인 의사소통을 하기 위해서는 단순한 말의 전달이 아니라 의사소통의 원리와 기법에 대한 이해와 실제 능력이 필요하다.

(2) 의사소통은 많이 할수록 좋다. 의사소통이 제대로 이루어지지 않아서 문제가 생기는 경우도 있지만 지나치게 많은 말을 함으로써 오히려 실수를 초래하는 경우가 있다. 따라서 의사소통을 많이 하느냐 적게 하느냐보다는 어떻게 의사소통하고, 의사소통을 하는 사람들이 지니고 있는 감정을 어떻게 다루는지에 대한 이해와 능력이 필요하다.

(3) 의사소통은 모든 문제를 해결할 것이다. 의사소통을 명확히 해서 오히려 문제를 더 크게 만들 수 있다. 한 예로 아내가 남편에게 자신에 대한 생각을 솔직하게 이야기해 달라고 할 때 상대방의 감정을 고려하지 않고 너무 솔직하게 이야기하면 오히려 관계가 더 악화될 수 있다. 왜냐하면 솔직한 의사소통은 두 사람의 감정적 교류가 있어야 가능하기 때문이다.

(4) 의사소통은 자연적인 능력이다. 효과적인 의사소통능력은 저절로 얻어지는 것이 아니라 시간과 경험을 통해 발달되는 것으로 지속적인 노력을 통해 얻어지는 것이다.

의사소통 방식

의사소통은 언어적인 것과 비언어적인 것으로 이루어진다. '우리는 24시간 내내 의사소통을 하지 않고는 살 수가 없다'라는 말은 의사소통에 이 두 가지 방식이 포함되어 있음을 말해 준다.

어떤 가족은 자신의 가족을 '대화 없는 가정'으로 표현하고 있다. 그러나 그러한 가족은 대화가 없는 것이 아니라 대화를 하지 않겠다는 시위로 침묵이나 회피의 방법을 쓰고 있을 뿐이다. 즉, 침묵은 '나는 당신과 대화를 하지 않겠어요'라는 강력한 의사소통의 한 방법이다. 따라서 우리가 대화를 할 때는 언어적인 표현뿐만 아니라 얼굴, 목소리, 몸, 호흡, 그리고 근육들도 역시 대화하고 있다는 것을 기억해야 한다.

언어적 의사소통

같은 언어나 말로 표현되었다 하더라도 모든 사람에게 같은 의미상징를 주는 것이 아니다. 그러므로 말하는 상대자에 따라 적절한 언어를 사용해서 전달하고자 하는 뜻을 전하는 것이 중요하다. 언어적 의사소통을 효과적으로 하기 위해서는 우선 자신이 의미하는 것과 원하는 것을 얼마나 명확하게 말할 수 있는지, 올바른 단어를 선택할 수 있는지, 너무 많이 말하거나 너무 적게 말하지는 않는지 등을 고려해 볼 필요가 있다.

일반적으로 사람들이 일상생활에서 사용하고 있는 언어적 의사소통은 네 가지 형태를 보이는데, 사람들은 대체로 이러한 언어 형태를 복합적으로 사용한다 (Scoreby, 1977).

(1) 대화 형태 : 친절하고 사교적이며 즐거움과 기쁨을 주는 대화 형태이다.

(2) 추구 형태 : 어떤 변화를 요구할 때 사용하는 대화 형태로서 설교, 비난, 충고, 방어, 경쟁, 요구, 지배, 칭찬, 판매, 주장 등에 주로 쓰인다.

(3) 반영 형태 : 다른 사람을 이해할 때 쓰는 형태로서 목소리가 침착해지고 문제를 파악하기 위해 약간은 주저하는 듯한 언어적 메시지를 보낸다.

(4) 대면 형태 : 어떤 문제에 대한 자신의 입장을 표명하기 위해 자신의 생각을 개방적으로 표현하는 형태이다. 이러한 대화 형태는 의식적이고 주장적이며, 책임감을 지녀야 하고, 명백하며, 직접적이고도 솔직하게 표현된다.

비언어적 의사소통

비언어적 의사소통은 보통 신체, 접촉, 행동으로 전달되는 것으로 언어적 의사소통보다 더 강력한 힘을 가질 수 있다. 비언어적 의사소통 때문에 사람들은 언제 어디서나 24시간 내내 의사소통을 할 수밖에 없다. 비언어적 의사소통은 언어적 의사소통보다 불분명하고 모호한 경우가 많지만 행복한 부부들은 불행한 부부보다 비언어적 의사소통을 더 정확하게 파악할 수 있다.

비언어적 의사소통은 다음과 같은 특성을 지니고 있어, 언어적 의사소통과 일치시킬 필요가 있다.

(1) 비언어적 의사소통은 언어적 의사소통을 확인하게 하고 보충하게 한다.
(2) 비언어적 의사소통은 언어적 의사소통의 모순을 드러나게 한다.
(3) 비언어적 의사소통만으로도 의사소통을 할 수 있다.
(4) 비언어적 의사소통은 언어적 의사소통을 조절한다.
(5) 비언어적 의사소통은 언어적 의사소통을 대신해 준다.
(6) 비언어적 의사소통은 언어적 의사소통을 반복해 준다.

효과적인 의사소통

의사소통은 관계의 모든 측면에 연결되어 있기 때문에 인간관계의 초석이 된다. "우리는 대화가 잘 안 돼요"라는 말은 자신이 원하는 것을 관계에서 얻지 못했다는 의미, 즉 효과적인 의사소통을 하지 못했다는 것을 의미한다. 아래 표에서 볼 수 있듯이 효과적인 의사소통은 상대방을 배려하고, 배려하는 태도를 의사소통 행동으로 보여 주어 긍정적인 관계를 맺게 하는 데 그 목표가 있다(김영희 · 이현섭, 2012).

의사소통에 따른 인간관계 유형

구분		의사소통의 행동	
		비효과적	효과적
의사소통의 태도	비배려	학대적 관계	조작적 관계
	배려	오해 관계	긍정적 관계

효과적인 의사소통을 하기 위해서는 다음과 같은 조건이 필요하다.

첫째, 언어적 의사소통과 비언어적 의사소통의 조화를 이루어야 한다. 언어적 의사소통과 비언어적 의사소통 사이의 차이는 이중적 메시지를 가져온다. 대체적으로 부부관계에 문제가 있는 부부는 이중적 메시지를 많이 사용한다. 즉, 말과 행동이 모순되거나 말과 표정이 달라 상대를 일관적으로 대하기 어렵게 하고, 혼란스럽게 한다. 예를 들어, 마음속으로는 화가 무척 나 있으면서도 말로는 '나 화 안 났어'라고 말하면 이중적 메시지로 의사소통하는 것이다.

둘째, 상대방의 말을 잘 들어준다. 상대방의 말을 잘 듣는 것은 효과적인 대화를 도울 뿐 아니라 인간관계를 증진시키는 데 필수적인 요소가 된다. 효과적으로 듣기 위해서는 ① 적극적으로 경청하고, ② 주의가 산만하지 않도록 하며, ③ 상대방의 말이 끝나기 전에 자신의 감정을 내세우거나 응수하지 말며, ④ 말하는 사람이 의미하는 바를 명확하게 하기 위해 질문을 사용하고, ⑤ 상대방이 말한 것을 요약함으로써 자신의 생각을 신속히 정리하는 방법이 있다.

셋째, 자신이 전달하고자 하는 바를 정확하게 비위협적인 방식으로 전달한다. 분명한 메시지를 전달하기 위하여 자신이 말하는 것을 주의 깊게 들으며 메시지가 자신의 생각이나 느낌을 정확하게 반영할 때까지 자신이 말한 것을 계속 수정한다. 동시에 자신의 메시지는 대화의 초대장이 되어야 하며 공격적이지 않아야 한다.

넷째, 실제적인 대화를 통해 효과적인 의사소통 방식을 익힌다. 효과적인 의사소통 방식은 저절로 얻어지는 것이 아니라 많은 노력을 통해 얻어지므로 우리는 일상생활에서 효과적인 의사소통을 연습해야 한다. 학자들은 그날 있었던 사건이나 일에 대해 대화를 나누거나 서로 상의하는 것이 의사소통방법을 익히는 가장 좋은 방법이라고 한다. 한 조사에 의하면 인터넷이나 핸드폰에서 대화하는 시간이 많을수록 가족과 대면하는 시간도 더 많고, 가족 간의 연결감을 더 높인다고 한다(McKenna et al, 2002). 이는 최신의 의사소통 매체를 실제적인 대화에 포함시키는 것도 효과적인 의사소통에 도움이 된다는 것을 보여 준다.

부부간의 효과적인 의사소통

초기 관계에서의 낭만적 사랑은 결혼기간 동안 지속되지 않는다. 두 사람이 서로를 갈구하는 강한 열정은 시간이 지남에 따라 사라지지만 함께 살면서 쌓는 부부간의 애정은 지속적인 관계에 초석이 된다. 부부간에 애정을 갖는다는 것은 친밀감을 통해 우리 의식we-ness을 갖는다는 말이다.

부부간의 애정, 즉 친밀감은 일상생활을 공유하면서, 개인생활과 공동생활의 균형을 이루면서, 의견이 다를 때 양보하고, 타협하면서, 서로 성장할 수 있도록 지지해 주면서 쌓여 간다. 부부간의 애정을 쌓아가는 과정에서 대화할 수 있고, 의사소통할 수 있을 때 애정을 표현한다고 하는 것이다. 그러므로 효과적인 의사소통은 부부간의 애정과 친밀감을 유지하게 하여 부부가 우리 의식, 즉 부부로서의 정체성couple identity을 갖는 데 바탕이 된다.

또한 서로 사랑한다고 해서 서로의 필요를 모두 아는 것은 아니기 때문에 명확한 의사소통이 필요하다. 부부 각자의 생각이 다르고, 다르게 인식하기 때문에 파트너에게 자신의 욕구를 충분히 전달해야 하고, 자신의 욕구를 이해했다는 것을 명확히 의사소통해야 한다. 특히, 부부가 원하는 욕구는 언어적 메시지와 수반되는 비언어적 메시지인 메타메시지로 전달되기 때문에 상대방의 의도를 정확하게 파악하려면 효과적인 의사소통의 기술이 필요하다.

더구나 부부는 점점 바빠지는 생활로 인해 친밀한 이야기를 할 시간이 없고, 개인적인 감정을 나누는 시간이 부족해서 상대방의 이야기를 들어주고 이해하는 방법을 잊어버린다. 사실 아이가 태어난 이후에 들어주고 이해해 주는 능력이 약화되었다고 인정하는 부부가 많다(Cowan & Cowan, 2000). 과거에는 쉽게 나누었던 개인적이고 친밀한 이야기를 나누지 못하게 되면, 말하기가 쉽지 않은 문제는 더 이야기하기 어려워진다. 이러한 어려움이 부부관계를 침해하지 않게 하기 위해서도 부부는 효과적으로 의사소통하는 법을 배워야 한다.

부부가 대화할 수 있다는 것은 상대방에게 이해받고, 존중받고, 배려받는다는 애정표현이다. 부부가 의견이 다를 때나 갈등이 있을 때조차 이해하고, 존중하고, 배려하는 의사소통을 한다면 서로 양보하거나 타협할 수 있다. 그러나 이해, 존중, 배려와 같은 애정표현을 하지 않은 채 의사소통을 하는 경우에는 부부가 서로 인생을 함께 하는 사람이라는 신뢰감이 없어져 친밀감과 유대감을 형성할 기반을 잃게 된다.

친밀감과 유대감을 형성하지 못하면 우리 의식을 갖지 못하기 때문에 두 사람 사이에 갈등이 생기면 의견차이를 극복하지 못하고, 갈등을 두 사람의 관계에 이득이 되는 측면에서 해결하기보다 개인에게 이득이 되는 측면에서 해결하려고 한다. 즉, 두 사람의 관계에 도움이 되는 해결 방식보다 각자가 자신에게 이득이 되는 방식을 택하기 때문에 갈등을 해결하기보다 서로 이기려고 하면서 갈등을 해결하지 못한다.

부부가 의사소통하면서 충족하고 싶은 것은?

부부가 의사소통하면서 충족하고 싶은 욕구는 연결성의 욕구("나는 지지받고, 연결되고, 가까워지고 싶어요"), 사랑하고 사랑받는 욕구("나는 당신의 사랑의 언어가 필요해요"), 존중의 욕구("나는 당신이 내 말을 들어주기를 원해요"), 힘과 통제의 욕구("내 결정을 따라요. 그 문제는 내가 더 잘 아니까"), 성적 욕구("나는 당신과 신체적인 대화를 하고 싶어요") 등이다.

부부간의 의사소통

효과적인 의사소통 원칙

① 1인칭으로 말하기

부부는 '나' 입장을 취하면서 자신의 생각, 느낌, 원하는 것을 표현할 수 있어야 한다. 이를 I-message나 진술문라고 하는데, '나 진술문' 자신의 말에 스스로 책임지고 있다는 것을 의미한다. 또한 '나 진술문' 부부가 각자 자신의 감정을 솔직하게 표현해 주고, 의견 차이가 어디에서 생기는지를 알게 해준다(Miller, Millier, Nunnally, & Wackman, 1991).

② 부부가 동등해지기

한쪽이 지배적이고 한쪽이 복종적일 때는 수용적인 의사소통을 하기 어렵다. 부부가 동등한 입장에서 의사소통을 하지 않는 경우에는 대화가 끝나고 난 뒤 어느 한쪽 혹은 두 사람 모두 자존감이 상한다. 이러한 상태에서는 두 사람이 차이를 좁혀 가기가 어렵다.

③ 서로 경청하기

사람들이 대화가 없다고 불평하거나 자신이 이해받지 못한다고 불평할 경우는 상대방이 잘 들어주지 않아서이다. 다른 사람을 이해하는 결정적인 요소가 듣는 능력이기 때문이다.

④ 자신의 불만을 간결하게 말하기

불평을 짧게 하는 것은 과거의 갈등을 끄집어내지 않게 한다. 현재 문제에 과거의 갈등을 끄집어내면 부부가 현재 문제를 해결하기보다 끝나지 않는 싸움을 반복하게 된다. 또한 불평을 길게 이야기하면 작은 갈등이 점점 고조화되어 큰 갈등으로 되기 때문에 작은 싸움이 큰 싸움이 된다.

⑤ 자신이 원하는 것을 분명히 말하고, 독심술 피하기

명백하게 자신이 원하는 것을 말하지 못하면 언어적 메시지와 비언어적 메시지가 불일치하고, 원하는 것이 제대로 전달되지 않는다. 독심술은 불평할 때 가장 많이 사용하고, 불평은 자신이 원하는 것이 이루어지지 않을 때 하는 것이다. 부부가 서로에게 자신이 원하는 것을 분명하게 오해받지 않도록 말하면 자신의 요구나 원하는 것이 충족될 가능성이 불평보다 더 높다.

⑥ 상대방에게 감사함을 표현하기

감사함을 표현하는 것은 부부관계에 긍정적인 분위기를 갖게 한다. 사람들은 긍정적인 분위기에서 자신이 원하는 것을 요구하게 되면 더 관심을 갖고, 불평보다 상대방의 요구에 더 집중하게 된다.

⑦ 상대방에게 요구할 때는 부드럽게 말을 시작하기

말을 부드럽게 시작하면 공격받지 않는다고 느끼기 때문에 방어적이기보다 메타 커뮤니케이션을 시작하게 된다. 메타 커뮤니케이션이란 상대방의 말보다 말의 숨은 뜻이나 의미에 더 초점을 두는 것을 말한다. 메타 커뮤니케이션으로 의사소통을 하게 되면 상대방을 더 잘 이해하게 되고, 두 사람의 관계에 더 초점을 두게 된다. 그러므로 상대방 때문에 자신이 불행해졌다는 식의 비난에서 벗어나 상대방의 요구를 더 잘 받아들이게 된다.

⑧ 다툰 후에 사과하기

부부가 다투고 난 후 상대방에게 잘못을 인정하거나 사과하는 것은 분노를 통제하도록 하여 부부관계를 더 좋게 만든다. 사과는 자신의 행동에 대해 책임을 짐으로써 관계를 회복하는 방법이다. 부부는 서로에게 사과함으로써 서로를 더 가깝게 느끼게 되고, 이로 인해 부부관계가 회복된다(김영희 · 최규련 · 홍숙자, 2005).

부부간의 의사소통에서의 성차

성에 따른 의사소통의 차이는 부부간에 갈등을 일으키는 요인 중 하나이다. 연애할 때는 사랑의 감정과 연결되어 자신들이 경험한 것을 자유롭게 의사소통하기 때문에 성에 따른 차이를 간과하게 만들고 비슷한 점에 더 초점을 둔다. 그러나 낭만적인 사랑과 열정이 사라지게 되면 두 사람은 점점 더 차이를 인식하게 된다. 두 사람이 의사소통에 문제가 있을 때는 성에 따른 차이를 더 명백하게 인식한다.

태넌(Tannen, 1990)은 성에 따른 의사소통의 차이가 사회화 과정에서 기인한다고 하였다. 여아들은 이야기할 때 서로의 얼굴을 맞대고 정면으로 바라보지만 남아들은 시선이 고정되지 않고 말하는 사람을 직접적으로 쳐다보지 않는다. 이 차이는 성인기에도 나타나 남성과 여성에게 오해를 불러일으킨다. 여성들은 말하는 사람을 직접 쳐다보는 것이 좋은 대화라고 생각해서 자기를 쳐다보지 않으면 자기가 하는 말을 듣지 않는다고 여긴다. 반면, 남성들은 직접 쳐다보지 않아도 이야기를 듣는다고 여긴다.

또한 여아들은 비밀을 친구에게 털어 놓는다. 비밀을 털어 놓으면 친구들이 친절하게 반응해 주고, 비밀을 공유하면서 서로 더 친밀해진다. 남아들은 세세한 것들을 공유하기보다 활동을 같이 경험하면서 친밀감을 나눈다. 활동을 하는 과정에서 남아들이 나누는 대화는 주로 지위에 관한 것이다. 누가 공을 최고로 멀리 던졌는지, 무엇을 맞췄다든지, 게임에서 누가 이겼는지에 대한 반응이 대화이다. 이것이 성인기에도 이어져 여성은 친밀한 관계에 대한 대화를 주로 하고, 남성들은 지위를 협상하는 대화를 주로 한다. 예를 들어, 여성은 '미안하다'라는 말을 잘못했다는 뜻으로 하는 말이 아니라 다른 사람에게 공감해주고, 그 사람과 연결하기 위해 자주 사용한다. 그러나 남성에게는 사과의 뜻이라서 자신이 낮은 위치로 내려간 것을 의미하기 때문에 잘 사용하지 않는다.

의사결정을 할 때도 남성과 여성은 다른 대화방식을 사용한다. 감정과 연결감에 관심이 더 있는 여성은 물어보면서 대화를 시작한다. 남성의 반응은 직접적으로 '응', '아니'라는 두 가지 반응이다. 남편은 아내가 자신이 원하는 것을 반영해 주기를 바라는 마음에서 질문을 간접적으로 사용하면서 의논하는지 전혀 알아채지 못한다. 남성은 직접적이라서 상대가 기대하는 것을 이해하지 못하고 '응', '아니'라고 대답부터 한다. 화가 난 여성은 남성의 대답이 끝이라고 해석하는 반면, 남성은 왜 상대가 화를 내는지, 왜 더 의논하지 않는지 의아해 한다.

테넌의 연구 결과, 집에서는 아내가 연결의 말을 더 많이 하고, 사람들이 모인 공공집단에서는 남편들이 지위에 관한 말을 더 많이 한다고 한다. 여성들은 집을 편안하게 느껴 자신의 연결 언어를 좀 더 자유롭게 표현한다. 반면, 남성들은 일에서 자신의 관점을 취하고, 지위를 보여주고, 권위를 보이는 지위 언어를 표현한다. 그래서 남편은 집에 오면 더 이상 경쟁하고 지위를 표명해야 하는 언어를 사용하고 싶지 않아 침묵을 지켜주는 TV나 신문에 만족한다. 반면, 여성들은 집에 오면 자신의 이야기를 들어주고, 이해해 주고, 받아들여 주기를 바란다.

또한 남편들은 아내가 잔소리를 많이 한다고 불평한다. 관계에서 지위에 더 관심이 있는 남편들은 아내들의 불평을 들으면 자신의 지위가 낮아진다고 여긴다. 그래서 아내가 남편에게 무언가를 하라고 말하면 남편은 딜레마에 빠진다. 아내가 요구한 것을 바로 하면 명령에 복종하는 것이라서 조금 더 있다가 자신이 주도한다는 생각이 들 때 그것을 하려고 한다. 그러나 아내는 남편이 자신의 요구를 바로 들어주지 않는 것처럼 여겨져 남편에게 다시 강요하게 된다.

성에 따른 의사소통의 차이를 이해하면 부부가 차이에 대해 서로 이야기하고, 그 차이를 민감하게 지각하여 반응할 수 있으며, 차이가 있음에도 서로를 수용할 수 있게 된다. 그러나 성에 따른 의사소통의 차이를 이해하지 못하면 성격의 차이만큼 갈등의 사이클을 반복하게 된다.

의사소통에서의 성차 비교

① 여성은 남성보다 더 미소를 많이 짓고, 얼굴표정을 통해 다양한 감정표현을 나타내며, 상대방과 눈 마주침을 더 많이 하는 것으로 나타났다.

② 여성은 남성보다 수식어를 더 많이 쓰고, 질문 형식의 말을 더 많이 하며, 강조어를 더 많이 사용하고, 예의 바르고, 덜 주장적인 목소리를 사용해서 말한다.

③ 남성들은 말할 때 색, 질감, 음식, 관계, 느낌과 같은 단어를 여성보다 덜 사용하고, 욕설을 더 많이 한다.

④ 남성들은 여성들보다 상대방의 말을 중간에서 자르는 경향이 더 높다.

⑤ 남성들은 동성과 대화할 때도 개인적인 정보를 덜 노출시키고 스포츠나 정치, 일 등에 관한 주제로 대화를 한정시킨다.

⑥ 남성들의 언어적 · 비언어적 의사소통은 좀 더 지배적인 위치에 적합한 스타일인 반면, 여성들은 상황적으로 적합한 피지배적이며, 관계를 형성하고 유지하는 데 이득이 되는 스타일이다(Lindsey, 1996).

⑦ 결혼한 부부에게도 성차가 나타나는데 아내가 남편보다 더 명확한 메시지를 보내고, 남편은 아내보다 중립적인 메시지 혹은 회피적인 메시지를 더 많이 보낸다.

⑧ 여성은 문제가 생기면 누군가와 이야기 하는 것이 도움이 되는데 남성들은 결론부터 내리기를 원한다.

⑨ 여성은 사랑한다는 말을 듣고 싶어 하고, 남성은 감정표현이 어려워 자신이 하는 행동이 바로 사랑이라고 생각한다.

⑩ 여성은 세세하게 상황에 대해 말해 주어야 한다고 생각하고, 남성은 중요한 점만 간략하게 말해야 한다고 생각한다.

효과적인 의사소통의 장애

① 한쪽 혹은 부부가 모두 경청하지 못하는 경우

부부가 서로의 이야기를 듣지 않을 때 의사소통은 단절된다. 서로 잘 들어주기 위해서는 부부가 조용히 이야기할 수 있는 시간과 장소를 정하고, 서로 편안하게 들을 준비가 되어 있는지를 확인하는 것이 중요하다. 부부가 서로를 경청하면서 이야기하려면 다음과 같이 타이밍을 점검해야 한다.

- 타이밍이 좋은 때
  - 두 사람이 좋은 기분일 때
  - 두 사람이 전적으로 서로에게 주의를 집중할 수 있을 때
  - 두 사람이 편안히 휴식하고 있을 때
  - 두 사람이 의논할 수 있는 시간이 충분히 있을 때
  - TV가 꺼져 있을 때

- 타이밍이 나쁠 때
  - 둘 중 한 사람이 기분 나쁠 때
  - 같은 문제로 갈등을 지속하고 있을 때
  - 둘 중 한 사람이 바쁘거나 급할 때
  - 둘 중 한 사람이 감정이 좋지 않을 때
  - 둘 중 한 사람이 배가 고플 때

② 부부가 친밀감과 독립성에 대한 욕구에 차이가 있는 경우

부부의 많은 문제가 친밀감과 독립성에 대한 욕구의 차이에서 기인한다. 사회화에 의해 대부분의 남편은 독립에 대한 욕구와 기대가 높고, 아내는 친밀감에 대한 욕구와 기대가 높다.

제이콥슨, 홀츠워스-먼로, 슈멜링(Jacobson, Hotzworth-Monroe, & Schmaling, 1989)은 흔히 아내는 남편과 더 함께 하고 싶고 더 가까워지기를 원

하는 데 비해, 남편은 현재 상태를 유지하면서 더 많은 독립성과 자율성을 얻기를 바라면서 혼자서 따로 있는 것을 선호한다고 하였다. 또한 가트만(Gottman, 1999)은 일반적으로 아내는 친밀감을 더욱더 원하면서 감정표현이 친밀감을 낳는다고 믿지만 남편은 자신의 감정을 표현하는 것이 시간낭비라고 생각하고 대신 문제를 빨리 해결하기를 원한다고 밝혀내었다.

친밀감과 독립성에 대한 남편과 아내의 욕구 차이는 서로 상이한 욕구가 상대방에게 미치는 영향력을 살펴보고, 상이한 욕구를 조화시킬 수 있는 방법을 부부가 함께 구축하고 실행하면서 극복할 수 있다.

③ 부부가 서로 다른 의사소통 형태를 가진 경우

부부의 표현력이 차이가 있는 경우 효과적인 의사소통을 하기가 어렵다. 한쪽은 보통 사람들보다 표현력이 높은 데 비해 다른 한쪽은 표현력이 매우 낮은 경우 표현력이 높은 사람이 독심술을 사용하여 상대방을 추측하기 때문에 오해를 불러일으켜 효과적인 의사소통을 방해한다.

④ 부부간의 문제가 해결될 수 없다고 생각하는 경우

부부들이 자신들의 문제가 너무 오랫동안 지속되어 왔기 때문에 해결될 수 없다고 여기는 경우는 대화를 시도조차 하지 않는다. 자신들의 문제가 대화로 해결될 문제가 아니라고 생각하기 때문이다.

이러한 일은 상대방의 성격 때문에 두 사람의 문제가 해결될 수 없다고 생각하는 부부에게서 흔히 나타난다(Weiner-Davis, 1992). 상대방의 성격 특성을 화내고, 증오하고, 무례하고, 무관심하고, 무신경함으로 묘사하는 경우는 배우자의 행동이 절대 변하지 않는다고 생각하여 대화를 시도하지 않고, 문제를 해결하려 노력하지 않는다.

행복한 부부의 의사소통 특성

- 부부싸움을 하지만 파괴적인 방식으로 하지 않는다.
- 부부싸움의 빈도가 적고 갈등을 겪는 시간이 적다.
- 상대방에게 자신의 생각이나 감정을 잘 표현한다. 불행한 부부들은 파트너에게 부정적인 것을 더 잘 표현하는 반면, 행복한 부부들은 긍정적인 것을 부정적인 것보다 더 잘 표현한다.
- 애정표현 수준이 비슷하다. 즉, 부드러운 시선, 사랑한다는 말, 신체적 접촉 등과 같은 애정표현의 수준이 비슷하다.
- 행복한 부부는 이야기하면서 보내는 시간이 불행한 부부보다 많고, 개인적인 이야기를 더 하며, 긍정적인 감정을 더 표현하고, 갈등이 있을 때 유머를 사용한다.
- 언어적 · 비언어적 메시지를 정확하게 받아들이고, 상대방의 메시지를 정확하게 이해한다. 불행한 부부는 파트너보다 잘 모르는 사람의 메시지를 더 정확하게 이해하는데 이러한 현상은 아내보다 남편에게서 더 뚜렷이 나타나는 특징이다.

부부간의 효과적인 의사소통 기술

의사소통 기술은 단순히 갈등을 해결하고 문제를 이야기할 수 있는 능력을 말하는 것은 아니다. 의사소통은 다른 사람들과 교제하는 즐거움, 대화로 인한 즐거움과 자극, 신체적 접촉과 미소의 교환, 사랑하는 사람들 사이의 침묵 등 여러 가지 형태로 존재하기 때문에 그 자체에 많은 의미를 가지고 있다. 무엇보다도 중요한 것은 부부가 서로 간에 감정이 교류될 수 있는 대화가 필요하다는 것이다.

부부가 정서적으로 가까운 관계를 유지하기 위해서는 각자가 마음속 깊은 감정을 드러낼 수 있고, 마음속에 깔려 있는 욕구와 만날 수 있는 대화를 할 필요가 있다. 이러한 대화를 하기 위해 부부는 말하기와 듣기 기술을 습득하여 일상생활에서 실천하도록 노력해야 한다.

말하기 기술

자신이 원하는 것 알기

사람들은 자신이 원하는 것을 충족했을 때 만족하고 행복해 한다. 자신이 상대방에게 원하는 것을 정확하게 알고 있으면 상대방도 원하는 것을 더 분명하게 충족시켜 줄 수 있다. 즉, 내가 원하는 것을 내가 정확하게 알고 있어야 상대방도 내가 원하는 것을 충족시켜 줄 수 있는 것이다. 자신이 원하는 것을 명확하게 알지 못하면 자신의 욕구에 대한 상대방의 반응도 불분명하게 여겨진다. 즉, 어떤 상황에서 언제 왜 상대방이 필요한지를 구체적으로 알면 명확한 의사소통을 할 수 있게 된다.

자신의 원하는 것을 분명히 알아보기

① 나는 언제 내 배우자가 필요한가?

② 나는 어떤 상황에서 배우자가 필요한가?

③ 나는 어떨 때 혼자라고 생각하면서 내 배우자의 지원을 받지 못한다고 느끼는가?

④ 나는 자신이 원하는 것을 말하지 않아도 배우자가 알아서 해주어야 한다고 생각하는가?

⑤ 왜 나는 자신이 원하는 것을 배우자에게 솔직하게 말하지 않는가?

자신이 원하는 것을 표현하기

자신이 원하는 것을 상대방에게 표현하는 것은 함께 나누는 모든 인간관계에서 공통적으로 갖는 즐거움이고, 좋은 관계의 상징이다. 그러나 사람들은 자신이 원하는 것을 쉽게 표현하기가 어렵다. 그 이유는 ① 자신이 원하는 것을 표현했을 때 상대방에게 거부당하거나 비웃음을 받을까 하는 두려움 때문이고, ② 자신이 말하기 전에 상대방이 알아서 해주기를 바라기 때문이다.

그러나 자신이 원하는 것을 분명하게 전달하지 않으면 상대방은 독심술로 내가 원하는 것을 추측해서 반응하기 때문에 내 자신이 원하는 것에 정확하게 반응하기 어렵고, 오해를 가져온다. 오해는 분노의 감정을 동반하기 때문에 상대방과 대화를 나누려고 하기보다 비난을 먼저 하게 한다.

자신이 원하는 것을 전달하는 방식에도 기술이 요구되는데, 그것이 바로 I-message의 전달법이다. 나-전달법은 다른 사람을 공격하지 않고 문제에 대한 자신의 느낌을 말하기 때문에 보다 더 효과적이다. 반면, 너-전달법은 다른 사람의 자존감에 위협을 주는 비난이나 모욕을 사용하기 때문에 상대방이 방어기제로 대응하게 만들고, 이는 결국 관계를 악화시킨다.

나-전달법으로 자신이 원하는 것을 표현하기 위해서는 자신의 감정을 정확하게 알고, 표현할 수 있어야 한다. 나-전달법은 긍정적인 감정뿐 아니라 부정적인 감정을 표현하는 데도 많은 도움이 된다.

자각의 수레바퀴

밀러 등(Miller, Nunnally & Wackman, 1976)은 효과적으로 말하기 위한 방식으로 자각의 수레바퀴the awareness wheel를 제시하였다(채규만 외, 1997).

① 자신에 대해 말하기

자신에 대해 말하기는 자신이 말한 것에 대해 책임을 진다는 것이다. 자신에 대해 말하기는 자신의 활동에 초점을 맞출 수도 있고, 그 밖에 어느 것이든지 자신이 알고 있는 것을 표현할 수 있다. 결과적으로 '자신에 대해 말하기'는 다른 사람들이 알아듣기 쉽게 메시지를 더욱 명확하게 전달하는 데 도움이 된다.

② 감각 정보 묘사하기(내가 무엇을 보고 들었는가?)

감각 정보를 묘사한다는 것은 오감을 통해 외부 세계로부터 지각하게 된 것을 그대로 말로 표현한다는 뜻이다. 감각 정보들이 더 많이 제공될수록 그것들은 더 유용하게 된다.

③ 생각 표현하기(무슨 일이 일어나고 있다고 생각하는가?)

생각 표현하기는 자신이 믿고 해석하고 기대하는 것 등에 대해 자신이 생각하고 있는 것을 말하는 행위이다. 자신의 생각을 표현하는 것은 다른 사람들로 하여금 자신에 대한 부정확한 가정들을 없애도록 돕고, 자신의 생각이 어떤 과정에 이르렀는가를 알게 해준다.

④ 감정 나누기(내가 어떻게 느끼는가?)

감정 나누기는 자신의 감정들을 직접적으로 말하는 것을 뜻한다. 자신의 행동과 관련된 감정을 분명히 말함으로써 자신의 행위가 더 명확하게 된다.

⑤ 소망 이야기하기(내가 원하는 것은 무엇인가?)

소망과 바람을 밝힘으로써 자신이 되고 싶고, 하고 싶고, 갖고 싶은 것을 다른 사람들에게 직접적인 방법으로 알리게 된다.

⑥ 행동 진술하기(내가 지금까지 무엇을 해왔으며 앞으로 무엇을 할 것인가?)

행동에 대한 진술이란 자신이 했던 것, 하고 있는 것, 또는 앞으로 할 행동들에 대해 말하는 것이다. 즉, 자신의 과거, 현재, 또는 미래의 행동들을 말하는 것이다.

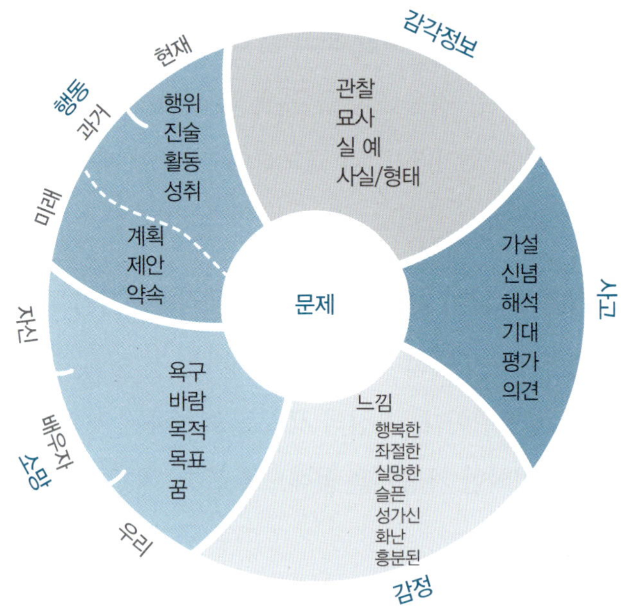

자각의 수레바퀴

자신의 말하기 방식 체크해 보기

내용		전혀 안함				자주 함
		1	2	3	4	5
1. 자신에 대해 이야기하기						
2. 감각 정보 묘사하기						
3. 생각 표현하기						
4. 감정 나누기						
5. 소망 이야기하기	자신을 위한					
	파트너를 위한					
	우리를 위한					
6. 행동 진술하기						

출처 : 채규만 외(1997).

듣기 기술

말하는 사람이 진정으로 말할 때 상대방은 주의 깊게 들어줄 수 있어 주의 깊게 듣는 것과 말하는 것은 밀접한 관련이 있다. 진심으로 말하고, 주의 깊게 들어줄 때 서로의 솔직한 모습을 공유할 수 있기 때문에 인간관계를 증진시키는 데 필수적인 요소가 된다.

효과적으로 듣기 위해서는 ① 적극적으로 경청하고, ② 주의가 산만하지 않도록 하며, ③ 상대방의 말이 끝나기 전에 자신의 감정을 내세우거나 응수하지 말며, ④ 말하는 사람의 의미하는 바를 명확하게 하기 위해 질문을 사용하고, ⑤ 상대방이 말한 것을 요약함으로써 자신의 생각을 신속히 정리할 수 있어야 한다.

또한 반영적 경청으로 상대방이 한 말의 메시지를 언어적으로 반영하면서 들어주어야 한다. 반영적 경청에는 내용반영과 감정반영이 있다. 내용반영은 상대방이 말한 내용 중 가장 중요한 것들을 짧고, 명확하게 말해 주는 것이다. 상대방은 내용반영을 통해 자신이 말했던 것을 좀 더 충분히 인식할 수 있게 된다. 감정반영은 상대방이 경험한 것에 대해 다시 반영해 주는 것을 말하는 것으로 상대방의 감정을 부인하지 말고 있는 그대로 들어주고, 성급한 판단이나 해결책을 주는 대신 주의 깊게 들어만 주며, 메시지가 의미하는 바를 이해하도록 노력하면서 듣는 것을 말한다.

상대방의 이야기를 주의 깊게 듣지 못하는 이유는 다음과 같다.

(1) 다른 사람들이 말할 때 말의 내용은 듣지 않으면서 말하는 사람의 기분만 맞추기 때문이다.

(2) 자신이 해야 할 중요한 말을 잊어버릴까 봐 잘 듣지 못한다.

(3) 상대방의 말을 듣기보다는 어떻게 하면 상대방에게 인상적인 말로 대꾸를 할까하고 자기 생각만 하기 때문이다.

(4) 왜 그런 말을 내게 하는 것일까 하고 상대방이 하는 말의 내용을 분석하기 때문이다.

듣기 주기

말하기와 마찬가지로 밀러 등은 효과적으로 듣기 위한 방식으로 듣기 주기 listening cycle를 제시하였다(채규만 외, 1997).

① 주의 기울이기(바라보기, 듣기, 따라가기)

상대방에게 주의를 기울일 때 몸과 마음을 다하여 상대방의 말을 들음으로써 자신의 관심을 상대방에게 충분히 보여 줄 수 있다. 효과적으로 잘 듣는 사람이 되기 위하여 다음 말할 것을 준비하기보다 말하는 사람에게 말과 행동으로 주의를 기울이는 것이 더 낫다.

② 인정하기

다른 사람의 메시지를 인정하는 것은 상대방과 함께하며 그의 말을 따라가고 있다는 것을 언어적 혹은 비언어적인 표현을 통하여 그 사람에게 알려주는 반응이다. 인정하기는 단순히 가볍게 머리를 끄덕이거나 '아하!'라고 반응하는 것에서부터 간단하게 해석해 주는 것까지 그 폭이 다양하다.

③ 정보 요청하기

부드러운 지시나 진술, 질문의 형태를 취하여 상대방이 무엇이든지 더 많은 것을 말할 수 있도록 요청하는 것이다. 정보 요청하기는 질문과는 다른 매우 중요한 기술이다. 함께 다루고 있는 바로 그 문제에 대해 상대가 더 이야기할 수 있는 기회를 주는 것이다.

④ 요약하기

상대가 말한 것을 덧붙이거나 빼지 않고 자기 방식으로 요점을 반복하여 말해주는 것이다. 이 기술은 상대방이 말한 것에 대해 이해한 것이 정확한지를 확인하는데 도움이 된다.

⑤ 질문하기

빠진 정보를 수집하고 채우기 위하여 개방질문을 한다. '듣기 주기'에서 질문이 점선인 이유는 주의 기울이기 · 인정하기 · 정보 요청하기 · 요약하기가 제대로 이루어지면 '질문하기'가 없어지기 때문이다.

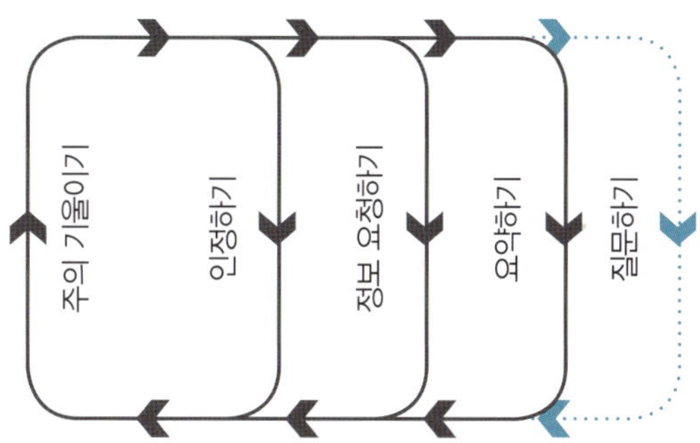

듣기 주기

자신의 의사소통의 유형

다음 글을 읽고 자신에게 해당하는 문항을 괄호 안에 ○표 하시오. 괄호 안에 영어 알파벳이 있는 것은 나중에 유형을 체크하기 위한 방식이므로 빈 공간이라고 생각하고, 자신이 평소 사용하는 의사소통 방식을 문항에 ○표 하시오.

1. 나는 상대방이 불편하게 보이면 비위를 맞추려고 한다. (a)
2. 나는 일이 잘못되었을 때 자주 상대방의 탓으로 돌린다. (b)
3. 나는 무슨 일이든 조목조목 따지는 편이다. (c)
4. 나는 생각이 자주 바뀌고 동시에 여러 가지 행동을 하는 편이다. (d)
5. 나는 타인의 평가에 구애받지 않고 내 의견을 말한다. (e)
6. 나는 관계나 일이 잘못되었을 때 자주 내 탓으로 돌린다. (a)
7. 나는 다른 사람들의 의견을 무시하고 내 의견을 주장하는 편이다. (b)
8. 나는 이성적이고 차분하며 냉정하게 생각한다. (c)
9. 나는 다른 사람들로부터 정신이 없거나 산만하다는 소리를 듣는다. (d)
10. 나는 부정적인 감정도 솔직하게 표현한다. (e)
11. 나는 지나치게 남을 의식해서 나의 생각이나 감정을 표현하는 것을 두려워한다. (a)
12. 나는 내 의견이 받아들여지지 않으면 화가 나서 언성을 높인다. (b)
13. 나는 나의 견해를 분명하게 표현하기 위해 객관적인 자료를 자주 인용한다. (c)
14. 나는 상황에 적절하지 못한 말이나 행동을 자주 하고 딴전을 피우는 편이다. (d)
15. 나는 다른 사람이 내게 부탁을 할 때 내가 원하지 않으면 거절한다. (e)
16. 나는 사람들의 얼굴표정, 감정, 말투에 신경을 많이 쓴다. (a)
17. 나는 타인의 결점이나 잘못을 찾아내어 비판한다. (b)
18. 나는 실수하지 않으려고 애를 쓰는 편이다. (c)
19. 나는 곤란하거나 난처할 때는 농담이나 유머로 그 상황을 바꾸려 하는 편이다. (d)
20. 나는 나 자신에 대해 편안하게 느낀다. (e)
21. 나는 타인을 배려하고 잘 돌보아주는 편이다. (a)

22. 나는 명령적이고 지시적인 말투를 자주 사용하기 때문에 상대가 공격받았다는 느낌을 받을 때가 있다. (b)
23. 나는 불편한 상황을 그대로 넘기지 못하고 시시비비를 따지는 편이다. (c)
24. 나는 불편한 상황에서는 안절부절못하거나 가만히 있지를 못한다. (d)
25. 나는 모험하는 것을 두려워하지 않는다. (e)
26. 나는 다른 사람들이 나를 싫어할까 두려워서 위축되거나 불안을 느낄 때가 많다. (a)
27. 나는 사소한 일에도 잘 흥분하거나 화를 낸다. (b)
28. 나는 현명하고 침착하지만 냉정하다는 말을 자주 듣는다. (c)
29. 나는 한 주제에 집중하기보다는 화제를 자주 바꾼다. (d)
30. 나는 다양한 경험에 개방적이다. (e)
31. 나는 타인의 요청을 거절하지 못하는 편이다. (a)
32. 나는 자주 근육이 긴장되고 목이 뻣뻣하며 혈압이 오르는 것을 느끼곤 한다. (b)
33. 나는 나의 감정을 표현하는 것이 힘들고 혼자인 느낌이 들 때가 많다. (c)
34. 나는 분위기가 침체되거나 지루해지면 분위기를 바꾸려 한다. (d)
35. 나는 나만의 독특한 개성을 존중한다. (e)
36. 나는 나 자신이 가치가 없는 것 같아 우울하게 느껴질 때가 많다. (a)
37. 나는 타인으로부터 비판적이거나 융통성이 없다는 말을 듣기도 한다. (b)
38. 나는 목소리가 단조롭고 무표정하며 경직된 자세를 취하는 편이다. (c)
39. 나는 불안하면 호흡이 고르지 못하고 머리가 어지러운 경험을 하기도 한다. (d)
40. 나는 누가 나의 의견에 반대해도 감정이 상하지 않는다. (e)

유형별로 합산하여 높은 점수가 나올수록 그 사람이 주로 쓰는 의사소통 유형 방식이다. 그러나 상황이나 대상에 따라 다른 의사소통 유형을 사용할 수 있다.

합계	a	b	c	d	e
점수					
유형	회유형	비난형	초이성형	산만형	일치형

(1) 회유형

말	정서	행동
사정하는 말 : "모두가 내 잘못이다." "네가 없으면 난 아무것도 아니다." "나는 너를 행복하게 하기 위해 여기 있다."	**구걸하는 감정 :** "나는 힘이 없다." 간청하는 표현과 목소리 약한 신체적 자세	**의존적 순교자적 태도 :** 너무 착한 행동 사과하고 용서를 구하고 넋두리하며 애걸하고 양보한다.
내적 경험	**심리적 영향**	**신체적 영향**
"나는 아무 가치도 없다."	신경과민 우울증	소화기관의 고통 위장애, 당뇨, 편두통, 변비

자신을 무시				
	자기	다른 사람	상황	
자원 : 돌보는 것, 민감성				

(2) 비난형

말	정서	행동
비난하는 말 : "너는 아무것도 제대로 하지 못해." "무슨 문제가 있는 거야?" "모든 것은 네 잘못이야."	**비난적인 감정 :** "내가 여기서 우두머리야." 힘이 있는 위치 딱딱한 감정	**공격적인 행동 :** 심판적인 행동 명령적인 행동 약점캐는 행동
내적 경험	**심리적 영향**	**신체적 영향**
소외됨 : "나는 외롭다." "나는 실패자다."	편집증 이탈행동	근육긴장 등 통증 혈액순환의 문제 고혈압, 관절염 변비, 천식

다른 사람을 무시				
	자기	다른 사람	상황	
자원 : 강한 주장				

(3) 초이성형

말	정서	행동
극히 객관적인 말 : 규칙과 옳은 것에 관련된 말 "모든 것이 학구적이다." "사람은 지적이어야 한다."	**경직되고 냉담한 감정 :** "사람은 어떤 희생이 있어도 냉정하고 조용하고 침착해야 한다." 경직된 굳은 자세 고자세	**권위주의자의 행동 :** 강직, 원칙론적 행위 행동의 합리화 조작적, 강요적 행동
내적 경험	**심리적 영향**	**신체적 영향**
상처받기 쉽고 고립된 느낌 어떤 감정도 표현할 수 없다.	강박 증상 반사회적 심리 사회적 위축감 지나친 긴장감	건조성 질병 점액, 임파조직의 질병, 암 심장마비 허리 통증

자신과 다른 사람을 무시				
	자기	다른 사람	상황	
자원 : 지식				

(4) 산만형

말	정서	행동
관계없는 말 : 말의 뜻이 통하지 않고, 요점이 없다. "그대로 놔둬!"라고 계속해서 말한다.	**혼돈스러운 감정 :** "나는 정말 여기에 있는 것이 아니야." 계속해서 움직임 모나고 헐렁한 자세	**산만한 행동 :** 부적절한 행동 과잉행동 방해적 행동
내적 경험	**심리적 영향**	**신체적 영향**
"어느 누구도 상관없어." "그곳은 내게 적절한 곳이 아니야." 주의를 받으려고 끼어듦	혼돈감 부적절한 느낌 정신이상적 느낌	중앙 신경계통 장애, 위장애, 매스꺼움, 당뇨병, 편두통, 변비

세가지 상황 모두 무시				
	자기	다른 사람	상황	
자원 : 즐거움, 자유의지적, 창의적				

(5) 일치형

말	정서	행동
실제적인 말 : 말은 신체의 위치와 목소리, 음조, 내면의 느낌과 일치	**일관성 있는 말 :** 표현의 흐름이 분명	**활발한 행동 :** 창조적인 행동 독특한 행동 유능한 행동
내적 경험	**심리적 영향**	**신체적 영향**
조화로움 균형 높은 자존감	건강한 심리	건강이 좋음

세 가지 상황 모두 중시				
	자기	다른 사람	상황	
자원 : 관계성, 교제, 높은 자존감				

출처 : Satir, V., Banmen, J., & Gomori, M.(1991).

좋은 의사소통으로 소울메이트 되기

- 멋진 의사소통은 멋진 관계의 열쇠라는 것을 기억하라.
- 파트너의 이야기를 경청하는 습관을 길러라. 의사소통은 양방향 도로라는 것을 기억해야 한다.
- 자신이 원하는 것을 얻기 위해 자신이 원하는 것이 무엇인지 명확하게 알아야 한다.
- 자신이 원하는 것을 효과적으로 표현하기 위해서는 좋은 타이밍이 중요하다.
- 파트너가 자신에게 말한 것을 재진술(반영적 경청과 요약하기)하는 습관을 가져라. 그것은 오해를 예방할 수 있다.
- 이메일과 휴대전화와 같은 의사소통 매체를 자주 사용하라. 현대적인 의사소통 매체는 대면접촉을 대신해서 파트너와의 효과적인 의사소통에 도움이 된다.

친밀감을 증진시키는 의사소통은 받아들임, 인정, 칭찬, 격려, 감사, 동의, 제안 등이다. 그러나 사람들은 일상생활에서 친밀감을 저해시키는 의사소통을 더 많이 하는 것으로 나타나 있다.

친밀감을 저해하는 의사소통

① 명령, ② 위협, ③ 설교, ④ 해결책 제시, ⑤ 강의, ⑥ 비난, ⑦ 비웃음, ⑧ 분석, ⑨ 심문, ⑩ 회피

CHAPTER

11

결혼생활의 실제 : 갈등해결

"행복한 사람은 고민이 없는 사람이 아니라 고민을 해결하면서 사는 사람이고, 행복한 부부는 절대 싸우지 않는 부부가 아니라 갈등과 대립이 생겼을 때 서로의 차이에서 오는 갈등을 해결하는 부부이고, 불행한 부부는 전혀 싸우지 않거나 같은 문제를 가지고 계속적으로 갈등을 일으키면서 문제해결보다는 싸움에 더 치중하면서 서로에게 계속 상처를 주는 부부이다."

갈등은 언제든지 발생하는 인간관계 과정이라고 정의되듯이(Peterson, 1983), 사람들은 살면서 끊임없는 갈등과 대립을 경험한다. 모든 부부들도 다른 사람과 마찬가지로 일상적인 문제로 끊임없이 갈등한다. 중요한 것은 갈등의 유무가 아니라 갈등을 해결하는 능력이다. 두 사람의 관계에 대한 기대가 크기 때문에 부부는 다른 사람들보다 갈등을 더 많이 겪는다. 부부간의 갈등이 일어나는 이유는 ① 시간에 구속되어 바쁘게 살면서 스트레스와 짜증으로 자신의 기분이 침체되어 있기 때문이다. ② 서로 간의 욕구와 관심의 차이가 충돌하기 때문이다. ③ 가치관의 차이로 인해 부부간의 우선순위가 다르기 때문이다. ④ 서로 주도권을 가지려는 힘과 통제권의 욕구가 충돌하기 때문이다.

부부간에 갈등이 일어나면 상대방의 행동이나 선택을 편안하게 받아들이지 못한다. 그래서 더 간섭하거나 침묵하게 되면서 갈등이 더 심해진다. 부부간의 갈등을 해결하지 못하면 부부관계를 유지시켜 주는 연결감과 친밀감이 사라지면서 두 사람이 거리감을 느끼게 된다. 이러한 경우 부부는 한 지붕 두 가족을 만들면서 이혼한 셈치고 살거나 별거나 이혼을 선택하게 된다. 이혼이 증가한다는 것은 그만큼 결혼에 대한 기대치가 더 높아진 것을 의미하기 때문에 부부간의 갈등이 해결되지 않고 지속될 경우 부부는 더 이상 삶을 함께 공유하려 하지 않는다.

부부간의 갈등

부부갈등이 해결되지 않고 지속되면 부부는 서로 이해 받지 못하고 무시당한다는 느낌을 갖게 된다. 또한 이러한 갈등패턴이 지속되면 실망, 증오, 불신을 불러일으켜 두 사람의 애정에 금이 가게 되고, 애정이 식으면서 더 심한 갈등 상황에 빠질 수 있다. 갈등을 해결하지 못한 부부관계에서는 한 배우자가 상대방으로부터 거리감을 느끼게 되거나 혹은 다른 제 삼자와 애정관계를 갖거나 해서 두 사람의 싸움은 더 심해지고, 문제를 처리하기 위한 방식으로 두 부부가 서로에게 거리를 두게 된다.

불행한 부부와는 달리 행복한 부부는 부부싸움으로 인해 두 사람의 관계가 더욱 돈독해진다. 왜냐하면 두 사람은 부부싸움으로 인해 서로의 차이점을 이해하면서 수용하게 되고, 싸운 뒤에도 애정이 변하지 않는다는 것을 인식하게 되면서 두 사람의 관계가 믿을 만하고 결속되어 있는 관계라는 것을 새삼 발견하기 때문이다.

부부관계에 폭력의 위험이 없고 부부가 가진 문제가 해결될 수 있는 것이라면 두 사람은 갈등을 해결하는 방법을 배울 수 있다. 모든 커플들, 하물며 행복한 결혼을 한 커플들조차 싸우지만, 성공적인 커플들은 갈등을 잘 해결한다는 것에 차이가 있다.

갈등의 기능

부부간의 갈등은 ① 파괴적 갈등언어적 또는 신체적 폭력, ② 건설적 갈등서로의 의견에 대해 동의하지는 않지만, 의견 차이가 있을 때 서로의 의견을 존중하고 함께 의논해 보는 갈등, ③ 건설적으로 처리된 갈등갈등을 일으켰던 문제를 부부가 건설적으로 해결한 갈등 등으로 나눌 수 있다.

이 세 가지 유형으로 인해 갈등은 긍정적인 기능과 부정적인 기능을 함께 가지고 있다.

긍정적 기능

(1) 갈등은 서로의 문제를 털어 놓게 하여 갈등에 내재되어 있는 문제를 분명하게 해준다.

(2) 갈등은 우리 자신이 어떤 사람인지를 깨닫게 하여 더욱 성숙할 수 있게 해준다.

(3) 갈등은 사소한 싸움이 심각한 갈등을 일으키지 않도록 해준다.

(4) 세력 다툼으로 야기되는 갈등을 통하여 부부간의 세력에 균형을 유지할 수 있게 해준다.

갈등의 긍정적 기능은 변화와 성장에 원동력이 된다. 갈등으로 인해 관계를 증진시킬 수 있는 변화를 일으키기 때문이다. 긍정적 기능에 중점을 두고 싸우는 부부는 갈등 상황에서도 한 번에 한 문제에 초점을 두고, 설득, 서로의 관점에 대한 개방성, 두 사람의 성숙과 향상, 위협, 속임, 비난, 모욕, 방어, 담쌓기 등의 최소화와 같은 직접적인 문제해결 접근 방식을 사용한다.

부정적 기능

(1) 갈등을 부정적인 현상으로만 인식하고, 그에 대해 분노나 적대감으로 표출하게 되면 부부관계를 유지하는 데 많은 어려움을 줄 수 있다.

(2) 갈등이 부정적으로 여겨져 직접적으로 해결을 하지 못하고, 그러한 갈등으로 인해 야기된 부정적 감정들을 표출하지 못해 감정적 · 정신적으로 불안해 하거나, 죄의식을 느끼거나, 다른 사람에게 폭력적이 되거나, 항상 잔소리를 하거나, 비판하거나, 불평불만을 토로하거나, 술이나 약물에 중독되거나 하여 파괴적인 행동을 하게 된다.

(3) 갈등으로 생긴 상대방에 대한 불만을 비난이나 인신공격과 같은 부정적 방법으로 해결하는 경우 부부의 자존감이 저하된다.

(4) 두 사람의 갈등이 해결되지 못하는 경우, 부부관계는 매우 형식적이거나 최소한의 기능만을 수행하는 수준으로 된다.

이러한 특성으로 파괴적인 갈등에 연루된 부부들은 감정의 격앙을 자제하지 못하고, 위협, 강압, 속임수, 비난, 모욕, 방어, 담쌓기 등과 같이 갈등을 더 악화시키는 방식을 사용하고, 부정적인 감정과 반응을 주고받으며 더 파괴적으로 되어 관계의 해체까지 이르게 된다.

성격의 차이는 극복하는 것이 아니라 이해하는 것이다.

유전인자의 영향으로 형성된 성격의 차이는 극복하는 것이 아니라 이해하는 것이다. 그러므로 성격의 차이로 인한 갈등은 두 사람이 해결하는 것이다. 그러므로 서로를 있는 그대로 받아들여야 한다. 대부분의 성격은 정상적인 범위 내에서 이해될 수 있기 때문이다. 그러나 지나치게 경직되고, 주위 환경에 적응을 못하고, 일상생활에서 기능을 못하고, 주위 사람들에게 피해와 괴로움을 주는 성격은 성격장애일 가능성이 높다.

갈등을 일으키는 원인

부부간에 갈등을 일으키는 원인은 다음과 같다.

(1) 돈 문제 : 돈을 얼마나 버느냐 혹은 어떻게 쓰느냐 하는 문제로 갈등이 생긴다.
(2) 자녀 문제 : 자녀의 훈육에 대한 것과 자녀를 낳는 시기와 자녀 수에 대한 것에 갈등을 일으킨다.
(3) 의사결정 문제 : 무엇을 할 것인가, 어디에 살 것인가, 혼자 보내는 시간과 부부가 함께 보내는 시간을 어떻게 할당할 것인가 등의 의사결정 불일치로 갈등이 생긴다.
(4) 관심과 보살핌의 부족 : 애정의 부족, 부적절한 애정표현, 서로를 인정하지 않고 서로에게 도움을 주지 않음으로써 갈등이 생긴다.
(5) 집안일의 분담과 수행 : 경제적 책임성의 부족과 집안일의 분담이 불공평할 때 갈등이 일어난다.
(6) 개인의 특성 : 게으르고, 충동적이고, 부주의한 행동으로 갈등이 일어난다.

부부갈등의 성차

(1) 아내가 남편보다 현재 부부관계에 대해 더 많은 불평을 한다.

(2) 아내는 남편과 함께 보내면서 더 가까워지기를 원하는 데 비해 남편은 아내와 어느 정도 거리를 유지하면서 더 많은 자유를 가지고 싶어 하고 아내로부터 자신을 분리시키고 싶어 한다.

(3) 아내는 평등적 관계를 원하는 반면, 남편은 전통적인 성역할을 고수하기를 바란다.

(4) 남성들은 여성들과 맞설 때 피곤하고 힘들다고 느끼기 때문에 갈등의 상황을 피하려고 한다. 남성들은 갈등이 고조되는 동안 맥박과 혈압이 증가한다. 그래서 남성들은 단순히 자신의 건강을 지키기 위해서라도 본능적으로 갈등 상황을 피하게 된다.

(5) 남성들은 아내들의 부정적인 태도에 더 당황해하고 혼란스러워하기 때문에 갈등이 야기되는 상황을 피하거나 그 상황을 방치해 버리기 쉽다.

(6) 여성은 대화를 나눔으로써 가까워지려고 하는 반면, 남성은 신체적인 접촉을 통해 친밀감을 느끼고 싶어 한다.

(7) 아내는 갈등 상황에서 타협점을 찾으려고 하는 반면, 남편들은 호전적인 태도를 보이거나 자기변호를 더 많이 한다.

(8) 여성은 갈등에서 오는 스트레스를 남성보다 더 능숙하게 해소시키고, 해결방법을 찾아낸다. 반면 남성은 스트레스를 잘 처리하지 못해 갈등이 생기면 회피한다.

부부간의 애정 행로

① 만남으로 두 사람의 관계가 시작된다.

② 서로에게 매력을 느끼고 함께 시간을 보내기 시작한다.

③ 서로 좋아하게 된다. 두 사람 사이의 관계에서 기쁨, 스릴, 스파크, 따뜻함, 열기가 일어난다.

④ 상대방이 평생 함께 할 사람인지 고민하게 된다. 이러한 걱정을 줄이기 위해 서로 더 많이 헌신하기 시작한다.

⑤ 결혼한다.

⑥ 갈등이 생긴다. 두 사람의 갈등은 사소한 것일 수도 있고, 심각한 것일 수도 있다.

⑦ 결혼생활이 위태로운 부부들은 갈등을 잘 다루지 못한다. 갈등이 더 자주 발생하고, 강도도 심해져서 서로 함께 있는 것이 점점 더 고통스러워진다. 즉, 서로 대화를 하지 않으며 대화 자체가 고역이 된다.

⑧ 건강한 방식으로 결혼생활을 유지하는 부부조차 생활이 점점 더 분주해진다. 시간과 주의를 요하는 직장생활 일이나, 집안일, 자녀양육 때문에 점점 시간에 쫓기면서 스트레스가 쌓인다.

⑨ 부부관계의 유대를 단단히 묶어 주는 일에 소홀해지기 시작한다. 서로에 대한 관심과 열정이 떨어지고, 부부가 함께 하는 시간도 줄어든다. 더 이상 친구처럼 이야기하거나 산책하거나 영화를 보거나 하지 않는다. 그리고 이것이 부부싸움으로 자주 번지게 된다.

⑩ 큰 전환기를 맞이한다. 상대방과 함께 있는 것이 힘과 기쁨이 되기보다 스트레스이고, 고통스러운 일이 되기 시작한다. 두 사람이 화목한 시간을 함께 보내는 것은 먼 과거의 일이 되어 버린다.

⑪ 서로 싸울 때 앞으로의 관계 지속을 위협하는 말을 하게 된다. "왜 내가 당신과 함께 살아야 하지?", "우리 부부는 이혼하는 편이 더 나을 거야" 등의 말을 서로에게 하게 된다.

⑫ 이제 부부는 서로 헌신하거나 부부관계를 위한 노력을 전혀 하지 않는다. 그리고 두 사람이 왜 결혼했는지도 잊어버린다.

⑬ 함께 살아야 한다는 압박감이 없거나 다른 대안이 없는 부부들은 이혼하게 된다. 결혼생활을 유지하는 부부들은 서로 헌신하고 만족스러운 결혼생활을 위해 노력하지 않으면서 불행한 결혼생활을 계속하게 된다.

부부간의 파괴적 갈등 패턴

갈등 없는 부부생활은 존재하지 않는다. 갈등이 있어도 행복한 부부들은 갈등을 해결하기 위해 ① 타협점을 찾는다. 즉, 부부가 자신들이 원하는 바를 한 발씩 양보해 협상하고 타협한다win-win 전략. ② 한쪽에 맞추어 준다. 즉, 한 사람이 상대방에게 맞추어 주면서 갈등을 해결한다. ③ 결정을 잠시 미룬다. 타협점을 찾거나 한쪽에 맞추어 주기 어려운 경우에는 서로를 존중하는 방식으로 당분간 갈등에 대한 결정을 내리지 않고 미루어 더 심각한 갈등으로 이어지지 않게 한다. 그러나 불행한 부부들은 파괴적인 방식으로 갈등을 표출하고 있어 종종 별거나 이혼에 이르게 된다.

갈등의 고조

배우자의 부정적인 말이나 행동에 맞서 부정적으로 대응함으로써 결국 큰 싸움이 되는 패턴이 갈등의 고조이다. 부부싸움을 통제할 수 없다고 느낄 때 갈등이 고조된다. 갈등이 고조되면 부부는 서로에게 개인적인 공격을 하기도 하고 언어적인 폭력을 통해 이기려고 하는 경향을 보인다. 자신이 공격을 당한다고 느끼는 당사자는 또 상대 배우자에게 공격함으로써 자신을 방어하게 되고 이러한 과정 속에서 갈등이 고조되는 것이다. 갈등이 고조되는 과정에서는 부부가 모두 감정적으로 상처를 입게 될 뿐 아니라 서로 간의 애정에도 금이 가게 된다. 이러한 부정적 상승과정이 반복되면 이혼으로 이어지기도 한다.

갈등의 고조를 낮추는 방법

한 사람이 한 걸음 물러섬으로 인해 상대방이 부정적으로 반응하는 것을 멈추게 될 때 단계적 확대의 연쇄과정이 짧아진다. 목소리를 좀 더 낮추고 부드럽게 이야기하면서 그저 겸허한 태도를 보이기만 해도 효과가 있다.

무시

한 배우자가 다른 배우자의 생각이나 감정 그리고 행동 등을 인정하지 않을 때 무시가 일어난다. 무시는 상대방을 실망시킴으로써 자존감을 떨어뜨린다. 또한 무시당하는 사람은 자신을 보호하기 위하여 자신의 생각이나 감정을 드러내지 않게 된다.

무시를 예방하기

상대방을 무시하는 패턴이 문제나 이혼을 야기할 가능성이 높다고 알려져 있다. 인정하고 존중하는 것은 무시하는 패턴을 정지시킬 수 있다. 서로 인정해 주는 패턴을 갖기 위해서는 꾸준한 연습이 필요하다. 특히, 화가 난 상태에서 상대방을 인정한다는 것은 훈련을 하지 않고는 불가능하기 때문이다.

부정적 해석

부정적 해석은 상대방의 동기를 실제보다 더 부정적으로 생각하는 것이다. 이것은 관계를 파괴시키는 부정적인 패턴이 될 수 있으며, 그렇게 되면 갈등이나 문제를 건설적으로 해결하는 것이 더 어려워진다. 부정적 해석을 하는 사람들은 자신이 생각하는 것이 옳다고 지지해 줄 증거들만 찾고 싶어 하기 때문에 한 번 형성된 부정적 해석은 쉽게 바뀌지 않는다. 특히, 부부가 그동안 부정적인 상호작용을 계속해 왔을 경우에는 부정적 해석이 더 자주 발생하게 된다. 결국 부부는 상대방의 동기에 대해 더 자주 의심하게 되는 악순환이 되풀이되는 것이다. 부정적 해석은 절망적인 상황으로 발전할 수 있고, 문제를 규명하기가 어렵기 때문에 파괴적인 상호작용에 빠질 가능성을 높인다.

부정적인 해석을 극복하기 위한 방법

비현실적으로 무조건 '긍정적인 사고'를 하라고 주장하지는 않는다. 부정적 해석은 잘 뽑혀지지 않는 아주 질긴 뿌리를 지닌 잡초와도 같으므로, 이 상황에 처해 있는 사람들은 그 뿌리를 찾아 제거해야 한다. 그 뿌리는 바로 이 상황에 처해 있는 사람 안에 있다. 따라서 내부를 깊이 파고 들어가서 그 뿌리를 제거할 수 있는 사람은 바로 그 상황에 처해 있는 자신뿐이다.

① 상대방의 행동을 지나치게 부정적으로 해석하지 않았는지 스스로에게 물어보아야 한다.

② 자신이 내린 부정적인 해석과 반대되는 증거가 있는지 찾아보아야 한다.

철회와 회피

철회와 회피는 상대방과 중요한 문제를 함께 의논하는 자체를 피하는 패턴을 말한다. 철회는 대화하는 도중에 일어나서 방에서 나가버리는 것과 같은 직접적인 형태로 나타날 수도 있고, 화제를 돌리거나 논쟁을 차단하는 것과 같은 간접적인 방법으로 나타나기도 한다. 철회하는 사람은 싸울 때면 조용해지거나 대화를 빨리 끝내려고 상대방의 제안이 어떤 것이든 성의 없이 금방 동의해 버린다. 하지만 실제로는 그 제안에 따를 생각이 없다.

회피는 철회와 마찬가지로 대화하기를 꺼리는 것이다. 하지만 아예 처음부터 대화하지 않으려고 하는 것이 철회보다 더 강하다. 이런 철회와 회피의 패턴도 미래의 불행과 이혼을 예견해 주는 강력한 요소이다.

철회와 회피를 예방하기

만약 철회와 회피의 패턴을 가지고 있다면, 그러한 패턴을 계속하는 한 상황은 점점 나빠질 것이다. 다그치는 자가 불평하고, 비난하고, 애원하는 방식으로 계속 더 다그칠수록, 회피하는 자는 점점 더 자기방어를 하면서 철회하려고 하기 때문이다. 더욱이 문제가 중요할수록 문제를 철회하는 것은 나쁜 결과를 야기시키게 된다. 철회와 회피의 패턴과 관련해서 가장 먼저 해야 할 일은 부부가 같은 팀이라는 사실을 깨닫는 것이다. 다그치는 자가 덜 다그친다면 회피하는 자도 대화에 참여하기가 더 쉬워질 것이고, 회피하는 자가 좀 더 직접적으로 대화에 개입하려 한다면 다그치는 자도 다그치는 것을 쉽게 멈출 수 있을 것이다. 결혼생활에서 배우자와 대화할 수 있는 문을 항상 열어두되, 이때 철회하고 싶은 충동이 들지 않는 방식으로 열어두어야 한다. 즉, 싸우지 말고 서로 의견을 나누어야 한다.

이혼에 이르는 지름길

1. 비난

비난은 한 배우자가 상대배우자의 어떤 특별한 행동을 공격하는 것이 아니라 상대방이 가진 성격 특성에 대해 공격을 하는 것을 말한다. 예를 들어, 남편이 아내에게 "당신은 당신 생각만 하는 사람이야?"라고 한다면 이것은 비난이다. 비난은 불평과는 달리 자신의 분노나 화를 동시에 표출하는 것이다. 예를 들어, 아내가 남편에게 "당신은 시간만 나면 친구들과 보내는군요"라고 불평할 수 있다. 그러나 만일 남편이 부인의 불평을 들어주지 않는다면 부인은 "당신이라는 사람은 나와는 아무것도 하지 않을 사람이에요"라고 비난하게 된다. 이 경우는 특별한 행동에 대한 불평이 사람에 대한 비난으로 바뀌게 된 것이다. 비난이 계속되면 문제가 되고, 계속되는 비난은 모욕으로 이어지게 된다.

2. 모욕과 경멸

모욕은 상대방을 감정적으로 학대한다는 점에서 비난과 다르다. "당신은 참 어리석어", "당신은 바보야" 등과 같은 인신공격이나 욕설을 해서 두 사람의 관계를 무너뜨리거나 긍정적인 상호작용의 표현을 못하게 한다. 경멸은 언어적 모욕, 욕설, 조롱 등으로 표현되어 파괴력이 매우 높아 이혼의 가장 강력한 예측요인이다. 가트만은 경멸을 사랑의 황산이라고 표현할 정도로 파트너가 서로에 대한 애정과 존중을 한꺼번에 빼앗아 버린다. 욕설을 퍼붓고 조롱을 함으로써 상대방을 정서적으로 학대하는 것은 부부싸움의 도화선이 되고 심지어 신체적 폭력까지 야기시키게 된다.

3. 방어

비난과 경멸은 방어로 이어지게 한다. 부부 사이에 생긴 문제에 대한 책임을 상대방의 탓이라고 돌릴 때 방어가 일어난다. 방어는 문제를 일으킨 장본인이라고 책망을 받는 배우자가 모욕을 느낄 때 나타나는 반응이다. 변명이나 "그래-그렇지만"이라고 한다거나 푸념 혹은 다른 형태의 방어는 두 부부가 문제를 해결하기 어렵게 만들고 네 번째 단계인 담쌓기로 이어지게 한다.

4. 담쌓기

담쌓기는 한 배우자나 두 배우자 모두 상대방과 신체적인 대화나 정서적 대화를 단절하는 것을 말한다. 남성들이 더 쉽게 흥분하기 때문에 부부 사이에 긴장이 감돌면 회피하려는 경향이

> 높아 85%의 담쌓기는 남성들이다. 이것은 아내가 남편에게 불평하고, 비난하고, 요구하면서 정서적으로 시달리게 하면 할수록 남편들은 합리화나 회피를 사용해서 아내의 괴롭힘에서 벗어나려는 방식으로 냉담한 반응을 보이는 순환적 패턴을 설명할 수 있는 기제가 된다. 남성들은 아내보다 갈등상황에서 생리적으로 더 쉽게 흥분하기 때문에 그러한 생리적 고통을 피하려고 회피하려는 경향이 높은 것이다. 부부가 한 사람은 이야기하고, 다른 한 사람은 침묵을 지키거나 다른 곳을 응시하거나 해서 언어적, 비언어적으로 회피하는 것이 담쌓기의 전형적인 예이다.
>
> 출처 : Gottman(1994).

가트만(Gottman, 1977)은 이혼에 이르는 지름길을 네 마리 말이라고 비유했는데, 네 마리 말은 부부관계에 긍정적인 감정을 침식해서 더 이상 상대방을 존중하지 않게 하고, 부부가 모두 상대방이 문제를 더 심각하게 만들기 때문에 두 사람 사이에 생긴 문제를 해결할 수 없다고 간주한다. 또한 상대방 때문에 문제가 해결될 수 없는 것이라서 더 이상 이야기할 이유가 없고, 이야기 자체가 쓸모없는 짓이라고 여긴다. 그러면서 부부는 서로 분리된 삶을 살기 시작하고, 같이 살고 있어도 겨우 부부의 명맥만 유지할 정도로 형식적인 상호작용만 할 뿐이다. 즉, 부부가 정서적으로 고립되어 있어 결혼생활에는 더 이상 편안함, 지지와 애정, 친밀감이 존재하지 않는다.

소외감과 거리감으로 인한 정서적 고립은 부부의 기억에도 변화를 가져와 예전에는 행복하고 축복이었던 결혼생활을 지금은 끔찍한 실수였다면서 더 부정적으로 과거를 변화시킨다. 이러한 부부들에게 왜 결혼했는지를 물어보면 집을 떠날 필요가 있었다든지, 아이를 가졌기 때문이라든지, 경제적인 어려움이 있었다든지 등의 외적 조건만 나열하고 이전에 느꼈던 사랑이나 친밀감, 행복은 전혀 없었던 것처럼 회상한다.

부부간의 애정이 사라지는 경로는 실망으로부터 시작된다. 사랑에 빠져 있었을 때는 보지 못했던 상대방의 통제하는 행동, 책임감 부족, 정서적 지지의 부족, 성격의 차이에 실망을 한다. 실망과 함께 분노, 상처, 망상이 나타나지만 초기에는 결혼생활에 문제가 생겼다고 생각하지 못한다. 점차 문제가 드러나기 시작하면 한 파트너는 간청하거나 깊이 뉘우치는 행동으로 관계를 회복하려 시도하지만 다른 파트너는 수동적으로 회피하면서 문제를 해결하는 데 실패한다.

불만족하고 불평하는 배우자의 이야기를 진정으로 들어주면 사정은 달라질 수 있지만 회피적이고 무관심한 파트너는 일이나 TV, 쇼핑, 잠, 외부 활동으로 도피하거나 술을 과도하게 마신다. 그러면서 불평하는 배우자는 실망과 애정없음이 교차하는 단계로 들어섰다가 결국에는 애정이 없는 상태로 된다. 즉, 두 사람이 서로 헤어지는 것이 행복하다는 것을 깨닫게 된다. 이러한 부부 중 80% 정도는 이혼을 실행에 옮기고, 20%는 자녀 혹은 경제적 문제, 다른 요인 때문에 헤어지지 못하고 한 집에서 각자의 삶을 살아간다(Gottman & DeClaire, 2001).

부부간의 갈등 유형

가트만(John Gottman, 1994)은 2,179쌍의 부부를 20년간 연구한 것을 바탕으로 어떤 결혼이 성공하고 어떤 결혼이 실패로 끝나는가?를 저술하였는데, 이 책에서 부부가 비슷한 갈등유형을 갖는 자체가 갈등을 해결하는 것보다 안정적인 결혼생활을 유지하게 된다고 밝히고 있다. 가트만이 제시한 갈등해결에는 세 가지 유형이 있다. 부부가 오랜동안 같이 살면 갈등의 빈도가 적은 것처럼 보이는 이유도 상대방에 대한 기대와 감정적 반응의 약화에도 있지만, 갈등의 유형이 비슷해지기 때문이다.

갈등회피 유형

이 갈등 유형을 가진 부부들은 정면으로 충돌하는 것을 피하고 싸움을 피하면서 결혼생활을 안정적으로 한다. 이 부부들은 갈등이나 차이에 대해서는 아예 이야기도 꺼내지 않거나 서로 동의하지 않는 문제도 동의해 버릴 정도로 갈등을 회피한다. 갈등회피 유형의 부부들은 갈등을 해결하려고 노력하는 대신 결혼생활의 긍정적인 면에 더 초점을 두고, 가족의 가치를 공유하며, 두 사람의 결혼생활을 지지해 주는 외부 지원체계종교, 사회, 지역, 여가활동 등를 가지고 있다. 이 부부들의 단점은 피할 수 없는 갈등조차 잘 다루지 못한다는 데 있다.

갈등폭발 유형

대부분의 사람들은 폭발적인 갈등 유형을 갖는 부부의 결혼생활은 문제가 있다고 여긴다. 그러나 가트만은 어떤 부부에게는 화산폭발과 같이 격한 싸움 자체가 사랑표현의 한 부분이라는 것을 밝혀냈다. 이러한 유형의 부부는 화도 잘 내지만 애정과 유머를 표현하는 빈도와 강도가 높다. 갈등폭발 유형의 부부는 화해도 잘하고, 서로의 차이점을 잘 극복한다. 시끄럽고 격렬하며 때로는 전투적이라고 할 수 있는 의사소통 패턴을 가지고 있지만, 부부가 각자 자신의 입장을 강하게 표현한 뒤에는 바로 긍정적인 감정으로 돌아가는 유형이다.

이 부부들은 35년 후의 결혼생활에도 사랑의 열정이 식지 않는다. 들어주기와 공감을 건너뛰면서 격렬하게 싸우지만 사랑과 열정이 싸울 때만큼 강렬하다. 그러나 갈등폭발 유형의 부부가 극단적으로 부정적일 때에는 부부싸움이 결국 폭력으로 이어질 수 있다는 위험성을 가지고 있다.

합리적 갈등 유형

합리적 갈등 유형의 부부는 상호만족을 얻기 위해 협상을 한다. 이 유형의 부부들은 상대방의 의견을 잘 들어주고, 의견 충돌이 있을 때도 상대방의 의견을 상당히 존중해 준다. 즉, 갈등이 일어나도 서로를 들어주고, 자신의 관점을 이야기하고, 상대방을 설득하지는 못해도 타협을 하면서 조용히 대화한다. 이 유형의 부부들은 “알아”, “이해해” 등의 표현을 자주 사용한다. 그렇다고 해서 이 유형의 부부가 상대방을 진정으로 이해한다기보다는, 단지 “나는 당신과 다른 의견을 갖고 있지만 당신의 의견을 존중해 주고 싶어요”라는 것을 의미한다.

상호존중은 불일치의 횟수를 줄여 주는 효과를 가져 온다. 이 유형의 부부는 갈등회피 유형의 부부와는 달리 ‘우리’라는 어휘를 자주 사용하며 부부 각자의 개인생활을 강조하지는 않는다. 합리적인 부부는 서로에게 좋은 친구가 된다. 즉, 부부가 서로에게 의사소통, 정직, 애정, 시간을 함께하기 등에 가치를 두는 좋은 친구가 되는 것이다. 그래서 어떤 경우에는 우정이나 함께하기의 결속을 위하여 개인생활이 희생되기도 한다.

그러나 부부가 적대적인 유형을 비슷하게 가지고 있는 경우에는 싸울 때 극도로 전투적이라서 비난, 비판, 인신공격, 방어 등의 파괴적인 갈등의 양상을 모두 보인다. 이로 인해 부부는 정서적으로 분리되어 별거나 이혼에 이르거나, 폭력이나 살해에까지 이르기도 하면서 결국에는 두 사람의 관계를 끝내게 된다.

부부간의 갈등해결 원칙

부부관계를 강화시키기 위해서는 무엇보다 부정적인 태도가 긍정적인 태도로 바뀌어야 한다. 부부관계를 약화시키는 부정적인 태도는 결점 찾는 태도, 자신이 항상 옳다면서 이기려는 태도, 수동적 공격성으로 이기려는 태도, 실제 문제를 다루기보다는 표면적인 것만 이야기하려는 태도, 문제에 책임지지 않으려는 태도, 과도하게 인정과 사랑을 요구하는 태도, 무관심한 태도, 문제해결을 포기하는 태도, 용서하지 못하는 태도 등이다.

부정적인 태도는 두 사람의 관계에 대한 자신의 책임을 받아들이고, 상대방을 수용하고 이해하며, 상대방과 우정을 나누고, 배우자를 존중하는 행동을 하며, 결혼생활의 목표를 자신이 옳다는 것을 증명하는 것이 아니라 행복하고 안정적인 관계에 두게 되면 긍정적인 태도로 변화될 수 있다. 가트만과 디클레어(Gottman & DeClaire, 2001)도 두 사람이 정서적으로 연결되려면, 그러고 싶지 않아도 다가가는 대화를 하고, 나-전달 메시지로 문제에 대해 부드럽게 시작하고, 비난하기보다 불평하고, 갈등이 최고조에 이르면 두 사람 모두 20분간은 멈출 수 있어야 하며, 부정적인 것보다 긍정적인 것을 찾으려 노력하고, 대화가 필요할 때 피하지 않아야 한다고 제시하였다. 또한 긍정 정서가 부정 정서를 넘지 않는 5**긍정 정서** : 1**부정 정서**의 법칙을 지키면 부부는 갈등이 있어도 원만한 관계를 가질 수 있다고 하였다.

특히, 부부들이 격렬하게 싸울 때는 서로 다른 문제를 가지고 싸운다. 아내는 남편이 청소를 하다 말았다고 청소의 마무리에 대해 비난하는데, 남편은 자신의 자존감을 아내가 비난한다는 생각에 "당신은 내가 하는 일은 뭐든 마음에 안들지"라며 서로 다른 이야기를 한다. 사소해 보이는 문제가 실제로는 부부가 해결하지 못한 더 근본적인 문제일 가능성이 높기 때문에 그 뿌리부터 해결할 필요가 있다. 그러므로 싸울 때는 싸우는 문제에 대해 표면적인 것뿐 아니라 그 문제의 핵심을 들여다보아야 문제를 해결할 수 있다. 그래서 문제해결을 위한 갈등은 싸우면서도 갈등의 긍정적 기능을 반영해야 하는 것이다.

상대방에 대한 칭찬은 부부 화합의 보약이다. 그리고 진실한 마음을 담은 '사랑해', '미안해' 그리고 '고마워'는 언제나 강력한 상처 치유제가 되므로 자주 사용하고 표현하도록 한다. 그리고 다음과 같은 부부간의 갈등해결 원칙을 숙지하고 갈등에 대처하는 것이 중요하다(Erber & Erber, 2018).

(1) 불만을 표시할 때는 명확하게 표현한다. '나'라는 말을 고수하고, '당신'이라는 말은 피한다.
(2) 불평보다는 상황을 좋게 만들 수 있도록 상대방에게 합리적인 변화를 요구한다.
(3) 갈등을 일으키는 문제를 이해하게 되었을 때는 그 문제에 대한 이해의 느낌이나 생각을 상대방에게 분명하게 인식시킨다. 다른 사람을 비꼬거나 모욕하지 않고 자신의 감정이나 생각을 솔직하게 말해서 상대방에게 분명하게 전달한다.

(4) 모든 사람들은 자신의 삶을 조절할 필요가 있으므로 인내한다. 누구를 탓하기보다 문제를 해결하기 위해 두 사람에게 필요한 것에 대해 이야기하는 것이 더 중요하다는 것을 명심한다.

(5) 타협을 시도한다. 타협은 서로 다른 사람들의 차이점을 존중하면서 그 차이점을 현실적으로 다룰 수 있는 방법이다.

(6) 한 번에 한 문제 상황만을 다룬다. 오래 전에 있었던 일이나 과거에 있었던 일을 꺼내지 않는다.

(7) 상대방의 감정 상태를 자신의 관점으로 표현하지 않도록 한다. 자신이 상대방의 마음을 아는 것처럼 독심술로 상대방의 감정, 생각, 행동을 대신 말하지 말고, 상대방이 어떻게 느끼는지 또는 어떻게 생각하는지 모르면 물어봐야 한다.

(8) 싸울 때도 애정을 유지할 수 있어야 한다. 불만 사항과 함께 긍정적인 말과 칭찬을 포함해야 불만의 타격을 완화하고, 상대방을 덜 방어적으로 만들 수 있다.

(9) 갈등을 일으킨 문제에 초점을 두고 갈등에 관련된 사람에 대한 인신공격은 하지 않도록 한다. '항상' 및 '절대'와 같은 단어를 사용해서 상대방의 전체 성격에 대한 비판을 하지 않도록 한다.

(10) 갈등을 해결할 시간과 상황을 고려해라. 적절한 시간과 장소를 선택하여 문제에 대해 충분히 이야기할 시간을 갖는다.

(11) 싸움에서 이기려고 하지 말라. 싸움의 목적은 관계를 장기적으로 지속하기 위해 두 사람의 문제를 해결하는데 있다. 그러므로 싸움의 목표는 상대방을 이기려는 것이 아니라 두 사람에게 생긴 문제가 싸울 대상이고, 두 사람의 적이라는 것을 명심해야 한다

부부간의 갈등해결로 소울메이트 되기

1. 싸우기 전에 먼저 생각해보기

- 이 문제가 내게 그렇게 중요한가?
- 이 문제로 내가 얼마나 신경 쓰이고, 마음이 불편한가?
- 이 문제에 대한 내 책임은 무엇인가?
- 지금 이 문제로 배우자와 싸우기에 적절한 상황인가?

2. 잘 싸우기

- I-message로 나 자신에 대해 먼저 이야기하기
- 상대방이 비난으로 시작할 경우에는 비난에 대한 자신의 감정 표현하기
- 상대방의 감정에 긍정적으로 반응하기
- 자신이 원하는 것을 표현하기
- 상대방이 원하는 것을 표현할 때 긍정적으로 반응하기
- 상대방에게 원하는 행동을 구체적으로 언급하기
- 상대방이 내게 원하는 행동을 언급할 때 긍정적으로 반응하기
- 실천 가능한 해결책 찾기

3. 비상시 중단하기

- 싸움이 너무 격해지면 중단하기
- 언제 대화를 다시 시작할지 서로 합의하기

4. 서로 화해하기

- 상대의 화해 시도를 받아들이기
- 화해하는 데 시간이 필요하다면 그 기간을 분명히 이야기해 주기

CHAPTER

12

결혼생활의 실제 : 일과 가족

"결혼을 택하든 택하지 않든 일은 인간의 필수적인 선택이다.
그러므로 결혼은 애정관계를 선택하는 동시에 일을 선택해야 하는 관계이기도 하다.
결혼생활에서 해야 하는 일은 직장생활에서 하는 일뿐 아니라
집에서 하는 가사노동이고, 가사노동에는 자녀양육도 포함된다.
현대사회에서 결혼생활의 성공 여부를 예측할 수 있는 지표는
부부가 가사노동을 평등하게 분담하고 있는가에 대한
아내의 체감 수준이라고 한다."

부부는 보통 정서적인 관계로 인식되고 있지만 경제적 단위로서의 부부도 매우 중요하다. 가정경제는 가족구성원의 욕구를 충족시키는 수단이 되며, 안정된 생활의 기반을 이루게 한다. 경제관념은 주어진 사회문화 속에서 습득되며 그 특성이 다양하여 개인마다 차이가 있다. 돈이 어떤 사람에게는 권력을 의미하기도 하고, 성공을 의미하기도 하며, 행복을 의미하기도 하고, 안전을 의미하기도 하고, 자유와 사랑을 의미하기도 한다. 경제관념의 차이로 인해 돈을 얼마나 버느냐보다 돈을 어떻게 쓰는가가 부부갈등을 일으키는 주원인이 된다. 그러므로 부부는 합의된 관점으로서의 경제관념을 갖는 것이 중요하다. 부부의 경제생활은 일을 통해 이루어지는데, 일은 직장에서 하는 일도 있고, 집에서 하는 일(가사노동)도 있다. 즉, 결혼을 하게 되면 개인이 갖는 직업으로서의 의미와 더불어 부부간의 조화로운 직업이 요구되며, 조화로운 직업생활을 위해 집안일도 부부가 조화롭게 수행해 나가야 한다.

결혼과 직업

직업은 단순히 돈을 번다는 의미 외에도 여러 가지 소중한 가치를 지니고 있다. 직업은 심리적인 기쁨을 주고, 사회적으로 인정받게 해주며, 경제적으로 안정되고 풍요롭게 살 수 있게 해준다. 과거에는 직업이 단순히 먹고 살기 위한 수단에 그쳤지만 최근에는 자신의 잠재력과 꿈을 실현하는 삶의 터전으로 인식되고 있어 부부가 모두 직업을 갖는 경우가 많다.

부부의 경제활동은 가족생활을 위한 물질적 자원을 확보하고, 재정적 위험으로부터 안정적으로 생활할 수 있게 해주며, 자아실현의 성취를 이루게 해준다. 그러나 직장에서 요구되는 시간과 에너지로 인해 또 다른 경제활동인 집안일(가사노동)을 병행하는 과정에서 많은 부부들이 갈등을 겪는다. 즉, 부부가 직업과 가사노동을 어떻게 수행하느냐에 따라 두 사람의 관계도 달라질 수 있다.

직장과 가정은 상호 영향력을 가지고 있어 서로에게 영향을 미친다. 직업과 가정생활의 이중 역할을 수행할 때 갖게 되는 역할긴장이나 역할갈등은 부부관계에 부정적인 영향을 미친다. 특히, 직업은 집안일에 비해 융통성이 적어 근무조건이나 상황에 따라 가족 간의 상호작용에 영향을 미친다.

(1) 근무시간이나 근무지가 가족들이 함께할 수 있는 시간을 제한할 수 있다. 또한 부모 역할수행, 가사분담, 심지어는 부부의 성생활에까지 영향을 미친다. 이렇게 맞벌이 부부들에게 탄력적이지 못한 업무 스케줄과 야근과 연장업무의 증가는 가정생활에 부정적인 영향을 미친다.
(2) 남편과 아내의 직업은 부부관계, 부모–자녀관계, 가족원 개개인의 복지, 기타 사회적인 관계에까지 파급효과가 있다. 이러한 영향은 가사나 육아에 대한 지원체계에 따라 가족지원정책에 따라 그 양상이 다르게 나타날 수 있다.
(3) 직업은 결혼생활의 질과 안정성에 긍정적 · 부정적으로 영향을 미친다. 직업에서 만족감이나 긍정적인 자극을 얻게 되는 경우 그것은 가정생활에 대한 만족으로 이어지기도 한다. 또한 직업에서 어떤 문제가 생기거나 스트레스가 있을 경우에는 그것이 가정으로 옮겨지기도 한다work spillover. 예를 들어, IMF 시기에 가장의 실직이나 맞벌이 부부 중 한 사람의 실직은 가족의 슬픔이었고 가족생활에 타격을 초래하기도 하였다. 마찬가지로 가족생활 역시 직장에서의 업무수행에 대한 질이나 생산성에 영향을 미친다. 가족생활이 원만하고 행복할 경우에는 직업에 전념할 수 있음은 물론 행복이 배가되는 긍정적인 경험으로 이어진다. 반면에 가족에게 좋지 않은 문제가 생길 경우에는 그 문제로 인한 스트레스가 직업에 가중되어 업무수행에 더욱 부담을 느끼게 되어 부정적인 영향을 미치게 된다family spillover.

결혼하기 전 직업에 관련하여 두 사람이 의논할 사항

① '둘 다 취업을 원하는가?', '만약 그렇다면 누구의 직업을 우선할 것인가?', '직업으로 인하여 이사나 분가를 해야 한다면 어떻게 할 것인가?' 등과 같은 사항들에 대한 선택과 결정이 요구된다.

② 만약에 맞벌이를 하기로 결정하였다면 이에 수반되는 문제들이 있다. 즉, '가사분담은 어떻게 할 것인가?', '자녀양육은 어떻게 해결할 것인가?', '질 높은 육아를 위한 대안으로는 어떤 것이 있는가?', '가족과 일 사이에 역할 갈등이 발생할 경우에는 어떻게 해결할 것인가?' 등과 같은 것들이 있다. 이러한 문제들에 대해서는 구체적으로 논의되고 역할이 효율적으로 분담되어야 일과 가족의 조화에 무리가 없을 것이다.

③ 가사분담과 관련된 문제들도 다양하게 제기될 수 있다. 예를 들면, '배우자로서 또는 배우자에게 어떤 역할을 기대하는가?', '가사 분담을 구체적으로 어떻게 할 것인가?', '가사분담과 관련된 의사결정을 누가 내릴 것인가?', '서로 간에 의견이 일치하지 않을 경우는 어떻게 조정할 것인가?' 등과 같은 것들이 있다.

출처 : Schwartz, M. A., & Scott, B. M.(1994)..

결혼과 집안일

모든 부부에게 집안일의 분담 문제는 피할 수 없는 일이다. 전통적인 가족은 한 공간에서 기본적인 생활을 영위하며, 가족을 위해 돈을 버는 남편과 집안일을 도맡아 자녀를 위해 헌신하는 아내의 모습이 이상적이고 정상적인 가족으로 여겨왔다. 그러나 오늘날의 가족은 다양한 가족의 모습이 혼재하고 있어 집안일은 부부에게 끊임없는 갈등요소로 작용한다.

가정생활에서 가전기구의 과학화가 많이 응용되고 있지만 매일 반복되는 가족구성원들의 욕구와 생활패턴은 줄어들지 않아 집안일은 여전히 많은 노동력을 필요로 한다. 집안일은 조직화되어 있지 않고, 단조롭고 반복적인 특성이 있어 일을 해도 별로 표가 나지 않고, 다른 사람들의 인정도 받지 못하며, 일하는 사람도 의미를 발견하기가 어려워 더 힘들게 느껴진다.

더구나 집안일은 성별이나 연령에 따라 구조화되어 있어 한 사람에게 많은 일이 할당되는 특성이 있다. 집안일을 주로 여성의 역할로 여기는 이유가 여기에 있다. 또한 집안일의 과다로 여성들이 우울증을 겪기도 하고 제사 혹은 명절 관련 증후군을 겪는 것도 같은 이유이다. 더구나 집안일은 자녀양육을 포함하므로 직장생활을 하는 여성들은 가정에서 또다시 이중교대second shift를 할 경우가 많다.

그러므로 부부는 집안일을 공동 분담할 수 있는 해결방안을 모색하는 것이 필요하다.

집안일의 공동분담을 통해 소울메이트 되기

① 두 사람을 위한 생활공간으로서의 집을 만들기 위해 부부가 서로 협력해야 한다는 인식을 갖는다. 집안일을 완벽하게 하기보다는 생활공간으로 만드는 것이 더 중요하다는 인식도 필요하다.

② 정리 정돈된 집을 만들기 위해서 해야 할 일들을 중요한 순서대로 열 가지를 정한 다음 누가 그 역할을 맡아서 할 것인가를 의논한다.

③ 집안일에 대한 체크리스트를 사용하여 해야 할 일들을 기억하고, 해야 할 일을 했는지에 대한 점검을 통해 피드백을 한다.

④ 자신이 하겠다고 약속한 일을 끝까지 수행하도록 한다.

⑤ 가사도우미와 아이돌보미를 고용할 수 있으면, 그들을 도움망으로 활용한다.

결혼과 돈

돈은 행복을 보장해 주지는 않지만 경제적인 문제가 있을 경우 결혼생활에 불행을 일으킬 수 있다. 그러므로 부부는 서로 협력하여 재정적 기초를 이루는 것이 중요하다. 부부가 경제적으로 협력한다는 것은 돈과 관련된 규칙을 정하고, 수입과 지출을 균형 있게 유지하며, 재정적 어려움에 대응할 수 있는 대처능력에 협력적인 태도와 행동을 갖는 것을 말한다. 재정에 대해 부부가 서로 협력적인 태도와 행동을 보일 때 부부는 돈으로 인한 갈등을 극복할 수 있다.

부부의 돈 쓰임새는 가족생활주기와 미래 재정계획에 의해 결정된다. 예를 들어, 출산과 더불어 가족이 늘어나게 되면 아이를 양육하는 것에도 많은 비용이 소요된다. 또한 미래를 위해 다양한 형태의 투자를 하게 되면 돈 쓰임새가 달라질 수 있다.

부부의 재정관리 계획과 수행을 위한 원칙

- 원칙 1 : 목표의 우선순위 설정
- 원칙 2 : 재정자원의 분석
- 원칙 3 : 체계적 재정관리 수행을 수립하기
- 원칙 4 : 지출과 저축을 통제하기 위한 예산편성
- 원칙 5 : 재정계부를 기록하기
- 원칙 6 : 신용한계를 설정하고 책임 있게 사용하기
- 원칙 7 : 저축을 증식시키는 데 시간을 사용하기
- 원칙 8 : 체계적으로 부를 형성하기
- 원칙 9 : 자산을 보호하기
- 원칙 10 : 정기적으로 자산을 검토하기

출처 : 유영주 외(2000).

현명한 경제 소비와 관리

경제적인 책임을 지기 위해서는 돈을 잘 관리해야 한다. 돈을 많이 버는 사람들도 돈을 어리석게 쓰거나 현명한 소비자가 되지 않으면 경제적인 문제를 일으킬 수 있다. 돈은 사람들에게 불행을 일으키는 가장 큰 원인이 된다. 즉, 돈을 잘 관리하지 못하면 돈이 우리의 삶을 지배하게 된다. 돈이 우리의 삶을 지배하게 만들면 돈 문제로 불행한 삶을 살게 된다. 그러므로 부부는 효율적인 구매행동과 계획적인 생활로 과소비와 충동구매 등의 불필요한 지출로부터 씀씀이를 조절하고 자제력 있는 소비행동과 돈 관리를 할 필요가 있다.

부부는 돈 관리에 서로 일치된 관점을 가지고 있어야 한다. 상대방이 돈을 어리석게 쓴다고 생각하면 부부간에 끊임없는 갈등이 일어나기 때문이다. 결혼 전

두 사람이 저축이나 돈쓰는 방식에 대해 일치점을 확인하는 것이 중요한 이유가 여기에 있다. 돈에 대한 의미에 있어서도 부부의 일치와 불일치는 두 사람의 관계에 많은 영향을 미친다. 돈에 대한 의미는 과거의 경험이나 현재의 생활 방식 등에 영향을 받고, 돈에 대한 집착이나 소비 패턴, 그리고 절약하는 방식에 그 의미가 나타나기 때문이다.

돈의 의미에 대한 관점

욕구충족의 관점

돈이 기본적이고 보편적인 욕구를 만족시킬 때 행복을 강화한다는 관점이다(Argyle, 2001; 김동기 외 역, 2005). 가족의 수입은 무엇보다도 가족원들의 기본적인 욕구음식, 주거, 옷, 관리비 등를 충족시키는 데 우선적으로 사용해야만 한다고 생각한다. 그러한 비용을 지출한 다음 나머지 수입은 가족들이 원하는 것을 충족시키는 데 사용될 수 있다.

가치의 관점

돈을 사용하는 데 가치가 매우 중요하다고 보는 관점이다. 가치는 부부가 돈을 어디에 쓰는지를 결정하는 중요한 요소가 된다. 자신의 직업에 가치를 두면 직업을 위해 돈을 쓴다. 예를 들어, 목수, 트럭 운전사, 전기 공사와 같이 노동을 하는 사람들은 자신의 연장과 도구를 위하여 돈을 사용하고, 대학교수들은 책과 연구를 위해 돈을 사용하고, 학생들은 자신의 미래를 개척하는 데 돈을 사용하며, 모델이나 연예인 같은 직업을 가진 사람은 옷 구입 등에 비용이 더 들 수 있다.

사회적 압력

돈을 쓰는 것은 부부가 속해 있는 사회집난에 의해 영향을 받는다. 만약 다른 집 아이들이 해외 어학연수를 간다면 우리 집 아이들도 같은 경험을 해야 된다는 생각을 부인하기가 어렵다. 이는 일종의 체면유지비 항목의 돈으로 볼 수 있다.

심리적 욕구

돈이 기본적인 욕구를 충족시키는 데도 쓰이지만 더 광범위한 심리적 욕구를 충족시키는 데 돈을 써야 한다는 관점이다(Argyle, 2001; 김동기 외 역, 2005). 예를 들어, 부부가 자신들의 사회적 지위가 불안정하고, 사회적인 성취를 이루지 못했다고 생각할 때 보상심리로 돈을 쓰게 된다. 또한 자신의 능력과 세력을 내보이고 싶은 사람은 돈을 쓰면서 자신의 영향력을 행사할 수 있다. 상대방이 돈을 쓰는 것을 통제하고 지배하면서 돈으로 자신의 영향력을 행사할 수 있다.

가족생활주기의 변화

가족의 욕구 변화는 가족생활주기에 따라 달라지며 돈을 쓰는 것도 생활주기의 영향을 받는다. 가족을 새롭게 형성하면 집안에 필요한 가구, 전기제품, 다른 용품을 사야 하기 때문에 돈을 많이 사용한다. 그래서 적절한 경제 상담이 없으면 신혼부부는 돈 문제에 봉착할 수도 있다.

부부가 아이를 갖고자 할 때도 경제문제가 생길 수 있다. 자녀를 키우는 것은 오랜 기간 동안 상당한 비용이 드는 일이다. 자녀교육비는 자녀가 커 갈수록 더 증가한다. 또한 평균수명이 늘어나고 은퇴의 시기를 고려하여 미리 노후생활비용을 계획하고 안락한 생활의 준비가 절대적으로 요구된다. 그 외에도 긴급생활비, 주택구입비, 자녀결혼자금 등이 가족생활주기에 따라 달라질 수 있다. 따라서 가족생활주기에 따라 우선순위를 고려하며 제정 목표를 세워 자원을 파악하고 대처능력을 갖추는 것이 바로 가족경제계획이다. 가족생활주기별 가계재무 목표는 다음 표와 같다.

가족생활주기별 가계재무 목표의 우선순위

단계	1차 목표	2차 목표	3차 목표	4차 목표
신혼기	주택 마련	절세	긴급자금 비축	노후 준비
자녀출산/양육기	긴급 자금 비축	부채 최소화	교육자금 준비	노후 준비
자녀교육기	교육자금 준비	부채 최소화	노후 준비	긴급 자금 비축
진수기	자산 축적	절세	노후/상속 준비	특별 자금
은퇴기	노후 준비	상속 준비	자산보전	절세

출처 : Dwyer, D. P.(1989).

재정관리를 통한 소울메이트 되기

① 재정관리 : 사소한 재정을 관리하는 일이라도 뒷전으로 미루지 않도록 한다. 이는 큰 문제가 될 수도 있으므로 즉시 배우자와 재정적인 계획을 세우기 위한 시간을 갖는 것이 바람직하다.

② 저축생활 : 매달 돈을 저축할 때 부부는 서로 미래에 대해 헌신적이라고 느끼게 되며 부부 관계가 더욱 돈독해진다.

③ 재정계획 : 가정의 수입과 상황이 바뀌지 않더라도, 새로운 문제나 상황이 전개될 수 있으므로 부부는 매년 예산을 계획하고 재평가하는 것이 필요하다.

부부의 재정계획

재성계획은 인생 전체를 두고 장 · 단기적으로 구체적으로 세워야 한다. 부부가 함께 돈을 관리하기 위한 첫 번째 단계는 돈에 대한 철학을 점검해야 한다. 즉, 돈은 저축하기 위해서 벌어야 된다고 생각하는지, 돈은 쓰기 위해서 벌어야 한다고 생각하는가, 혹은 돈은 쓰기도 하고 저축도 해야 한다고 생각하는가, 자신은 부자가 되기를 원하는지, 아니면 그냥 편안히 살 정도만 되면 되는지, 아니면 그럭저럭 사는 정도만 되면 되는지 등과 같은 사항들에 대하여 부부 사이에 협상이 이루어져야 한다.

두 번째 단계는 돈에 대한 철학을 부부가 세운 장 · 단기 목표에 적용시켜야 한다. 저축은 왜 하는지, 저축한 돈을 쓸 때 단기적 목표를 위해 쓰는지, 장기적 목표를 위해 쓰는지 등과 같은 사안들에 유효적절하게 잘 맞추어 써야 한다.

세 번째 단계는 재정수입에 대하여 예산을 세우는 일이다. 예산을 세우기 위해서는 자신의 수입과 지출에 대한 정보를 모두 알고 있어야 한다. 또한 예산을 적절히 세우기 위해서는 기록을 철저히 해야 할 필요가 있다.

수입이 지출보다 적으면 균형을 맞추기 위해 다음과 같은 방법을 적용할 수 있다.

- 유동비용을 줄인다.
- 저축을 줄인다.
- 무이자 신용카드를 사용한다.
- 구입할 것을 구입하지 않거나 늦춘다. 이때 고정비용도 변화시킬 수 있다. 예를 들면 금액이 낮은 집을 찾아보거나, 냉난방 비용을 줄이거나, 보험료가 더 낮은 보험회사를 찾거나, 소형차를 타는 방법이 있다.

저축과 투자

저축과 투자는 재정계획의 중요한 부분으로 안정된 생활을 유지하게 하며 재정적 위기에 도움이 된다. 저축하는 방법은 세 가지가 있다. 첫째, 현금으로 가지고 있는 것이다. 둘째, 이자를 얻을 수 있는 은행에 저축하는 것이다. 셋째, 투자하는 것이다. 저축은 반대 개념인 소비로 인해 저축과 투자에 어려움이 생길 수 있다. 소액이라도 일정한 저축을 계획하고, 저축을 생활의 부분으로 만들어야 한다. 또한 투자는 적절하고 안정된 범주 안에서 하도록 하여 무리한 투자로 많은 것을 잃어버리는 일이 없도록 해야 한다. 저축과 투자는 부부가 충분히 상의하고 의견일치에 따른 결정이어야 한다.

부부가 은행관리를 위해서는 다음과 같은 몇 가지를 협상하는 것이 필요하다.

(1) 부부가 은행에서 개인 구좌를 가질 것인가? 아니면 공동 구좌를 가질 것인가?
(2) 한 사람이 일을 하고 한 사람이 집을 관리하면 가정비용을 누가 관리할 것인가?
(3) 누가 돈을 벌고 쓰는 것을 기록할 것인가?
(4) 부부의 은행 구좌가 다르다면 누가 집안 살림 비용을 책임질 것인가?

신용카드 사용을 위한 올바른 지침

① 필요할 때만 신용카드를 사용한다. 물건을 사기 전에 그 물건이 정말 필요한가? 물건을 사기 전에 현금으로 사도 그 물건을 살 것인지에 대하여 생각한다.

② 현금으로 사는 것과 신용카드로 사는 것과의 비용을 비교해 본다.

③ 이자율이 얼마인지 계산해 본다. 그런 이자를 내고도 신용카드를 사용할 수 있는가를 고려하여 결정한다.

④ 신용카드율이 싼 곳을 알아본다.

⑤ 카드 결제를 될 수 있는 한 짧은 시간 내에 하도록 한다.

⑥ 신용카드의 계약사항을 주의 깊게 살펴본다.

⑦ 자신이 관리할 수 없을 만큼의 빚은 지지 않는다.

예전에는 경제적인 안정이 결혼을 하는 중요한 이유였지만, 오늘날에는 경제적인 문제로 이혼하는 부부가 점점 많아지고 있다. 현대인들의 경제적인 문제는 신용카드 과다 사용에서 기인하는 경우가 많은 것으로 알려져 있다. 신용카드는 사용이 편리하고, 현금 없이도 언제든지 구매가 가능하다는 장점이 있는 반면, 과다한 지출을 부추기며, 충동구매를 자극하고, 이자율이 매우 높아 실제 구매액보다 훨씬 더 많은 비용을 지불해야 하며, 자신도 모르게 빚이 불어나게 된다는 단점이 더 많다

출처 : Olson et al.(2008).

CHAPTER

13 부모됨과 부모역할

"부모됨은 이 세상에서 가장 어려운 일이지만 가장 의미 있고, 가장 중요한 일이라서 이 세상에서 돈 주고 살 수 없는 것이 있다면 바로 잘 키운 자식 하나이다. 자식이 잘 컸다는 것은 자립 능력이 있어 자신에게 주어진 일을 스스로 할 수 있고, 사회적 적응력을 가지고 있어 주변 사람들하고 잘 지내고, 사람들과 협력하고 도움을 주고 받으며, 자신에게 의미를 부여하는 세상을 끊임없이 창조하면서 의미에 근거한 행동으로 세상에 적응하는 것을 말한다."

부모가 된다는 것은 인생에 새로운 경험과 기회를 가지는 것으로 즐거움과 기쁨이 있는 반면, 부모로서의 역할과 책임이 따른다. 과거에는 결혼을 하면 누구나 아이를 낳고 부모가 되는 것을 자연스럽고 당연한 현상으로 생각하였다. 그러나 현대사회에서는 부모가 되는 것을 스스로 선택하여 결정할 수 있게 되었다.

더구나 오늘날에는 과중한 자녀 양육비의 부담과 불확실한 노후 의탁, 복잡한 현대사회의 구조와 세대차로 인해 자녀교육에서의 자신감 상실, 일이나 직업에서의 성취 등이 부모됨을 망설이게 하고 있기도 하다. 개인의 선택이 자유로워지면서 부모됨에 대한 현명한 선택의 필요성이 더욱 강조되고 있다. 특히 부모되기는 쉬워도 부모답기는 어렵다는 말이 있듯이 부모 역할은 저절로 이루어지는 것이 아니라 정확하고 올바른 지식과 정보를 통해 스스로 습득해야 하는 일이다.

부모됨의 의미

부모가 되는 것은 기쁨과 행복을 안겨주는 가치 있고 의미 있는 일이면서도 육아에 대한 책임감과 두려움 등이 수반되기도 한다. 그러나 대부분의 부부는 자녀를 낳음으로써 가계를 계승하고, 사랑을 주고받으며, 삶의 기쁨을 함께 나눈다. 또한 자녀를 양육함으로써 책임감 있고 성숙한 성인의 역할을 수행하며, 생명을 창조했다는 성취감을 경험하기도 한다.

루빈(Rubin, 1975)은 부모가 되는 동기의 유형을 네 가지로 제시하였다.

(1) 숙명적 동기 : 인간에게 주어진 숙명과 운명에 순종하고 따라야 한다는 종교적 신념으로 자녀를 갖게 되는 동기

(2) 이타적 동기 : 보상이나 대가를 바라지 않고 진정한 사랑을 베풀 수 있는 동기

(3) 자기애적 동기 : 자녀를 가진다는 것이 성숙된 성인이 됨을 의미하는 것뿐 아니라 자녀를 가지면서 정서적 안정감을 가질 수 있다는 점에서의 동기

(4) 도구적 동기 : 부모가 이루지 못한 꿈을 대신하여 이루어 주리라고 믿거나 자신의 부모를 기쁘게 해드리기 위해 자녀를 갖는 동기

이와 같이 부모가 되는 동기는 사회문화적 배경이나 개인에 따라 다양하다. 그러나 어느 사회를 막론하고 성인기에 부모가 된다는 것은 바람직한 것으로 받아들여진다고 간주한다. 사람들은 부모가 됨으로써 결혼생활을 윤택하게 만들 수 있으며, 부부관계를 개선시키는 매체가 될 수 있고, 이혼이나 결혼생활의 해체를 방지할 수 있다고 생각한다. 또한 부모가 된 성인들은 안정을 추구하기 때문에 사회의 안정성에 기여할 수 있다고 여겨질 뿐 아니라 정신적으로 건강한 사람이라고 여겨진다.

호프먼과 마니스(Hoffman& Manis, 1979)는 사람들이 자녀를 갖는 이유를 다음과 같이 제시하고 있다.

(1) 자녀는 부모가 사랑 안에서 살 수 있는 인간관계를 제공해 준다.
(2) 자녀의 성장발달을 지켜보면서 부모는 자극을 받을 뿐 아니라 인생의 즐거움과 행복감을 느낀다.
(3) 부모는 자녀를 키우면서 자아성장을 이룰 기회를 가진다.
(4) 자녀의 성장발달을 도우면서 부모는 성취감을 갖게 된다.
(5) 자녀는 부모에게 건강한 성인이라는 사회적 지위를 제공해 준다.
(6) 자녀는 부모에게 가치 있는 일을 할 기회를 제공해 준다.
(7) 자녀는 노후에 돌볼 사람을 갖게 해줌으로써 경제적 유용성을 제공해 준다.

그 외 이유로는 자녀가 부모세대를 확장시켜 주어 부모세대를 이어갈 수 있고, 부모의 세력을 확장시켜 주며, 부모에게 독특한 경험을 제공해 줄 수 있기 때문으로 나타나 있다. 반면 자녀 갖기를 꺼리는 이유는 자유를 얻기 위하여, 경제적인 이유로, 좋은 부모가 될 자신이 없어서, 살기 어려운 세상에 자신의 아이를 태어나게 하고 싶지 않아서 등으로 나타나 있다.

부모됨의 계획

이성교제기간과 결혼 초기에는 자녀계획에 대한 충분한 준비시간을 가져 부모됨을 선택해야 한다. 자녀를 갖기 원하는 부부도 있지만 원하지 않는 부부들도 있다. 어느 쪽을 원하든지 부부는 자녀를 가지는 것에 대해 어떻게 느끼는지를 명확하게 할 필요가 있다.

(1) 부모가 될 때라고 생각하는가?

(2) 가족을 부양하는 것이 자신의 삶에서 중요한 목표인가?

(3) 20년 후 미래를 생각해 볼 때 자녀 없이 사는 것을 상상할 수 있는가?

(4) 자녀를 갖기 원하지만 미루고 싶은가?

(5) 자녀를 갖는 것을 미루는 이유가 미래를 위해서인가? 그 이유가 시간이 지나면 더 강화되거나 또는 완화될 수 있는가?

부모됨의 준비

현대사회에서는 부모의 역할과 책임이 강조되어 부모됨의 준비를 요구하고 있다. 부모됨의 준비란 아동의 발달단계에 따른 지식을 쌓고 자녀를 잘 돌볼 수 있는 기능을 익히는 것 외에 부모가 되고자 하는 당사자의 신체적 · 심리적 · 경제적 준비를 포함한다.

신체적 준비

부모가 되기 위해서는 우선 건강해야 한다. 태아에게 나쁜 영향을 끼칠 질병은 없는지 건강검진을 받고, 건강에 이상이 있다면 회복될 때까지 부모됨의 시기를 늦추는 것이 바람직하다. 또한 부부의 양쪽 가계에서 가족 질병이나 유전적인 질병을 조사하여 태아에게 영향을 끼칠 수 있는 유전적인 문제가 있다면 이를 최소화할 수 있는 방법을 강구해야 한다. 임신을 한 다음에도 태아와 산모의 건강을 위하여 흡연이나 음주, 약물복용 등을 삼가고 건강을 유지하여야 한다.

자녀를 갖기 위해 노력을 기울여도 잘되지 않는 경우도 있고, 피임을 해도 임신이 되기도 하지만 부부가 언제 자녀를 가질 것인지 시기의 선택이 중요하다. 오늘날은 삼십대 혹은 사십대까지 자녀 갖기를 미루는 부부가 많다. 어떤 부부들은 나이와 전혀 상관없이 불임의 문제를 갖지만 이십대에는 쉽게 임신할 수 있는 부부들도 삼십대 중반이 되면 불임이나 난임의 문제가 생겨 의학적인 치료를 받기도 한다.

심리적 준비

부모가 되기 위해서는 여러 가지 심리적인 준비가 필요하다. 자신의 정신적 · 심리적 상태를 파악하여 자녀를 출산하고 양육하는 데 문제가 되거나 장애가 되는 요인들을 개선하는 노력이 필요하다. 부모의 불안정한 정서 상태는 자녀에게 심리적인 손상을 주어 자녀에게 부정적인 영향을 미칠 수 있기 때문이다.

또한 자녀를 갖는 것은 부부의 삶의 목표를 바꿀 만큼 많은 시간과 노력이 요구되므로 자녀를 갖기 전에 부부에게 중요한 목표를 먼저 달성할 필요가 있다. 부모가 되기 전 어느 정도의 목표를 성취할 수 있다면 편안하게 부모됨의 준비를 할 수 있다. 또한 자녀는 즐거움과 행복을 주기도 하지만 스트레스의 원인도 될 수 있으므로 부부가 안정된 관계를 유지할 수 있는 심리적 준비도 필요하다.

경제적 준비

부모는 무엇보다 자녀의 경제적 부양자가 되어야 한다. 자녀를 양육하고 교육하기 위해서는 기본적으로 경제적인 뒷받침이 필요하고, 그러기 위해서는 부모가 자녀를 부양할 경제적 능력이나 경제적 계획을 가져야 한다.

부모가 신체적 · 심리적 · 경제적으로 준비가 덜 되었거나 적합한 상황이 아니라면 부모됨을 미루는 것에 대해서 고려해 볼 필요가 있다. 불행하게도 많은 부부가 결혼 전에 자녀를 갖는 문제에 대해 의논하지 않는다. 또한 자녀를 갖는 것이 의논해야 할 만큼 중요한 일인지조차 모르고 있어, 계획없이 부모가 되어 어려움을 겪는다. 만약 자녀를 갖기 위해 신체적 · 심리적 · 경제적으로 준비가 되어 있지 않으면 부모됨을 미루는 것도 바람직하다.

부모역할

부모역할을 수행한다는 것은 양육자이며 교사로서의 책임을 맡게 됨을 의미한다. 부모는 양육자로서 자녀의 양육과 교육을 담당하고, 자녀의 인성을 형성시켜 주며, 자녀에게 따뜻함과 편안함을 제공해 주고, 의식주를 제공해 주는 역할을 수행한다. 또한 부모는 교사로서 아동에게 걷고 말하고 자신을 돌보는 방법을 가르치며, 사회에서 주어지는 역할을 훌륭하게 수행해 나갈 수 있도록 필요한 지식과 기술을 가르치는 한편, 사회에 적응할 수 있는 태도와 가치관을 기르도록 해주면서 자녀의 사회화socialization를 담당한다.

전통사회에서는 부모의 역할이 뚜렷이 구분되어 있었다. 어머니는 가사와 육아를 담당하면서 자녀의 정서적 욕구충족을 도와주는 역할을 수행하고, 아버지는 경제적 책임과 함께 자녀로 하여금 사회생활에 필요한 가치를 획득하도록 도와주는 역할을 맡았다.

그러나 현대사회에서는 아버지와 어머니의 역할을 구분하지 않고 있다. 아버지의 자녀양육 참여가 자녀의 초기 발달에 긍정적인 영향을 미칠 뿐 아니라 어머니에게 정서적 지원을 제공하고, 부부의 부모역할수행능력을 개선시키는 것으로 알려져 있다. 그러므로 부부가 자녀양육에 공동으로 참여하는 팀 파트너team partner로서의 역할을 하는 것이 현대사회의 바람직한 부모역할이라고 할 수 있다.

최근 우리나라에서도 좋은 아버지 모임이 조직되면서 아버지의 양육 참여에 대한 관심과 실천이 보편화되고 있어 아버지가 자녀양육에 팀 파트너로서의 역할을 수행하고 있음을 알 수 있다. 비그너(Bigner, 1985)는 좋은 아버지란 첫째, 자율적인 아동의 행동을 강조하고, 둘째, 아동과 자신에 대한 이해를 바탕으로 아동과 상호작용하며, 셋째, 아동과 자신의 차이점을 인식하고 인정해 주며, 넷째, 행동모델을 통하여 아동에게 성숙된 행동을 증진시키며, 마지막으로 부모됨의 선택과정을 통해 부모됨에 신중함을 기하는 아버지라고 하였다(김영희 · 이현섭, 2012).

부모역할의 특성은 다음과 같다.

(1) 부모는 자녀의 성장발달에 가장 큰 영향을 미치는 요소이다.
(2) 부모역할은 자녀가 성장함에 따라 변화를 필요로 한다.
(3) 같은 부모 밑에서 자라도 자녀가 경험하는 것이 다르기 때문에 부모의 역할은 아동에 따라 달라진다.
(4) 대부분의 부모들은 준비과정이나 훈련 없이 부모가 되고 부모역할이 부여되며, 아동발달에 관해서도 잘 모르고 있다.

부모됨에 대한 신화

① 나는 내가 원하는 대로 내 아이를 키울 수 있다.

② 자녀를 양육하는 데는 사랑만 충분히 쏟으면 된다.

③ 자녀가 실수를 하도록 방임해서도 안 되고 혹시 실수를 하게 되는 경우에는 그 결과로부터 자녀를 보호하여야만 한다.

④ 만약 내 자녀가 올바르게 성장하지 못한다면 그것은 내 책임이다.

⑤ 내 아이는 완전한 성인으로 자라서 내가 이루지 못한 것을 성취하고 내가 갖기 원했던 것을 가지게 할 수 있을 것이다.

⑥ 자녀는 부모에게 사랑을 받았으므로 사랑을 빚진 상태에서 부모를 존경하고 부모에게 복종해야만 한다.

⑦ 부모역할은 즐겁고 쉬운 일이다.

⑧ 나는 부모가 내게 한 실수를 결코 반복하지 않을 것이다.

⑨ 우리 부부는 자녀를 훈육하는 방식에 대해서 항상 일치할 것이다.

⑩ 부모역할은 자연적 본능이다.

⑪ 부모는 결코 화를 내서는 안 된다.

⑫ 내 아이가 다 자라면 부모역할도 끝난다.

출처 : LeMasters & DeFrain(1989).

아동발달에 영향을 끼치는 부모환경요인

아동발달에 영향을 끼치는 부모환경은 부모 자신의 성장과정에서의 경험, 교육 정도, 직업, 사회경제적 수준, 자녀 수, 부모의 지능, 부모의 건강과 신체적 안녕, 부모의 인성, 부모의 정신건강, 부부관계, 가족구조 등과 같이 다양하다. 그러나 여러 연구를 종합해 볼 때 아동발달에 주요한 영향을 끼치는 대표적인 부모환경은 다음과 같이 설명할 수 있다.

부모의 관심

자녀에 대한 부모의 지속적인 관심은 부모와 자녀 간의 강한 애착관계를 유지해 주고, 부모의 사랑과 수용을 자녀에게 전달해 준다. 그러므로 부모에게 일관되게 사랑받고 인정받으며 관심 속에 자라는 아이들은 내적으로 긍정적인 자아의식을 발달시키게 된다. 또한 부모의 관심을 통해 아동이 부모로부터 사랑받고 있다는 느낌을 가지면 아동은 부모와 주변 세계에 대한 기본적인 신뢰감을 발달시키고, 자신을 스스로 통제할 수 있다는 기대감과 확신을 가지게 되며, 학업이나 학교생활을 잘 수행하고, 원만한 또래관계를 형성할 수 있다.

반면 부모의 사랑과 관심이 부족하고, 자녀를 있는 그대로 수용하지 못하는 부모의 거부 반응이 계속되면 자녀는 애정결핍을 느끼게 되어 불안정한 정서발달을 이루게 된다. 그 결과로 아동은 자존감이 낮아져 자신감이 부족하거나, 지적발달과 사회성에 문제를 보이거나, 문제행동을 보이거나, 공포나 불안과 같은 감정을 가지게 된다.

자녀에 대한 부모의 관심이 지나쳐서 너무 과잉몰입하며 과잉보호를 하게 되는 경우도 있다. 이런 경우 자녀는 스스로 할 수 있는 힘을 기르지 못해 부정적인 자아개념을 형성하게 된다. 자신을 부정적으로 인식하게 되면 아동은 자존감에 손상을 가져와 분노나 공격성을 조절하지 못하고, 또래관계에 문제를 보이며, 학습부진 등의 다양한 문제행동을 보이게 되며, 성인이 된 후에도 여전히 미성숙한 모습을 보여 성숙한 대인관계를 갖기가 어렵다.

부모의 역할모델

부모는 아동이 처음 접하는 역할모델로써 성장과정에 많은 영향을 준다. 아동은 부모의 행동을 통하여 자신의 행동과 외부 환경을 조절하는 방법을 배우는데, 부모는 자녀에게 직접적 지시와 가르침, 모델링, 강화와 피드백의 행동을 통해 자녀의 발달에 영향을 미친다.

부모는 자녀에게 무엇을 해야 하는지, 무엇을 하지 말아야 하는지, 언제 해야 하는지, 왜 해야 하는지, 왜 하지 말아야 하는지를 직접 설명해 주어야 한다. 직접적인 지시와 가르침을 통해 부모는 자녀에게 사회정서적 기술을 습득하게 하고, 사회적 상황을 다룰 수 있는 능력을 기르게 한다.

아동은 부모를 바라보는 것만으로도 많은 것을 배운다. 아동은 부모를 모델링하면서 바람직한 행동을 학습하기도 하고, 바람직하지 못한 행동을 학습하기도 한다. 부모의 말과 행동, 자녀의 행동이나 말에 대한 부모의 반응은 자녀가 성장하는 데 중요한 영향을 끼치므로 부모는 바람직한 역할모델이 될 수 있도록 노력해야 한다.

부모가 좋은 부부관계를 맺고, 주위 사람들과 원만한 관계를 유지하며, 가치 있고 중요한 일에 책임 있게 행동하고, 어려운 일이 생겼을 때 문제를 회피하거나 걱정하기보다 그 문제를 해결하려는 문제해결력을 일상생활 속에서 보여 주면 아이들은 부모의 모습을 그대로 닮아가고 모델링하면서 한 사람의 독립된 인격체로 성장하게 된다. 그것이 바로 부모가 자녀에게 줄 수 있는 최고의 선물이다.

부모는 자녀에게 피드백을 통하여 어떤 행동이 적절하고 계속해도 되는지 혹은 적합하지 않아 그만해야 하는지를 학습시킬 수 있다. 피드백은 강화와 벌의 형태로 나타난다. 강화는 어떤 반응을 이끌어 내는 가능성을 증가시키는 행동이다. 벌은 반응을 다시 나타나게 하는 것을 방해하는 행동을 말한다. 부모가 강화와 벌을 긍정적으로 사용해야 자녀의 행동을 바람직한 방향으로 이끌 수 있다.

부모의 양육태도

부모가 자녀를 양육하면서 보이는 양육태도는 자녀의 발달에 많은 영향을 끼친다. 바움린드(Baumrind, 1967)는 부모의 양육형태를 권위적 양육, 허용적 양육, 권위있는 양육, 무관심의 네 가지로 나누었다. 권위적인 부모는 자녀에게 무조건 복종을 원하며, 자녀에게 부모가 정한 규칙이나 규율에 대한 설명은 거의 하지 않으면서 그 규칙을 절대적으로 지킬 것을 강요한다. 이러한 부모 밑에서 자란 아동은 자존감이 낮아 자기 스스로를 존중하지 못하고, 정서적 문제를 일으켜 친구나 교사, 또는 다른 어른들과의 관계에 문제를 가질 수 있다.

허용적인 부모는 가르침이나 지도를 통하여 자녀를 사회화시키기보다는 자녀의 요구에 무조건적으로 수용하면서 자녀를 한 인격체로서 대한다고 잘못 생각한다. 그렇기 때문에 가정에서는 자녀가 지켜야 할 규칙이나 규율이 거의 없고, 자녀가 요구하는 것은 거의 수용되며, 부모는 권위 있는 존재가 아니라 자녀의 비위를 맞추는 존재가 된다. 이런 부모 밑에서 자란 아이들은 정서적으로 미성숙하고, 자기중심적이며, 의존적이고, 사회성이 결여된 성격을 가지게 된다. 또한 허용적인 부모 밑에서 자란 아이들은 자신들의 행동이나 그 결과가 어떤 영향을 끼치는지에 대하여 잘 모르기 때문에 사회적 책임감이 낮은 편이다.

권위 있는 양육태도는 권위적 태도와 허용적 태도가 잘 조화된 것으로 가장 바람직한 양육태도로 간주된다. 즉, 사랑과 통제가 조화를 이룬 양육방식으로 자녀의 자율성 발달에 관심을 두고 있으나 일정 범위 내에서만 행동의 자율성이 허용된다. 이러한 부모는 자녀가 지켜야 할 규칙을 정할 경우 논리적으로 설명하여 자녀가 이해할 수 있도록 한다. 권위가 있으면서 애정을 지닌 부모 밑에서 자란 아동은 자신감이 있고, 정서적으로 안정되어 있으며, 사회적 책임감이 강하고, 유능하면서 독립적이다(정영숙 · 김영희 · 박범혁, 2001).

부모의 훈육

훈육이란 자녀에게 자신의 행동과 그에 따른 결과를 스스로 책임질 수 있도록 부모가 행동을 통제하거나 지지하는 것을 말한다. 훈육은 도덕성 발달의 기초를 이루는 것으로 사회를 살아가는 기본 소양을 기르는 데 중요한 역할을 한다. 또한 훈육은 자녀에게 어떤 행동은 할 수 있고, 어떤 행동은 할 수 없는가를 알 수 있도록 질서정연하고 일관성 있는 환경을 제공해 준다.

대부분의 부모는 자녀를 훈육할 때 지지보다는 통제를 더 많이 한다. 그러나 자녀가 바람직한 행동을 했을 때 그 행동을 지원해 주고 강화해 주는 지지가 통제보다 더 중요하고 효과적이다. 지지적 행동support에는 칭찬, 인정, 격려, 총애, 신체적 애정표현 등이 있다. 비지지적 행동에는 주로 비난, 야단, 체벌, 위협, 무시, 자녀에 대한 적대감이나 분노의 직접적인 표출, 아동에 대한 부정적 평가 등이 속한다(정영숙 · 김영희 · 박범혁, 2001).

통제control란 아동이 바람직하지 않은 행동을 할 때 바람직한 행동을 할 수 있도록 훈육하는 것을 말한다. 통제는 강압, 회피, 지도로 나눌 수 있다. 강압은 부모가 원하는 방식으로 자녀가 행동하게 만드는 것이다. 애정어린 지도 없이 단지 신체적인 체벌을 통해 이루어지는 훈육이다. 회피는 자녀가 어떤 행동을 하든 부모가 간섭하지 않거나 '숙제하면 맛있는 것 사줄게'와 같이 조건적으로 행동을 통제하는 훈육을 말한다. 지도guidance는 자녀 스스로 자신의 행동에 대한 결과를 이해할 수 있게 하는 자연적 · 논리적 통제방식으로 가장 효과적인 훈육방식이다.

자녀와의 발달적 상호작용 관계

자녀는 일상생활 속에서 이루어지는 부모와의 자연스러운 상호작용의 경험을 통해 신체적 발달은 물론 인지적, 언어적, 사회 · 정서적 능력을 발달시킨다. 부모가 아동의 발달단계에 적합한 상호작용을 할 때 자녀는 그 발달단계에서 요구되는 욕구를 충족시킬 수 있으며, 발달단계에서 직면하는 도전을 극복하는 데 도움을 받을 수 있다. 부모–자녀 간의 발달적 상호작용을 위해서는 부모가 자녀에게 민감해야 하고, 자녀와의 상호작용이 애정적이고 긍정적이어야 한다. 또한 아동이 놀이나 활동 장면에서 자연스럽게 언어적 표현을 할 수 있도록 자극과 흥미를 유발하는 상호작용을 해줄 필요가 있다.

자녀의 발달단계에 따른 부모역할

태내기 부모역할

태내기는 모체가 태아를 둘러싸고 있는 유일한 환경이기 때문에 모체가 느끼고 생각하는 모든 것이 탯줄과 태반을 통하여 태아에게 직접적으로 영향을 미치게 된다. 그러므로 산모와 태아의 건강을 위해 최적의 태내 환경을 만들어 줄 수 있도록 부모의 주의가 필요하다.

태내기 동안 태아에게 전해지는 모든 교육을 태교라고 한다. "뱃속에서의 1년이 태어나서 10년보다 더 중요하다"는 말도 있듯이 우리나라는 전통적으로 태교를 중요하게 여겨 왔다. 태교는 태아에게만 이루어지는 일방적인 교육이 아니라 부모와 태아에게 모두 행해지는 교육을 의미하는 것으로 아버지의 참여가 중요하다.

태내기 후반에는 부부가 함께 출산을 준비하도록 한다. 출산과정에 대한 정보와 출산예정일뿐만 아니라 산후조리 등 출산에 대해 전반적인 계획을 세워야 한다. 이러한 과정에서 아버지의 정서적 지지와 협력은 산모와 태아에게 심리적 안정감을 제공한다.

영아기 부모역할

① 신생아기 부모역할

신생아기는 태어나서 4주간으로 매우 짧은 기간이지만 부모의 절대적인 보호를 필요로 한다. 새로운 환경에 적응해야 하는 영아의 욕구에 즉각적이고 민감한 반응을 해주어야 한다. 이 시기에 어머니는 산후우울증을 겪을 수 있어 아버지의 적극적인 양육참여가 필요하다. 신생아기에 따뜻하고 수용적인 부모-자녀관계는 후기의 인간관계를 결정짓는 중요한 요소가 된다. 또한 신생아기에는 오감각을 통한 감각기능이 급속히 발달하는 시기이므로 부모-자녀 간의 다양한 자극과 반응관계를 신뢰성있게 형성하는 것이 중요하다.

② 영아기 부모역할

영아기는 출생에서부터 2세까지로 신체적, 정신적, 사회적, 인지발달 등에서 가장 급격하게 변화가 일어나는 시기이다. 이 시기에 영아가 생의 초기에 처음으로 맺게 되는 사회적 관계는 자신을 주로 돌보는 양육자와의 관계이다. 양육자가 영아의 신체적 · 심리적 욕구와 필요를 적절히 충족시켜 주면서 일관성 있게 돌봐주면 영아는 양육자를 신뢰하게 된다. 반면, 양육자가 영아의 요구와 필요에 잘 응해주지 못하거나 아이를 다루는 방식에 일관성이 없으면 불신감을 형성하게 되어 다른 상황에서도 신뢰적인 태도를 가질 수 없게 된다.

에릭슨Erikson은 이 시기를 인생에서 가장 중요한 시기로 보았는데, 이 시기에 신뢰감을 형성하는 것이 생의 후기에 맺게 되는 모든 사회관계에서의 성공적인 적응과 밀접한 관련이 있기 때문이다.

유아기 부모역할

유아기는 만 2세부터 6세까지로 발달의 기초를 이루는 시기이다. 이 시기의 유아는 여러 개의 상반되는 충동 사이에서 스스로 선택하고자 하는 자율성을 보인다. 이 단계의 유아는 근육발달로 인해 대소변 통제가 가능하게 되며, 자기 발로 서서 걷게 되면서부터 자기 주위를 혼자서 열심히 탐색하게 되고, 음식도 자신의 힘으로 먹으려 한다.

유아가 자신의 의지대로 행동하려고 하면, 부모는 적절한 통제로 옳고 그름, 청결 불결 등의 규칙과 행동의 한계를 배울 수 있도록 도와주고 바람직한 모델링이 되어야 한다. 또한 유아들은 또래와 놀이를 하면서 호기심과 자율성으로 세상을 탐색하며 끊임없는 상상력을 기르며 사회적 기술을 습득한다. 부모는 상업적인 것보다 자연적이고 일상생활에서 경험할 수 있는 풍부한 놀이 환경과 자극을 제공해 줄 필요가 있다.

아동기 부모역할

아동기는 기초적인 인지적 기술과 사회적 기술을 습득하게 되면서부터 가족의 범주를 벗어나 더 넓은 사회에서 통용되는 기술을 배우는 시기이다. 이 시기는 숙제와 학습능력 향상 등 주어진 과업에 근면하고, 책임감을 지는 것을 배우는 시기이다. 아동이 순조롭게 근면성을 발달시키지 못하고 실수나 실패를 거듭하게 되면, 부적절감과 열등감을 갖게 되어 스스로 성취할 수 있다는 자신감을 기르기 어렵다.

이 시기의 부모는 자신의 이루지 못한 꿈을 실현시키기 위해 자녀의 학업에 과중한 스트레스나 억압을 부여하지 않도록 한다. 또한 부모는 아동이 하루일과와 휴식을 스스로 활용하고 조절할 수 있도록 지지해 주고 기다릴 필요가 있다.

공동 자녀양육을 통해 소울메이트 되기

① 자녀양육을 위해 서로에게 기꺼이 도움을 제공할 수 있어야 한다.

② 부부가 자녀들의 요구에 함께 적응할 수 있어야 한다.

③ 자녀양육에 필요한 시간을 미리 예측하여 평상시와 비상시에 필요한 시간을 공동으로 비축해 두어야 한다.

④ 자녀양육을 위해 원가족과의 관계, 친구관계, 모임 등을 조정할 필요가 있다.

⑤ 부부 이외에 자녀양육에 도움을 줄 수 있는 도움망을 구축할 필요가 있다.

⑥자녀양육에서 벗어나 부부만을 위한 특별한 시간을 마련할 필요가 있다.

청소년기 부모역할

청소년기는 급격한 신체적 변화와 더불어 새로운 사회적 압력과 요구에 부딪치게 되는 시기이다. 이 시기의 청소년은 이러한 새로운 상황에 어떻게 대응해 나가야 할지 몰라서 당황하게 된다. 이전 단계까지는 회의없이 받아들였던 자기 존재에 대해 새로운 경험과 탐색이 시작되면서 자신에 대한 답을 찾으려고 애쓰지만 그 해답이 쉽사리 얻어지지 않아 많이 고민하고 방황한다.

이 시기의 부모는 다양한 경험과 체험을 제공할 수 있는 환경을 마련하여 청소년이 다양한 역할 탐색의 기회를 가질 수 있도록 해주어야 한다. 또한 청소년기에 부딪히는 심리적 위기를 극복할 수 있도록 주변의 멘토나 모델링할 수 있는 인물을 접할 기회를 마련해 줄 필요가 있다. 위인전이 학령기 아동에게 자신을 반영해 주는 주요 매체라면 청소년기에는 자서전이 그 역할을 대신해 준다. 심리적 위기를 겪고 있는 청소년 자녀와의 대화가 쉽지는 않지만 부모의 진정한 관심과 정서적 지지를 전달해 줄 대화가 매우 필요한 시기이다.

청년기 부모역할

청년기에는 부모가 더 이상 자녀에게 영향력을 행사할 수 없다는 것을 인식할 필요가 있다. 부모가 영향력을 발휘하면 할수록 자녀는 부모에게 통제받는다는 느낌이 들어 자신의 인생을 스스로 책임지려는 노력을 하지 않는다. 이 시기의 부모는 자녀가 스스로 인생을 책임질 수 있는 경험을 제공하도록 해주어야 한다.

청년기 자녀는 부모에게서 진정으로 한 사람의 독립된 인격체로 인정받고 존중받기를 원한다. 또한 자신이 유능한 존재라는 것을 확인받고 싶어 하므로 부모는 의사소통 패턴 자체를 변화시켜야 한다. 독립된 존재로 성장한다는 것은 정말 어렵지만 더 어려운 일은 성장하지 않은 채 어린아이로 사는 일이기 때문에 청년기 부모는 자녀의 독립에 온 힘을 쏟아야 한다. 자녀의 진정한 성장을 위해 청년기 부모는 "내가 주는 것들이 과연 내 자식을 진정으로 성장시키는 것일까?"를 반문하는 노력이 필요하다.

CHAPTER

14

가족위기

“코로나-19 상황에서의 사회적 거리두기와 봉쇄(lockdown)가 사람들에게 얼마나 큰 사회적 외로움을 주는지, 그 외로움이 신체적 · 정신적으로 얼마나 치명적인 영향을 줄 수 있는지를 전 세계인이 알게 되었다. 더불어 일상생활의 패턴을 유지하게 하고, 어려움을 함께 견뎌낼 수 있는 집이라는 공간에서 마스크를 벗을 만큼 믿고 의지하는 가족의 소중함도 알게 되었다. 그러나 코로나-19는 가족에게 위기(crisis)를 가져온 큰 사건이다. 이러한 위기는 가족 구성원들에게 변화(change)해야 하는 도전(challenge)을 가져와 가족들이 서로 응집하여 그 위기에 대처할 수도 있지만 가족들의 갈등이 더 심화되어 가족들이 해체되는 경우도 있다.”

톨스토이는 『안나 카레니나』에서 "행복한 가정은 모두 엇비슷하지만 불행한 가정은 저마다의 이유가 있다"고 하였다. 이는 가족에게 위기를 가져오는 문제의 원인이 다양하다는 것을 의미한다. 가족에게 위기를 주는 문제의 원인은 예측된 것과 예측하지 못했던 것에게 기인한다.

가족은 가족생활주기를 거치면서 많은 과제와 문제에 직면하게 되지만 대부분은 가족구성원들의 적응행동을 통해 극복한다. 그러나 가족에게 닥친 문제를 해결하지 못해 가족의 일상적인 역할과 과제를 수행하지 못하고 가족보다는 개인의 생존에 관심이 집중되어 있을 때 가족은 위기에 직면하게 된다. 그러나 가족위기는 관리 능력에 따라 가족위기로 연결될 수도 있고, 그렇지 않을 수도 있다.

인생에서 위기(crisis)에 직면한다는 것은 자신의 인생이 자신에게 도전(challenge)해 오기 때문에 변화(change)를 통해 이 도전을 기회(chance)로 삼을 수 있다는 뜻이다. 가족의 위기도 현재 상태로는 가족이 더 이상 견뎌낼 수 없어 변화를 통해 새로운 기회를 가져야 함을 의미한다. 가족위기는 예측된 가족생활주기에 따른 변화에 대응하지 못해서 일어날 수 있다. 또한 예측하지 못했던 이혼, 재혼, 가정폭력과 같은 가족의 위기는 가족을 약화시키고 해체시킬 수도 있지만 가족이 보다 건강해지고 가족 간의 유대가 견고해질 수 있는 기회가 될 수도 있다. 이는 가족위기의 존재 유무가 중요한 것이 아니라 위기를 극복할 수 있는 대처능력이 더 중요하다는 것을 보여 준다.

가족생활주기

한 개인이 수정에서 죽음에 이르기까지 전생애에 걸쳐 성장하고 변화하면서 적응해 나가는 것처럼 가족도 예측가능한 방식으로 변화하고 발달한다. 가족생활주기란 시간이 지남에 따라 가족생활이 변화해 가는 과정을 말한다. 결혼을 통해 가족이 형성되고, 출산에 의해 가족이 확대되며, 다시 그 자녀의 출가로 가족이 축소되는 일련의 과정을 거치면서 가족은 새로운 상황, 역할, 책임을 갖는다. 부부가 초기 발달과업에 실패하게 되면 생활주기의 후기 단계에 어려움을 가질 수 있다.

가족형성기

가족형성기는 미혼이던 남녀가 결혼을 통해 부부가 됨으로써 가족을 형성한 단계이다. 가족형성기 부부의 중요한 발달과업은 부부가 원가족으로부터 심리적으로 분리하고 원가족과 새로운 관계를 형성하는 것이다. 즉, 아들이나 딸로서의 역할은 남편과 아내로서의 역할 다음의 두 번째 역할이 되어야 한다. 자신이 자라온 원가족에서 분리된 "자기"를 발달시키지 못한 배우자는 상대방을 통하여 자신의 결점이나 문제점을 보완하려 든다. 이것은 배우자와 자신의 차이를 부인하며 서로의 독특성을 인정하지 않음으로써 부부간의 의사소통에 심각한 오해를 초래할 수 있다.

신혼기의 부부가 너무 밀착되어 있으면 서로에 대한 각자의 책임을 수행하기가 어렵고 자아개발을 하기 어려울 수 있다. 너무 밀착되어 결속력이 매우 강한 관계에서는 자신의 행복이 배우자에게 달려 있다고 생각하고 문제가 생기면 상대방을 비난한다. 이런 부부는 서로 양보하고 타협하는 것이 지는 것이라고 생각하고, 사소한 분쟁이나 다툼이 정체성에 대한 갈등으로까지 번져 부부간에 문제가 발생하게 된다.

가족형성기의 부부만족도는 약혼기간 동안 두 사람이 얼마나 잘 의사소통할 수 있는가, 갈등을 얼마나 건설적인 방식으로 해결하는가, 결혼에 대한 비현실적인 기대를 얼마나 현실적으로 만드는가, 인간적으로 서로를 얼마나 좋아하는가, 종교나 윤리적인 문제에 얼마나 일치하는가, 개인의 여가활동과 두 사람이 함께 하는 여가활동 사이에 얼마나 균형을 이루는가에 달려 있다. 결혼 초기 1년의 부부관계는 이혼을 예측하는 데 중요한 요인으로 알려져 있다. 따라서 신혼기 부부는 결혼 초기에 서로의 역할을 구축해야 하고, 파트너에게 정서적인 지지를 제공해 주어야 하며, 개인의 습관을 부부의 습관으로 조정해야 하고, 성역할에 대한 협상을 원활히 해 나가고, 가정생활과 직장생활 간에 균형을 이루며, 의사소통 기술을 발달시키고, 재정관리를 합리적으로 할 수 있는 방안을 구축해야 한다.

가족형성기 발달과업에 문제가 있는 부부

① 권력, 사회경제적 지위, 직업에서 현저한 차이가 있는 채로 결혼생활을 시작한 부부

② 취업, 직업에 문제가 있어 한 배우자가 상대 배우자에게 재정적으로 의존하는 부부

③ 남편이 아내를 재정적으로 통제하기 위해 아내를 일, 친구, 가족으로부터 고립시키거나 물리적으로 협박을 하는 경우

④ 한쪽 배우자나 양쪽 배우자 모두 심각한 상실을 경험한 후에 곧바로 이성을 만나 결혼한 부부

⑤ 자신의 원가족과 거리를 두려는 바람이 결혼 동기요인이 되는 경우

⑥ 종교나 연령에서 큰 차이가 있는 부부

⑦ 부부 각자가 원가족과 지나치게 가깝게 또는 매우 멀리 거주하는 경우

⑧ 자신들의 부모에게 재정적, 물리적, 정서적으로 의존하는 부부

⑨ 부부가 너무 일찍(20세 미만) 결혼하거나 너무 늦게(35세 이후) 결혼한 경우

⑩ 두 부부의 교제기간이 6개월보다 적거나 3년 이상인 경우

⑪ 결혼식에 가족이나 친구가 참석하지 않은 경우

⑫ 아내가 결혼 전에 또는 결혼 1년 안에 임신한 경우

⑬ 부부 각자가 형제나 부모와 원만한 관계를 갖지 못한 경우

⑭ 부부 각자가 아동기와 청소년기를 불행하게 보낸 경우

⑮ 부모의 결혼생활이 불행한 경우

⑯ 한쪽이나 양쪽 배우자가 남성은 결혼생활에서 지배적이어야 하고, 여성은 순종적이어야 한다고 믿는 경우

출처 : McGoldrick(1999)

가족확대기

부부는 자녀가 출생하면서 남편과 아내의 역할뿐만 아니라 부모라는 새로운 역할에 직면하게 된다. 부부 중심의 가족 체계에서 자녀가 있는 가족 체계로 변화하는 과정에 문제가 생기기 시작하면, 부부간에 의사소통이 원활하지 못하거

나 결혼생활의 만족도가 감소하기 시작한다. 자녀가 태어난 후에도 부부가 애정으로 연결되어 있으면서 서로의 독특성과 자율성을 인정한다면, 부부는 자신들의 관계에 자녀들이 들어올 공간을 만들어 주어서 부모역할에서 오는 갈등을 해결할 수 있고, 결혼관계에 공백이 생기는 것도 피할 수 있다.

자녀와 어머니의 관계가 밀착되어 있을 때, 남편은 자신의 일에 더 몰두하는 경향이 있다. 이는 사회적 규범에 의해서도 영향을 받지만, 부부 둘만의 시간을 가지거나 부부생활을 유지하기 어렵기 때문이다. 자녀가 자율성을 발달시키면서 부모와 점차적으로 분리를 하게 되는데, 이 분리는 건강하고 바람직한 것이다. 따라서 자녀가 부모와 떨어져 지낼 수 있는 시간을 마련해 주고, 아이 스스로 시행착오를 경험해 볼 수 있는 여지를 주어야 한다. 부부갈등의 빈 공간에 자녀를 채워 넣으려는 가족은 자녀에게 이러한 여지를 전혀 주지 않거나 자녀와 과잉밀착하여 자녀의 성장발달을 방해한다.

자녀가 성장함에 따라 부부는 자신들이 신체적 · 심리적 변화를 겪으면서 자신의 성장과 더불어 직장에서의 요구도 더욱 증가하게 되고 결혼생활의 폭도 더 넓어지게 된다. 이때 부부가 정서적으로 연결되어 있지 않으면 어려움이 더 커진다. 이때 전형적으로 나타나는 어려움은 아이와 한쪽 부모가 한편이 되어 다른 한쪽 부모에 대항하는 삼각관계의 형성이다. 일반적으로 삼각관계에서 남편은 아내가 아이들을 너무 자유분방하게 키운다고 생각하고, 반대로 아내는 남편이 아이들에게 너무 무뚝뚝하다고 생각한다.

그래서 부부는 자녀를 건강하게 성장시키기보다는 상대방의 모순점에서 자녀를 구해 주려고 아내는 아이를 과보호하게 되고, 남편은 아이를 버릇없게 키우지 않기 위해 가까이하기를 피한다. 이러한 사이클이 가족관계 내에서 계속되면 부모 중 어느 한쪽도 자녀를 통제할 수 없게 되고, 부부는 서로에게서 분노와 경멸감을 느끼게 된다. 이때 부부간의 갈등은 최고조에 달하게 되고, 부부의 빈 공간 사이에 있던 자녀는 문제행동을 나타내기 시작하면서 부모의 관심을 불러일으킨다.

청소년기 자녀를 둔 부모는 자녀가 좀 더 자율성을 가질 수 있도록 가족과 외부 세계와의 경계boundary : 가족의 정서적인 벽에 융통성을 두어야 한다. 즉, 부모는 가족 내의 자녀에 대한 규정과 자녀와 관련된 부모의 역할에 대한 규정을 새롭게 해야 한다. 이 시기의 부부는 새로운 흥밋거리나 새로운 인생의 방향을 열망하지만, 이런 욕구들을 채울 수 있는 기회들이 거의 없다는 것을 알게 된다. 그러면서 부부 둘 다 새로운 관계를 추구하기 위하여 이혼이나 별거의 가능성에 대해 심각하게 생각할 수도 있다. 이것을 소위 중년의 위기라 일컫는다.

가족축소기

첫 자녀가 취업, 입대, 결혼 등으로 가정을 떠나게 되는 시기를 가족축소기라고 한다. 이때 부부는 자녀를 배제하고 자신들만을 위한 부부관계를 재형성해야 한다. 대부분의 사람들은 이 시기에 부부간에 밀접한 관계를 재형성하여 부부간의 결혼만족도가 증가한다고 한다. 왜냐하면, 이 시기의 부부는 집안일에 대한 책임이나 자녀에 대한 의무와 책임, 그리고 경제적 부담이 적어져 자유롭고 홀가분한 느낌으로 인생의 전환기를 맞이할 수 있기 때문이다. 노후생활자금 설계는 일찍 시작하면 할수록 좋지만, 늦어도 자녀교육기 중 중등 교육기에는 시작해서 정년퇴직을 앞둔 노후기 전에는 준비를 끝내야 한다.

노부부는 퇴직, 친구와 형제의 사망, 신체적 퇴보를 포함한 여러 가지 어려운 문제들을 풀어 나가야 한다. 배우자의 사망으로 인해 혼자 남는 것도 준비해야 한다. 은퇴한 사람들이 퇴직 후에 적응하는 방법은 그들이 자의적으로 퇴직을 했느냐 그렇지 않느냐에 따라 다르다. 퇴직하기를 원했거나 퇴직 후의 삶을 설계한 사람은 퇴직에 대한 스트레스에 영향을 받지 않는다. 노인기에 가족들이 발달과제를 제대로 수행하지 못할 경우 세대 간에 갈등이 생기기 쉽다. 예를 들면, 부모가 병들어 아픈 경우 역할전이가 일어나 성인 자녀가 부모를 돌보아야 하는데, 성인 자녀가 자율적이지 못하거나 자신의 노화 문제 때문에 스트레스를 받으면 부모를 돌보기가 매우 어려워진다.

평균 수명의 증가로 노년기인 가족축소단계가 길어지고 있다. 핵가족인 경우 자녀 독립 후 부부만 생활하는 기간이 12년이고, 남편이 사망 후 부인만 남는 기간을 합하면 노후기의 비중이 점차 커지고 있다. 노후기에는 자신이 소유한 재산과 자녀들과의 관계를 어떻게 정리할 것인가를 생각하여 재산상속 및 유언준비를 해두는 것이 좋다.

이혼

부부관계에서 나타나는 여러 가지 문제를 해결하고, 불행한 결혼생활에서 벗어나기 위한 방식으로 택하는 이혼은 우리나라에서만 나타나는 현상이 아니라 세계적으로 나타나는 현상이다.

이혼을 결혼의 실패로 보고, 이혼하는 사람들을 비정상적이고, 미성숙하며, 자기애가 강하고, 건강하지 못하다고 보는 부정적인 시각이 아직도 존재한다. 그러나 이혼을 불행한 결혼생활에서 벗어나 새로운 선택과 새로운 관계를 형성할 수 있는 '제2의 기회'(Wallerstein & Blakeslee, 1989)로 보는 긍정적인 시각이 더 지배적이다. 이러한 시각은 이혼에 대한 사회적인 편견과 오명이 감소하고 있음을 보여 준다.

그러나 이혼의 전과 후에 겪어야 하는 가족들의 고통은 전혀 줄어들지 않았다. 이혼의 고통은 죽음 다음으로 가장 스트레스를 많이 주는 삶의 사건으로 부모와 자녀 모두가 극복하고 적응해야 하는 가족 위기이다. 이혼가족이 가진 문제점을 극복하기 위해서는 이혼이 당사자와 자녀에게 얼마나 많은 해를 끼치는가를 이해할 필요가 있다. 이러한 이해는 우리가 이혼가족을 살펴보는 중요한 이유가 된다.

이혼의 원인

이혼의 원인은 대체로 다음과 같다(김명자, 1991; 유영주, 1990; 이태영, 1987; Duvall, 1986).

(1) 이혼에 대한 가치관의 변화 : 교육 수준이 높아지고 양성평등의 개념이 유입되면서부터 가족보다 개인의 삶을 찾기 위해서 이혼을 할 수 있다는 개방적인 가치가 이혼의 허용도를 높였다.

(2) 여성의 지위 향상 : 여성의 교육 수준과 사회경제적 지위가 향상되고 여성의 의식수준이 높아짐으로써 가족문제가 해결되기 어려운 상황에 도달하게 되면서 여성들이 이혼을 선택하는 경향이 높아졌다.

(3) 여성의 경제적 자립 : 여성 취업의 증가는 여성에게 경제적 능력을 갖게 했으며 이혼 이후에도 경제적 어려움에 대처할 수 있는 능력과 자신감을 주었다. 따라서 결혼생활의 갈등이 심각할 경우 이혼을 대안으로 고려하는 여성의 비율이 높아지고 있다.

(4) 결혼에 대한 의미 변화 : 결혼을 남녀의 영구적인 약속으로 받아들이기보다 사랑에 기초한 합의된 관계로 인식하는 경향이 증가하여, 만일 행복한 결혼이 아니라고 생각한다면 헤어질 수도 있다는 의식이 보급되었다. 즉, 결혼의 안정성보다는 관계의 질을 중시하게 되면서 이혼이 증가하고 있다.

(5) 자녀 수의 감소 : 자녀 수가 줄어들면서 자녀 때문에 자신을 희생하며 불행을 참고 견디겠다고 생각하는 비율이 점차 감소되고 있다. 자녀보다는 자신의 삶을 더 중요시하거나 이혼 후 자녀를 훌륭히 양육하면서 자신도 새출발하겠

다는 자신감이 이혼을 선택하는 요인이 될 수 있다.

(6) 법 제도의 변화 : 과거의 가족에 관련된 법은 가족 유지와 이혼금지의 의도가 컸고, 특히 여성에게 불리하게 작용하였다. 그러나 여성의 가사노동 가치를 인정하여 이혼 시에 재산분할을 청구할 수 있게 하였으며, 면접교섭권과 자녀양육권의 선택 및 조정이 가능해지는 등 그동안 문제되었던 이혼 관련 불평등 법 조항들이 개정되었다. 따라서 자신들이 이혼 후 살아갈 방향이 정해졌다면 과거보다는 쉽게 이혼할 수 있게 되었다.

이혼의 유형

민법에 규정된 이혼의 유형은 협의이혼, 재판이혼, 조정이혼으로 나누어 볼 수 있다.

협의이혼(합의이혼)

협의이혼은 당사자 간에 이혼할 것을 합의하여 부부가 함께 가정법원에 가서 이혼의사 확인을 받아 신고하는 방법이다. 즉, 이혼 확인서를 관할 구청에 제출함으로써 그 효력을 발생하는 이혼 형태**민법 제836조, 가족관계의 등록 등에 관한 법률 제75조, 가족관계의 등록 등에 관한 규칙 제73조**로, 위자료, 재산분할청구, 친권과 양육권 등에 대한 합의와 이러한 합의된 사항을 넘겨받은 뒤에 이혼절차를 거치도록 해야 한다. 협의이혼을 가정법원에 신청한 경우에 미성년자녀**임신 중인 자녀를 포함**가 있을 때는 3개월, 그렇지 않을 때는 1개월의 이혼숙려기간을 두고 있다. 다만, 폭력으로 인해 배우자가 참을 수 없는 고통 등의 예외의 경우에는 이혼숙려기간이 단축되거나 면제될 수 있다**민법 제836조**.

재판이혼

재판이혼은 법률이 정하는 일정한 원인이 있다고 인정하는 경우, 법정에서의 판결에 의해서 성립되는 이혼 형태이다. 한편, 재판이혼의 절차로는 이혼소송을 비롯한 가사사건에 대해 선조정주의를 택하고 있으며, 조정이 이뤄지지 않을 때에는 재판이혼을 신청할 수 있다.

조정이혼

이혼조정을 신청한 경우 또는 재판상의 이혼을 청구하는 경우에는 조정절차에 의하여 이혼할 수 있다. 조정의 결과는 화합, 별거, 이혼, 강제, 일부조정 등이 있다. 조정이혼은 인간관계의 조정과 법적 해결이 동일한 절차에서 이루어지므로 조정과정 중 조정자에 의해 원만한 해결을 유도할 수 있다.

이혼의 과정

최근 이혼은 하나의 사건이라기보다 일련의 과정(Kitson & Morgan, 1991)으로 정서적, 법적, 경제적, 부모역할, 사회적 관계망, 정신적 이혼의 측면에서 서로 관련지어 나타나는 복합적 과정이다(Bohnnan, 1970).

(1) 정서적 이혼 : 이혼이 시작되는 단계로 결혼생활에 대한 회의가 나타나며, 부부사이에 심적 거리감이 생기기 시작하는 단계이다. 상대방으로부터 마음 거두어들이기, 상대방과 무관하게 살아도 상처받지 않는 보호 장벽 세우기, '우리'로부터 '나'로의 점진적인 이동, 잠자리 같이 안 하기, 결혼관계 밖에서 보다 더 많은 시간을 지내기 등으로 나타난다.

(2) 법적 이혼 : 법정에서 이혼을 판정 받아 이혼신고가 된 상태이다.

(3) 경제적 이혼 : 부부가 결혼생활을 통해 갖게 된 재산을 나누는 단계를 말한다.

(4) 부모역할의 이혼 : 부모역할에 대해 합의를 보는 이혼 단계로 법적 선고로 부부관계는 끝나지만 이혼하는 부부 사이에 자녀가 있으면 부모역할은 끝나지 않을 수 있다.

(5) 사회적 관계망의 이혼 : 친구들, 시집과 처갓집 식구들, 결혼을 통해서 알게 된 동료들처럼 주위 사람들과의 관계를 청산하거나 재정비하는 단계이다.

(6) 정신적 이혼 : 전 남편이나 아내를 마음속에서 완전히 잊어버리고 독자적인 새로운 인생을 구축해 가는 단계로 이혼이 완결되는 단계이다.

이혼에 따르는 문제

대체로 이혼은 가족들에게 어려운 과정으로 역할상의 문제, 경제적 문제, 신체적 · 정신적 · 건강상의 문제, 대인관계 문제, 부모-자녀관계 문제들이 따르게 된다.

(1) 역할상의 문제 : 이혼 후 가정에서 두 부모가 하는 과업들을 한 부모가 해야 하므로 역할의 과부담을 경험한다.

(2) 경제적 문제 : 대다수의 여성들은 이혼 후 절대적인 경제적 빈곤의 문제를 겪게 되고 남성들은 재산의 분할이나 위자료 문제로 인한 상대적 빈곤감을 느끼게 된다.

(3) 신체적 · 정신적 건강상의 문제 : 이혼 후 남녀 모두 종종 극도의 정서적 불안정, 분노, 우울, 불안, 충동적 · 반사회적 행동 등을 보이는 경우가 있으며, 이로 인해 신체적 · 정신적 건강상의 문제를 호소하기도 한다.

(4) 대인관계 문제 : 이혼한 사람들은 비정상적이고, 미성숙하고, 자기중심적이

고, 어떤 면에서는 건강하지 못하다는 사회적인 편견으로 인해 이혼 후 사회적으로 고립되거나 대인관계의 단절을 경험하기도 한다.

(5) 부모-자녀관계 문제 : 이혼은 부모에게는 새로운 삶의 기회로 여겨질 수 있으나 자녀들에게는 가족이 해체됨을 의미하기 때문에 부모-자녀관계의 신뢰성에 문제가 생길 수 있다.

이혼 과정상의 대책

(1) 정서적 이혼 단계에서의 개입 : 부부관계 회복 훈련이나 부부 상담 등의 적극적인 중재가 필요하다.

(2) 법적 이혼 단계에서의 개입 : 이혼을 결심한 부부들에게 부부관계를 다시 회복시키기 위해 조정을 시도하고 여의치 않을 경우 부부 당사자의 판단을 돕기 위한 이혼 관련법의 교육이나 이혼 관련 법률 상담의 기회를 제공해야 한다.

(3) 경제적 이혼 단계에서의 개입 : 재판이혼이든 협의이혼이든 간에 중립적 입장에서 재산 분할 및 위자료에 관한 합리적인 권리행사가 가능하도록 도와줄 수 있어야 한다. 또한 이혼 후에 생길 수 있는 경제적 문제에 대한 교육 및 가족 자원관리 교육을 하여 가정생활의 영위 및 합리적인 가정 경제 관리를 하도록 도울 수 있다.

(4) 공동 부모역할 이혼 단계에서의 개입 : 이혼한 부부가 그동안 쌓였던 개인적 감정은 과거로 돌리고, 자녀를 위해 책임 있는 부모가 될 수 있도록 서로 협력하는 것이다. 이 단계에서는 이혼 부모들이 자녀교육을 잘 할 수 있도록 부모역할 및 자녀교육에 대한 프로그램을 제공하고, 부모가 이혼은 했지만 자녀를 위해서 서로 협조하여 공동의 집안 규칙을 세워 놓고 실행하도록 도와주는 것이다.

(5) 지역사회 이혼 단계에서의 개입 : 동년배 지지집단을 통해 첫째, 비슷한 처지에 있는 사람끼리 자신들의 문제와 관심사를 논의함으로써 따뜻하고 지지적인 장을 제공할 수 있다. 둘째, 이혼이 자녀에게 미치는 영향, 시간 관리 기술, 스트레스 관리, 재정 관리 및 부모 역할 기술 등에 대한 교육을 제공할 수 있다. 셋째, 공식적 모임이 끝난 뒤에도 동년배 지지집단을 계속할 수 있도록 훈련하여 계속적인 상호원조가 가능하도록 할 수 있다.

(6) 심리적 이혼 단계에서의 개입 : 이혼 후의 새로운 생활과 새로운 관계를 맺기 위해 왜 자신이 이전 배우자와 결혼했었는지, 결혼생활에 갈등을 일으켰던 자신의 심리적 문제는 무엇이었는지, 재혼을 할 경우 어떤 대상을 선택할 것이며, 그 새로운 배우자와 행복한 사랑의 관계를 맺기 위해서는 무엇을 변화시켜야 할 것인지 등을 충분히 고려할 수 있도록 도움이 제공되어야 한다.

부모의 이혼이 자녀에게 미치는 영향

자녀들이 부모의 이혼을 받아들이지 못할 때 자녀들은 다음과 같은 심리적, 행동적 어려움을 경험한다.

- 죄책감 : '나 때문에 부모님이 이혼한 거야!'
- 배신감 : '만나러 오지 않는 아빠는 날 버린 거야!'
- 부모의 재결합에 대한 환상 : '내가 말 잘 들으면 부모님이 다시 합칠지도 몰라', '내가 노력하면 두 분이 합칠지 몰라.'
- 또래관계 어려움 : '친구들이 우리 집 상황을 알면 어떻게 하지?'
- 집중력 저하 : '집안이 복잡해서 마음을 잡을 수가 없어', '우울해서 집중이 안 돼.'
- 무기력 : '부모님 이혼에 대해 내가 할 수 있는 것이 아무 것도 없다. 결국 엄마 아빠 마음대로 다 된 거잖아!'
- 결혼에 대한 불신 : '결혼하면 뭐해? 부모님처럼 이혼할 텐데…', '남자들은 믿을 수 없어',

'저 여자도 엄마처럼 나를 버릴지 몰라.'

- 자살 충동 : '현실이 너무 힘들어. 내가 죽어야 부모님이 내 마음을 알아줄까?'
- 불안감 : '나를 기르고 있는 엄마마저 날 버릴지 몰라.'
- 공격 성향 : '왜 내가 피해를 입어야 하는데?', 마음속 분노의 폭발
- 퇴행 : 집착하기, 투정 부리기, 배변실수
- 등교 거부 : 반항, 부모늬 방임과 학교생활의 흥미 상실로 자발적 등교 거부
- 비행 : 가출, 패싸움, 약물 사용, 학교 규칙 어기기

그러므로 부모는 이혼 과정과 이혼 이후에도 자녀가 부모의 이혼에 대한 감정을 자유롭게 표현할 수 있게 해주고, 이혼은 자녀의 잘못이 아니며, 이혼은 가족의 해체가 아니라 새로운 가족을 형성하는 것이라서 함께 살지 않아도 부모의 역할을 지속한다는 것을 분명히 전달해 주어야 한다.

출처 : 장창국(2017).

이혼 예방대책

결혼 전에 결혼과 가족생활에 관한 교육을 받을 필요가 있다. 결혼생활을 하는 동안 작은 어려움이 있을 때마다 가족생활 관련 교육 및 가족상담의 도움을 받을 필요가 있다.

사회적 차원에서 가족구성원들이 건강한 가족생활을 영위하기 위한 지원을 받을 수 있는 제도적 장치가 필요하다.

재혼

이혼율이 증가함에 따라 이혼에 따른 재혼율도 증가하는 추세이다. 재혼가족은 한쪽 혹은 양쪽 부모가 이전의 결혼에서 낳은 자녀를 데리고 다시 결혼함으로써 형성된 가족 형태를 말한다.

재혼은 초혼보다 연령이 높고, 정서적으로 더 성숙하며, 배우자에 대해 더 현실적인 기대를 가지고 있어 적응력이 높을 것으로 기대된다. 그러나 재혼의 유지기간이 초혼보다 훨씬 짧고, 초혼보다 재혼에서의 이혼율이 더 높게 나타나고 있다. 그 이유로는 첫째, 재혼한 사람들은 이혼을 갈등의 해결책으로 생각하기 쉽기 때문이고(Furstenberg & Spanier, 1984), 둘째, 재혼자들이 심리적이며 행동적인 문제를 가지고 있을 가능성이 크기 때문이며(Broody, 1988), 셋째, 재혼가족에 대한 법제도가 약화되어 있기 때문(Hammer & Turner, 2001)으로 알려져 있다.

재혼가족의 특성과 문제점

(1) 재혼가족은 많은 상실과 변화를 겪은 후에 형성된다. 재혼가족은 이혼 과정

을 거치면서 주요한 인간관계를 상실하였을 뿐 아니라 그러한 과정을 거치면서 심리적 고통, 외로움, 분노, 죄의식, 수치심 등과 같은 감정을 겪은 후 이루어진 가족이다.

(2) 재혼가족은 비현실적인 기대를 안고 시작한다. 재혼가족의 비현실적 기대는 신화에 잘 나타나 있다. 재혼가족의 신화는 빠른 시일 내에 가족들이 유대감과 가족애를 형성하고, 쉽게 적응할 것이라는 즉석식 사랑과 적응에 대한 신화가 있다. 또한 계부모이지만 친부모보다 더 나은 삶을 제공할 수 있다고 자부하는 구원자의 신화가 있고, 이전에 이루었던 가족과 새로 형성된 재혼가족과는 별다른 차이가 없으리라고 생각하는 정상가족에 대한 신화가 있으며, 계모의 역할을 어렵게 만드는 사악한 계모에 대한 신화가 있다(Burns, 2010).

(3) 재혼가족은 부모–자녀 간의 유대가 배우자 간 유대보다 더 이전에 형성되어 있다. 초혼에서는 친밀한 부부관계가 부모–자녀관계를 원할하게 할 수 있으나 재혼가족에서는 부모–자녀관계에 의해 부부관계가 좌우되는 경향이 높다.

(4) 재혼가족은 친부모 중 한 사람이 헤어져 살고 있고, 재혼가족의 자녀들은 다른 쪽 부모의 가족구성원이다. 그러므로 아이들은 헤어져 살고 있는 부모와 같이 살고 있는 부모 사이에서 심한 줄다리기를 할 수 있다. 또한 두 가정을 오가는 자녀들은 각 가정의 서로 다른 기대와 규칙에 적응하는 데 어려움을 갖는다(Visher & Visher, 1990).

(5) 재혼가족은 계부모의 역할이 명확하게 규정되어 있지 않다. 계모보다 계부의 역할이 더 모호하다. 계부모는 계자녀에게 애정과 관심의 경쟁자로 보이기 쉬워 부모역할을 더 모호하게 만들고 어렵게 만든다.

(6) 재혼가족은 법적 · 제도적으로 보호를 받지 못하고 사회적 지지가 부족하여 가족들이 재혼가족이라는 사실을 숨기게 만들고, 결국 그러한 회피가 사회적

고립을 가져온다. 이러한 편견과 부정적인 고정관념은 건강한 재혼가족의 형성에 저해 요인이 된다.

재혼가족에서의 대처방안

재혼가족의 자녀는 부모와의 관계를 위해 다음 사항을 명심할 필요가 있다.

(1) 부모에 대한 충성심의 갈등을 해결해야 한다.
(2) 확대된 친척과의 관계를 재정립해야 한다.
(3) 계부모와의 애정적인 유대감을 발전시켜야 한다.
(4) 부정적인 감정을 표현하는 적절한 방법을 찾아야 한다.
(5) 의붓형제와 특권, 의무, 물건을 나누어야 한다.
(6) 떨어져 사는 부모와의 관계를 유지해야 한다.
(7) 떨어져 사는 부모와의 관계를 재정립해야 한다.

재혼가족의 부모는 자녀와의 관계를 위해 다음 사항을 명심할 필요가 있다.

(1) 계자녀의 말에 경청하라.
(2) 계자녀와 함께 살지 않는다면 집에 계자녀를 정기적으로 초대하라.
(3) 가족활동에 계자녀를 포함시켜라.
(4) 계자녀가 환영 받고 있다는 느낌을 갖도록 하라.
(5) 계자녀의 생일을 축하하는 것을 잊지 마라.
(6) 계자녀의 사생활을 존중하라.
(7) 계자녀의 감정에 민감하라.

성공적인 재혼가족을 위한 지침

① 현실적인 기대를 갖는다.

② 상실감뿐 아니라 자신들의 고통을 인식하고 솔직하게 표현하고 함께 해결한다.

③ 견고한 부부관계를 형성한다. 성공한 재혼가족의 중요한 특성 가운데 하나는 초혼가족처럼 한 팀으로서 수행하는 강력한 부부관계이다.

④ 만족스러운 계부모-자녀관계를 형성한다.

⑤ 만족스러운 가족의 행사와 의례를 확립한다. 기존의 가족에서 유지했던 가족행사나 의례보다는 융통성과 창의성을 가지고 완전히 새로운 방법을 만들어 내거나 다양한 방식의 가족행사나 의례를 제공하도록 한다.

⑥ 자녀를 위해 전 배우자와 협조관계를 구축한다.

가정폭력

「가정폭력범죄의 처벌 등에 관한 특례법」과 「가정폭력 방지 및 피해자 보호에 관한 법률」이 시행(2000년 7월 1일)됨에 따라 가정폭력은 더 이상 집안일이 아닌 범죄로 취급된다.

☞ 가정폭력을 경찰에 신고 · 고발할 수 있는 전화번호 : 위기전화 1366

부부관계에서의 폭력

(1) 성장과정에서 폭력을 보고 자랐거나 폭력을 당한 사람들은 자신의 배우자에 대해 폭력을 행사할 경향이 높다.

(2) 낮은 자존감이 배우자 학대의 원인인지, 결과인지에 대해서는 알려져 있지 않지만 학대하는 남편은 자존감이 낮고, 아내가 자신의 자존감을 위협한다고 생각한다.

(3) 일상생활의 스트레스로 인해 긴장되어 있는 경우 자신의 불행이나 좌절감에

대해 배우자가 비난을 하면 그에 대한 대응의 방법으로 배우자에 대해 폭력을 행사한다.

(4) 폭력으로 자신이 원하는 바를 이루게 되면 폭력이 강화되어 더 폭력을 행사한다.

(5) 결혼은 사적인 영역으로 여겨져 부부갈등이 증가해도 중재할 사람이 가정 내에 없을 뿐 아니라 주위 사람이 중재하기도 매우 어렵기 때문에 부부갈등이 폭력으로 이어질 가능성이 높다.

(6) TV나 영화에서 폭력에 대한 사회적 모델을 제공하기 때문에 폭력행위를 모방해 가정의 폭력을 부추기게 된다.

(7) 부부간의 폭력은 구타를 겸한 강간, 구타하지 않는 강간, 강압적 강간 등의 성폭력도 포함된다.

학대나 폭력의 경험을 가지고도 관계를 계속 유지하는 이유

① 폭력을 그들 관계의 작은 부분으로만 보기 때문에 관계를 지속한다.

② 자신이 알고 있는 뚜렷한 대안이 없기 때문에 관계를 지속한다.

③ 학대나 폭력행위를 사랑의 표현으로 보기 때문에 관계를 지속한다.

④ 폭력 행동을 친밀한 관계에 있는 사람들의 합법적인 부분으로 보기 때문에 관계를 지속한다.

⑤ 자신이 폭력을 당할 행동을 했기 때문에 맞는다고 생각하며, 폭력의 원인이 자신에게 있다고 생각하기 때문에 폭력을 당한 후에도 관계를 지속한다.

아동학대

아동학대의 예측 요인(Halpern et al., 2018)

- 계획되지 않는 임신과 아버지가 아이를 원하지 않을 때
- 출생이 복잡하고 예측하지 않았을 때
- 어머니–유아 간의 결속력이 결여될 때
- 자녀양육 태도가 엄격하며 거칠고 자녀에 대한 긍정적 강화가 거의 없을 때
- 부모가 알코올이나 다른 물질 중독이 있는 경우
- 부모가 직업이 없는 경우

아동학대의 관련 요인(김정옥 외, 2002)

- 부모의 심리적 요인
- 부모가 어릴 때 자신의 부모로부터 학대받은 경험
- 공격의 전이
- 부모의 소외
- 계모 혹은 계부의 요인

아동의 성학대의 예방

최근 아동의 성적 폭력사건이 사회적으로 이슈가 되면서 아동의 성학대에 관심이 대두되기 시작하였다. 그러나 성적 학대에 대한 특성상 그 실태를 정확히 파악하기는 어렵다. 그러나 다른 학대와 마찬가지로 학대자는 아동의 주변 인물들이 대부분이다.

성적으로 학대받은 아동은 낮은 자존감, 심한 우울증, 가출, 자살기도, 마약중

독 등 자기파괴적인 행동을 지속적으로 보인다고 한다. 또한 성학대를 경험했던 사람들은 그 경험이 자신의 기억 속에 계속 남아 있어 그 영향이 오랜 동안 지속된다고 한다.

아동을 성학대로부터 보호하기 위한 몇 가지 지침을 살펴보면 다음과 같다.

(1) 내 몸의 주인은 나 자신이다. 따라서 내 몸에 접근해 오는 것은 내가 통제할 수 있다고 아동에게 가르친다.
(2) 신체를 접촉하는 것에는 안전한 접촉도 있지만 안전하지 못한 접촉도 있다는 것을 가르친다.
(3) 안전하지 못한 신체적 접촉에 대해서는 부모나 주변 어른들에게 말을 해야 한다고 가르친다.
(4) 성적 접촉은 바로 조치를 취해야 한다는 것을 가르친다.
(5) 안전하지 못한 신체적 접촉에 대해 '안 된다'라고 말할 수 있도록 가르친다.

노인학대

(1) 신체적 학대 : 때리기, 밀기, 성폭행, 방에 강제로 가두기
(2) 정신적 학대 : 모욕, 무례하게 굴거나 놀래키기, 위협, 무시하기
(3) 경제적 학대 : 노인의 소유인 돈, 연금, 수표를 훔치거나 재산을 팔도록 강요하기
(4) 태만 : 유기, 식사를 챙기지 않거나 건강을 돌보지 않는 것, 고의로 필요한 것 안 해주기

가정폭력과 관련된 잘못된 신화

(1) 부부싸움은 칼로 물베기이다. 아내에 대한 폭력은 단순한 부부싸움이 아니라 남편이 아내를 의도적으로 반복하여 구타하는 일방적인 폭력행위이다. 그 결과 치명적인 신체의 손상과 정신의 황폐화를 야기한다.

(2) 맞을 짓을 했으니까 맞는다. 설사 아내에게 결점이 있다 하더라도 그것이 매 맞을 이유가 될 수 없다. 더구나 아동폭력은 변명의 여지가 없다.

(3) 몇 대 때리는 일은 흔히 있을 수 있는 일이다. 이는 가부장적 이데올로기의 사고로 아내와 아이를 자신의 소유물로 여겨 "내 자식", "내 마누라" 내 맘대로 하는데 무슨 상관이냐?는 입장을 고수한다.

(4) 가정폭력은 사회경제적 수준이 낮은 사람에게서만 일어난다. 그러나 폭력행위는 이러한 특성과 무관하게 나타나고 있다.

(5) 폭력을 행사하는 사람은 알코올중독자로 술 때문에 구타한다. 폭력이 알코올과 관련성이 높지만 폭력을 행사하는 사람들이 모두 알코올중독자는 아니다.

(6) 노인학대란 있을 수 없는 일이다. 부모에 대한 효도와 노인에 대한 공경을 예의로 지켜온 우리 사회에서 노인학대는 있을 수 없는 일로 간주되고 있다. 그러나 핵가족화와 노인에 대한 복지정책의 미비로 노인들은 가족으로부터 소외되고 유기 당하고 있는 것이 현실이다.

출처 : 한국여성의 전화(http://www.hotline.or.kr)

대부분의 가족이 위기를 겪지만 건강한 가족은 다음과 같은 특성을 지니고 있어 위기를 변화와 성장의 기회로 삼는다.

건강한 가족의 특성

① 가족의 규칙이 유연하고, 건강하고, 연령에 적합하다.

② 가족의 개인 욕구를 존중한다.

③ 가족의 정신적, 정서적 성장을 위해 지지해 준다.

④ 가족이 개인을 존엄과 존중으로 대한다.

⑤ 가족이 직접적으로, 명확하게, 정직한 방식으로 의사소통한다.

⑥ 가족이 다른 사람의 이야기를 들어주고 이해하려 듣는다.

⑦ 가족이 책임을 공평하게 나눈다.

⑧ 가족의 실수를 용서하고 실수로부터 배우려 한다.

⑨ 가족이 놀이와 유머의 중요성을 안다.

⑩ 가족이 도덕적 신념 체계를 가지고 있다.

⑪ 가족이 개인의 사생활을 존중한다.

⑫ 가족이 의식, 행사, 전통을 가치롭게 여긴다.

⑬ 가족이 문제를 인정하고 도움이 필요할 때 도움을 요청한다.

⑭ 가족과 가족 이외의 사람들에게 도움을 줄 수 있도록 격려한다.

APPENDIX

부록

[부록 1] MBTI 4가지 성격선호지표

E – I : 에너지의 방향 · 주의초점 – 태도

- E(외향) : 외향 태도는 에너지의 방향이 외부환경에 있는 사람이나 사물에게 향하거나 밖으로 나가는 것을 말한다. 이러한 태도가 두드러진 개인은 환경과 상호작용하고자 하는 욕구가 크며, 행동지향적이고 새로운 경향에 대하여 개방적이며 원활환 의사소통능력 및 높은 사교성과 함께 말로 표현하고자 하는 욕구가 강하다.
- I(내향) : 내향 태도의 경우, 에너지가 내적 경험이나 내부의 반영으로 향하며, 내향 태도가 두드러진 사람을 내적이고 주관적인 상태에 머무르고 그것의 가치를 중시하는 모습을 보인다. 또한 혼자 조용히 있을 때 에너지가 충전되며, 다수보다는 소수의 사람들과 밀접한 관계를 갖는 것을 선호하고 말보다는 글을 통하여 의사소토하는 것을 선호한다.

S – N : 인식기능 – 정보수집

- S(감각) : 외부 정보를 감각을 통하여 인식하는 것을 선호하는 사람은 자신의 오감을 통하여 정보를 인식하기 때문에 현재의 경험에 초점을 맞추는 경향이 강하여 현실적이고 세심한 관찰, 과거와 현재 경험에 대한 자세한 기억, 실용성 등을 중시한다. 이들은 현재를 관찰하고 경험하려는 경향이 두드러지기 때문에 미래의 가능성에 대해서는 간과하기 쉽다.
- N(직관) : 직관은 통찰에 의하여 가능성, 의미, 관계를 인식하는 것을 말한다. 직관은 감각으로 볼 수 있는 것 이상의 인식을 포함하며, 직관을 선호하는 사람은 이론적이고 체계적인 정보를 더 잘 받아들이고 미래 중심적이며,

독창적, 창조적인 것을 강조하는 경향을 보이는 반면 너무 가능성을 추구한 나머지 현실을 간과할 수 있다.

T – F : 판단기능 – 의사결정

• T(사고) : 판단기능은 인식된 정보를 평가하거나 가치를 매길 때 어떤 기능을 더 우선시하는가를 말한다. 사고(GT)는 논리적 연관을 통해 결정을 내리는 심리기능으로 판단을 할 때 이성적이고 객관적인 태도를 보인다. 따라서 판단기능에서 사고(T)를 선호하는 사람은 분석적 · 객관적인 태도를 보이며 정의, 공평, 원칙을 선호하고 목표달성이 사람들과의 관계보다 앞서는 경향을 보인다.

• F(감정) : 감정은 판단을 할 때 결과의 장점이나 관련된 가치에 더 비중을 두어 결정을 내리는 심리기능으로 개인적 · 집단적 가치에 대한 이해와 정도를 중시하여 판단을 한다. 따라서 사고(T)와 비교하면 주관적인 경향을 보인다. 감정(F)기능이 높은 사람들은 사람을 이해하려고 하며, 결정을 할 때, 그 결정과 관련된 사람들에게 미칠 영향까지 고려하는 모습을 보인다. 이들은 사람들과의 관계에 주된 관심을 보이며 다른 사람들의 의견에 잘 공감하고 목표달성보다는 사람들과의 관계를 우선시하는 경향을 보인다.

J – P : 행동양식 – 외부세계에 대처하는 생활양식

• J(판단) : 판단 태도(J)가 두드러진 사람은 결정을 내리고 종결을 추구하며 작업을 계획하거나 활동을 조직하는 것에 관심이 있으며 결정과 마무리를

중시한다. 이러한 태도가 두드러진 사람은 조직적이고 구조화된 환경을 선호하여 어떤 일을 시행하기 전에 계획과 준비를 중시하고 분명한 목적과 방향을 가지고, 빠른 결정을 선호하는 모습과 일을 여유롭게 마무리하는 경향을 보인다.

- P(인식) : 인식 태도(P)가 두드러진 사람은 중요한 정보를 하나라도 놓치지 않기 위해서 가능한 오랫동안 정보를 받아들이는 모습을 보인다. 이러한 사람들은 호기심을 자극하고 뜻밖의 놀라운 일들을 선호하며 유연성 있는 생활양식을 선호한다. 따라서 이들은 새로운 것에 대해 유연하고 개방적이며 어떤 일은 먼저 시작해보는 태도를 보이며 마지막 순간에 집중해서 끝내는 모습을 보인다. 또한 목적과 방향을 바뀔 수 있다는 유연한 태도를 보인다.

출처 : Myers, I. B., McCaulley, M. H., Quenk, N. L., & Hammer, A. L.(2015); 김정택 · 심혜숙(2015).

[부록 2] 16가지 MBTI 성격 유형 특성

ISTJ	ISFJ	INFJ	INTJ
• 책임감이 강하며, 현실적이다. • 매사에 철저하고 보수적이다.	• 차분하고 헌신적이며, 인내심이 강하다. • 타인의 감정 변화에 주의를 기울인다.	• 높은 통찰력으로 사람들에게 영감을 준다. • 공동체의 이익을 중요시한다.	• 의지가 강하고, 독립적이다. • 분석력이 뛰어나다.
ISTP	**ISFP**	**INFP**	**INTP**
• 과묵하고 분석적이며, 적응력이 강하다.	• 온화하고 겸손하다. · 삶의 여유를 만끽한다.	• 성실하고 이해심이 많으며, 개방적이다. • 잘 표현하지 않으나, 내적 신념이 강하다.	• 지적 호기심이 높으며, 잠재력과 가능성을 중요시한다.
ESTP	**ESFP**	**ENFP**	**ENTP**
• 느긋하고, 관용적이며, 타협을 잘 한다. • 현실적 문제 해결에 능숙하다.	• 호기심이 많으며, 개방적이다. • 구체적인 사실을 중시한다.	• 상상력이 풍부하고, 순발력이 뛰어나다. • 일상적인 활동에 지루함을 느낀다.	• 박학다식하고, 독창적이다. • 끊임없이 새로운 시도를 한다.
ESTJ	**ESFJ**	**ENFJ**	**ENTJ**
• 체계적으로 일하고, 규칙을 준수한다. • 사실적 목표 설정에 능하다.	• 사람에 대한 관심이 많으며, 친절하다. • 동정심이 많다.	• 사교적이고, 타인의 의견을 존중한다. • 비판을 받으면 예민하게 반응한다.	• 철저한 준비를 하며, 활동적이다. • 통솔력이 있으며, 단호하다.

[부록 3] 다중지능검사 채점방법

A	B	C	D	E	F	G	H
1	2	3	4	5	6	7	8
9	10	11	12	13	14	15	16
17	18	19	20	21	22	23	24
25	26	27	28	29	30	31	32
33	34	35	36	37	38	39	40
41	42	43	44	45	46	47	48
49	50	51	52	53	54	55	56
세로 항목별 총계							

- 답안지의 번호가 1인 경우는 1점, 2는 2점, 3은 3점, 4는 4점, 5는 5점을 준다.
- 표의 세로 항목별로 점수 합계를 낸다.
- 세로 항목별로 점수를 다음 공식에 넣어 100점 만점으로 환산한다.
  (총점 $- 7) \div 7 \times 25 =$
- 각각의 세로 항목에 해당하는 지능
  A : 언어지능, B : 논리수학지능, C : 음악지능, D : 공간지능, E : 신체운동지능, F : 인간친화지능, G : 자기성찰지능, H : 자연친화지능

참고문헌

국내 문헌

21세기 가족문화연구소 역(2003). **건강한 부부관계 만들기**. 양서원.

김동기 · 김은미 역(2005). **행복심리학**. 학지사.

김명자 · 계선자 · 강기정 · 김연화 · 박미금 · 박수선 · 송말희 · 유지선 · 이미선(2009). **아는 만큼 행복한 결혼 선상한 가족**. 양서원.

김영희 · 최규련 · 홍숙자 역(2005). **부부치료**: 효과적 임상을 위한 개념과 기술. 박학사.

김영희 · 이현섭(2012). **부모교육**. (사)한국보육교사교육연합회 편. 양서원.

김영희 · 최규련 · 홍숙자 역(2005). **부부치료**. 박학사.

김정옥 · 박경규 · 유향숙 · 한동희 · 유도희 · 전형미 · 이현혜 · 이은경 · 정복희 · 김성희 · 장보인 · 엄인숙(2009). **새로 보는 결혼과 가족**. 신정.

김중술(2007). **사랑의 의미**. 서울대학교출판부.

변순복(2009). **재치있는 이솝우화 지혜로운 탈무드**, 익살편(20). 한국톨스토이.

여성을 위한 모임(1996). **일곱 가지 남성콤플렉스**. 현암사.

여성을 위한 모임(1996). **일곱 가지 여성콤플렉스**. 현암사.

유영주(1984). **신가족관계학**. 교문사.

유영주 · 서동인 · 홍숙자 · 전영자 · 이정연 · 오윤자 · 이인수(2000). **현대 결혼과 가족**. 신광출판사.

이기숙 · 공미혜 · 김득성 · 김은경 · 손태홍 · 오경희 · 전영주(2001). **결혼의 기술**. 신정.

장휘숙(1995). **가족심리학**. 박영사.

장휘숙(1996). **여성심리학**. 박영사.

정영숙 · 김영희 · 박범혁(2001). **아동발달과 부모교육**. 시그마프레스.

정현숙 · 최연실 · 유계숙(1999). **결혼학 개론**. 상명대학교출판부.

최규련(2007). **가족관계론**. 공동체.

채규만 · 최규련 · 송정아 · 홍숙자(1997). **부부가 함께 말하기와 듣기**. 한국가족상담교육연구소.

국외 문헌

Ainsworth, M. D. S., Blehar, M. C., Waters, E., & Wall, S.(1978). *Patterns of attachment: A psychological study of the strange situation*. Oxford: Erlbaum.

Ambert, A. M.(2001). *The effect of children on parents*(2nd ed). New York: Haworth Press.

Anderson, N. H.(1968). Likableness ratings of 555 personality–trait words. *Journal of Personality and Social Psychology, 9*, 272~279.

Argyle, M.(2001). *The psychology of happiness*. London: Routledge.

Arnett, J. J.(2007). Emerging adulthood: What is it, and what is it good for? *Child Development Perspective, 1*(2), 68~73.

Baumrind, D.(1967). Child care practices anteceding three patterns of preschool behavior. *Genetic Psychology Monographs, 75*, 43~88.

Bem, S. L.(1974). The measurement of psychological androgyny. *Journal of Consulting and Clinical Psychology, 42*(2), 155~162.

Bigner, J. J.(1985). *Parent child relations: An introduction to parenting*. 2nd ed. New York: MacMillan.

Bohannan, P.(1970). *Divorce and after*. NY: Doubleday.

Bowlby, J.(1973). *Attachment and loss, vol. II: Separation*. New York: Basic Books.

Bowman, H. A., & Spanier, G. B.(1978). *Modern marriage*. NY: Mcgraw–Hill Book Company.

Bradbury, T. N., & Karney, B. R.(2010). *Intimate relationships*. New York: Norton.

Branden, N.(1994). *The six pillars of self–esteem*. New York, N.Y: Bantam.

Burns, C.(2010). Stepmotherhood: how to survive without feeling frustrated, left out, or wicked. Harmony.

Cahill, L.(2014). Fundamental sex difference in human brain architecture. *PNAS, 111*(2), 577~578.

Calvin, M. K., & Brommel, J.(1991). Family Comm i micaiion and Change. USA, *Harpers Collins Puplishers, 3*, 98~99.

Cargan, L., & Melko, M.(1982). *Singles: Myths and realities*. SAGE Publications, Incorporated.

Chafetz, M. E., Hertzman, M., & Berenson, D.(1974). Alcoholism: 2 positive view. In A. Silvano

(Ed.), *In American Handbook of Psychiatry*. 2nd ed, vol 8, (pp.367~370). New York, Basic Book.

Coleman, J. S.(1988). Social capital in the creation of human capital. *Amerian Journal of Sociology, 94*, 95~120.

Cowan, C., & Cowan, P.(2000, 1992). *When partners become parent : The big life change for couples*. Mahwah, M.J: Lawrence Erlbaum.

Cox, F. D.(1999). *Human intimacy*. New York: Wadsworth Pub. Co.

Davis, K. E., & Todd, M. J.(1982). Friendship and love relationships. In K. E. Davis & T. O. Mitchell(Eds.), *Advanced in descriptive psychology*. Greenwich, CT: JAI.

Digman, J. M.(1990). Personality structure: Emergence of the five-factor model. *Annual Review of Psychology, 44*, 417~440.

Dryer, D. C., & Horowitz, L. M.(1997). When do opposites attract? Interpersonal complementarity versus similarity. *Journal of Personality and Social Psychology, 72*, 592~603.

Eber, R., & Eber, M. W.(2018). *Intimate relationships: Issues, theories, and research*. New York, NY: Routledge.

Erber, R., & Erber, M.(2017). *Intimate relationships: Issues, theories, and research*. Psychology Press.

Erikson, E. H.(1968). *Identity, Youth and crisis*. New York: Norton.

Ford, L.(2001). *Human relarions: A game plan for improving personal adjustment*(2nded). Upper Saddle River, NJ: Prentice Hall.

Fullwood, C., James, B. M., & Chen-Wilson, C. H.(2016). Self-concept clarity and online self-presentation in adolescents. *Cyberpsychology, Behavior, and Social Networking, 19*(12), 716~720.

Fullwood, C., James, B. M., & Chen-Wilson, C. H.(2016). Self-concept clarity and online self-presentation in adolescents. *Cyberpsychology, Behavior, and Social Networking, 19*(12), 716~720.

Furstenberg, F. F., & Spanier, G. B.(1984). *Recycling the family: Remarriage after divorce*(Vol.

10). Beverly Hills, Calif.: Sage Publications.

Gottman, J. M., & DeClaire, J.(2001). *The relationship cure: A 5 step guide to strengthening your marriage, family, and friendships*. New York, NY: Three Rivers Press.

Gottman, J.(1999). *The marriage clinic: A scientifically-based marital therapy*. New York: Norton.

Gottman, J., Markman, H., & Notarius, C.(1977). The topography of marital conflict: A sequential analysis of verbal and nonverbal behavior. *Journal of Marriage and the Family*, 461~477.

Helen Fisher.(2005). *Why we love: The nature and chemistry of romantic love*. Henry Holt and Company.

Hicks, L. L., McNulty, J. K., Meltzer, A. L., & Olson, M. A.(2016). Capturing the interpersonal implications of evolved preferences? Frequency of sex shapes automatic, but not explicit, partner evaluations. *Psychological Science, 27*(6), 836~847.

Hoffman, L. W., & Manis, J. D.(1979). The value of children in the united states: A new approach to the study of fertility. *Journal of Marriage and the Family, 41*, 583~596.

Humphreys, T.(2004). *Leaving the nest: What families are all about*. Newleaf.

Jacobson, N., Holtzworth-Monroe, A., & Schmailing, K.(1989). Marital therapy and spouse involvement in the treatment of depression, agoraphobia, and alcoholism. *Journal of Consulting and Clinical Psychology, 57*, 5~10.

Kitson, G., & Morgan, L.(1991). Consequences of divorce. In A. Booth(Ed), *Contemporary families: Looking forward, looking back*. Minneapolis, Minn: NCFR.

Knox, D., & Schacht, C.(2002). *Choices in relationship*. Belmont, CA: Thomson-Wadsworth.

Lee, G. R.(1977). Age at marriage and marital satisfaction: A multivariated analysis with implications for marital stability. *Journal of Marriage and the Family, 39*, 493~504.

Lehman, J. D.(2005). Understanding marriage, family and intimate relationships. Charles C Thomas. EBSCOhost.

LeMasters, E. E., & DeFrain, J. D.(1989). *Parents in cntemporary america: A sympathetic view*(5ed). Wadsworth.

Levenson, R. W., Carstensen, L. L., & Gottman, J. M.(1994). Influence of age and gender on affect, physiology, and their interrelations: A study of long-term marriages. *Journal of personality and social psychology, 67*(1), 56.

Levin, A., & Heller, R.(2010). *The new science of adult attachment and how it can help you find and keep love*. Random House.

Lewis, R. A.(1973). A longitudinal test of a developmental framework for premarital dyadic formation. *Journal of Marriage and the Family*, 16~25.

Lomanowska, A. M., & Guitton, M. J.(2012). Spatial proximity to others determines how humans inhabit virtual worlds. *Computers in Human Behavior, 28*, 318~323.

Love, P.(2001). *The truth about love*. New York: Simon & Schuter.

Macklin, E. D.(1986). Nonmarital heterosexual cohabitation. In A. S. Skolnick & J. H. Skolnick(Eds.), *Family in Transition*. (pp.210~230). Boston, MA: Little, Brown and Company.

Masters, W. H., & Johnson, V. E.(1970). *Human sexual inadequacy*. Boston: Little, Brown.

May, R.(1975). *"A preface to love."in the practice of love*. (pp.114~119). edited by Ashlet Montagu. Englewood Cliffs, NJ: Prentice-Hall.

McGoldrick, M.(1999). Becoming a couple. In E. A. Carter, & M. McGoldrick(Eds.), *The expaned family life cycle: Individual, and social perspectives*(3rd ed.). Needham Heights, MA: Allyn & Bacon.

McKenna, K. Y., Green, A. S., & Gleason, M. E.(2002). Relationship formation on the Internet: What's the big attraction? *Journal of Social Issues, 58*(1), 9~31.

Meston, C. M., & Buss, D. M.(2007). Why humans have sex. *Archives of Sexual Behavior, 36*, 477~507.

Mikkulincer, M., & Shaver, P. R.(2007). *Attachment in adulthood*. Structure, dynamics, and change, New York, NY: Guilford Press.

Miller, S., Miller, P., Nunnally, E.W., & Wackman, D. B.(1991). *Couple communication: Talking and listening together*. Interpersonal Communication Programs, Inc.

Miller, S., Nunnally, x. w., & Wackman, D. B.(1976). A communication training program for couples. *Social Casework, 57*, 9~18.

Missildine, W. H.(1963, 1982). Your inner child of the past. New York, Simon & Schuster. 이석규 · 이종범 역(2020). **몸에 밴 어린시절**. 일므디.

Mruk, C. J.(2006). *Self-esteem Research, theory, and practice: Toward a positive psychology of self-esteem*. New York, NY; Springer.

Murstein, B. I.(1970). Stimulus. Value. Role: A theory of marital choice. *Journal of Marriage and the Family*, 465~481.

Napier, A, Y.(1990, 1988). *The fragile bond: In search of an equal, intimate and enduring marriage*. New York: Harper Collins. Originally pubilshed by Harper and Row in 1988.

Nuber, U.(2009). 김하락 역(2010). **심리학이 어린시절을 말하다**. 랜덤하우스.

Olson, D. H., Olson-Sigg, A., & Larson, P. J.(2008). *The couple checkup*. Nashville, TN: Thomas Nelson, Inc.

Oswald, R. F., & Culton, L. S.(2003). Under the rainbow: Rural gay life and its relevance for family providers. *Family Relations, 52*, 72~81.

Peabody.(2010). **너무 지나치게 사랑하는 병**. 류가미 역. 북북서.

Peck, S. M.(1978). *The road less traveled: A new psychology of love, traditional values and spiritual growth*. New York: Simon & Schuster.

Pentz, M. A., Dwyer, J. H., MacKinnon, D. P., Flay, B. R., Hansen, W. B., Wang, E. Y. I., & Johnson, C. A.(1989). A multicommunity trial for primary prevention of adolescent drug abuse: Effects on drug use prevalence. *Jama, 261*(22), 3259~3266.

Peterson, C., & Seligman, M. E.(1983). Learned helplessness and victimization. *Journal of Social Issues, 39*(2), 103~116.

Pittman, J. F.(2012). Attachment orientation: A boon to family theory and research. *Journal of Family Theory & Review, 4*(4), 306~310.

Reiss, I. L.(1971). Toward a sociology of the heterosexual love relationship. *Marriage and Family Living, 22*, 139~145.

Rubin, J.(1975). What the "good language learner" can teach us. *TESOL quarterly*, 41~51.

Satir, V., Banmen, J., Gomori, M., & Gerber, J.(1991). *The Satir model: Family therapy and beyond.* Palo Alto, Calif.: Science and Behavior Books.

Schwartz, M. A., & Scott, B. M.(2003). *Marriages and families: Diversity and change*. NJ: Prentice Hall.

Schwartz, M. A., & Scott, B. M.(1994). *Marriages and families: Diversity and change*. Englewood Chiffs, NJ: Prentice-Hall.

Schwartz, P., & Young, L.(2009). Sexual satisfaction in committed relationships. *Sexuality Research and Social Policy, 6*(1), 1~17.

Scoreby, A. L.(1977). *The marriage dialogue. Reading*, Mass: Addison-Wesley.

Simpson, J. A.,& Harris, B. A.(1994). Interpersonal attraction. In A. L. Weber & J. H. Harvey(Eds.), *Perspectives on close relationships*(pp.45~66). Needham Heights, MA: Allyn & Bacon.

Slade, A.(1999). Attachment theory and research: Implications for the theory and practice of individual psychotherapy with adults. In J. Cassidy & P. R. Shaver(Eds.), *Handbook of attachment: Theory, research and clinical applications*(pp.575~594). New York: Guilford Press.

Smalley, G.(2000). *Secrets to lasting love: Uncovering the keys to life-long intimacy*. New York: Simon & Schuster.

Smith, S. J.(2000). *Before saying "yes" to marriage: 101 Questions to ask yourself*. Sidney James Publishing Company.

Stafford, L., & Merolla, A. J.(2007). Idealization, reunions, and stability in long-distance dating relationships. *Journal of Social and Personal Relationships, 24*, 37~54.

Stahl, S.(2015). **내 안의 그림자 아이**. 오공훈 역(2019). 샘앤파커스.

Sternberg, R. J.(1986). A triangular theory of love. *Psychological Review, 93*, 119~135.

Sternberg, R. J.(1999). **사랑은 어떻게 시작하여 사라지는가**. 류소 · 이상원 역(2002). 사군자.

Sternberg, R. J., & Graik, S.(1984). The nature of love. *Journal of Personality and Social Psychology, 47*, 312~329.

Stinnett, N., Walters, J., & Kaye, E.(1984). *Relationships in marriage and the family*. Macmillan.

Strong, B., & DeVault, C.(1995). *The marriage and family experience*. West Pub., Co., p.118.

Sprecher, S.(2001). A comparison of emotional consequences of and changes in equity over time using global and domain–specific measures of equity. *Journal of Social and Personal Relationships, 18*, 477~501.

Tannen, D.(1990). *You just don't understand: Women and men in conversation*. New York: Ballantine.

Terman, L. M., Buttenwieser, P., Ferguson, L. W., Johnson, W. B., & Wilson, D. P.(1938). Psychological factors in marital happiness.

Tresidder, M.(1997). 손성경 역(2000). **사랑의 비밀**. 문학동네.

Udry, J. R.(1971). *The social context of marriage*. Lippincott.

Visher, E. B., & Visher, J. S.(1990). Dynamics of successful stepfamilies. *Journal of Divorce & Remarriage, 14*(1), 3~12.

Weiner–Davis, M.(1992). *Divorce busting*. New York: Summit Books.

Weinstein, A., Zolek, R., Babkin, A., Cohen, K., & Lejoyeux, M.(2015). Factors predicting cybersex use and difficulties in forming intimate relationships among male and female users of cybersex. *Frontiers in Psychiatry, 6*(54), 1~8.

Westlake, H. G., & Westlake, D. G.(1992). *Relationships and family living*. Saint Paul, MN: EMC Publishing.

Winch, R. F.(1955). The theory of complementary needs in mate–selection: Final results on the test of the general hypothesis. *American Sociological Review, 20*(5), 552~555.

웹사이트

사랑의 화학작용 http://cafe.naver.com/ohyejin123/16

성격 유형 간이 검사지 https://blog.naver.com/eundel/221212538318

한국여성의 전화 http://www.hotline.or.kr

저자소개

김영희

Florida State University 아동 · 가족학 박사
현재 충북대학교 생활과학대학 아동복지학과 교수

[저서 및 역서] 아동발달과 부모교육(공저)
아동상담(공저)
부모교육(공저)
부부 및 가족상담(공저)
인간행동과 사회환경(공저)
부부치료(공역)
행복한 결혼생활 만들기(공역)

[상담 관련 자격증] 아동상담 전문가
부부 · 가족상담 수련감독급 전문상담사
아동 · 청소년상담 수련감독급 전문상담사
놀이치료 수련감독급 전문상담사

인간관계 관점에서의
결혼과 가족

2022년 9월 1일 초판 인쇄
2022년 9월 5일 초판 발행

지은이 | 김영희
발행인 | 유제구
발행처 | 도서출판 파워북
주 소 | 경기도 고양시 일산동구 호수로 358-25
동문타워2차 529호
전 화 | (02) 730-1412
F A X | (031) 908-1410
등 록 | 1997. 1. 31 제 2014-000067호

정가 21,000원
ISBN 978-89-8160-495-0 (93370)